匠者仁心

——一位班主任的杏坛语录

罗薇 编著

东北师范大学出版社

长 春

图书在版编目（CIP）数据

匠者仁心：一位班主任的杏坛语录 / 罗薇编著. —
长春：东北师范大学出版社，2021.11
ISBN 978-7-5681-8588-2

Ⅰ.①匠… Ⅱ.①罗… Ⅲ.①中学—班主任工作—文
集 Ⅳ.①G635.16-53

中国版本图书馆CIP数据核字（2021）第238110号

□责任编辑：石　斌　　　　　□封面设计：言之凿
□责任校对：刘彦妮　张小娅　□责任印制：许　冰

东北师范大学出版社出版发行
长春净月经济开发区金宝街 118 号（邮政编码：130117）
电话：0431-84568023
网址：http://www.nenup.com
北京言之凿文化发展有限公司设计部制版
北京政采印刷服务有限公司印装
北京市中关村科技园区通州园金桥科技产业基地环科中路 17 号（邮编：101102）
2022年4月第1版　2022年4月第1次印刷
幅面尺寸：170mm×240mm　印张：18　字数：303千

定价：45.00元

九层之台起于累土，匠者之成始于仁心

这本散发着油墨清香的《匠者仁心——一位班主任的杏坛语录》凝聚着贵阳市名班主任罗薇老师近十年时间在德育工作方面潜心研究、不懈探索、勇于实践的智慧心血和丰富经验，昭示了北京师范大学贵阳附属中学（以下简称"北师大贵阳附中"）教师崇知尚行、爱岗敬业、责任担当的感人风采，也标志着我校校本教研又结新果，不禁让人顿生"累累硕果挂枝头，又是一年满秋实"之感。

著名教育家魏书生先生曾说："班级像一座长长的桥，通过它，人们跨向理想的彼岸；班级像一条挺长的船，乘着它，人们越过江河湖海，奔向可以施展自己才能的高山、平原、乡村、城镇；班级像一个大家庭，同学们如兄弟姐妹般互相关心着、帮助着，互相鼓舞着、照顾着，一起长大了，成熟了，便离开了这个家庭，走向了社会。"罗老师用睿智的思维、亲切的心语、创意的活动和贴心的互动诠释了魏书生先生所讲的班主任工作的要义和真谛。

本书分为三辑：第一辑寻梦情怀收录的是罗老师担任班主任以来特别是2011年开始在北师大贵阳附中工作以来的工作随笔、德育案例、班主任心得及对班级管理的思考；第二辑追梦行路，通过罗老师和她所带的2020届（12）班学生的不同视角记录了高中三年学生在北师大贵阳附中最美好的岁月；第三辑圆梦高考，罗老师从点滴事件开始记录了2020年在高考延期的特殊岁月里，展现了北师大贵阳附中高三教师的责任担当意识和高三学生的"特别有理想，特别能吃苦，特别有信心，特别有作为"的高三精神。阅读此书，你能感受到罗老师的从容、仁爱与执着，能学习到她对学生的宽容与温情相待，也能遇到北师大贵阳附中宁静致远、义无反顾又健康明媚的优秀学子。同时，你能明悟教育之真谛：真正的教育，需要回归人的本质，教育即生长；教育应该使每个人的天性和与生俱来的能力得到健康成长和发展；教育应当成为尊重人、发展人、成就人的事业。我更期待班主任或教师在阅读本书时汲他山之石，淬自己之玉，全心全意，注意点滴，使自己始终成为学生精神成长的引路人、提升学校教育质量的主力军、铸造合格社会主义接班人的传道者。

老子曰："九层之台，起于累土。"沐浴着贵阳教育腾飞的春风，依托北师大百年沉淀的文化底蕴，贵阳附中充分发挥独有的办学优势，优化教育资源，尊重学生的个性成长需求，润泽青春梦想，成就有志学子，取得了辉煌的成绩，现已然成为辉耀黔贵大地的一颗璀璨夺目的教育明珠。学校深知，学生成长靠教师，学校发展靠教师，教育昌盛靠教师。为此，建校十年来，北师大贵阳附中努力践行教师发展"4563"提升计划，按照"金字塔"的形式建构打造教师团队——特级教师专家名师塑塔尖，中年骨干教师壮塔身，青年优秀教师固塔基，一大批教师脱颖而出，卓然成家。罗老师就是其中的受益者和实践者。我真心希望教师们以罗老师为榜样，用爱心、责任心、智慧以及精细化的管理，真正触及学生的心灵世界；用炽热的情感去温暖学生的心灵，启迪学生的智慧，激励他们去追求真理；学会以真实的问题、研究的眼光、科学的态度，进行深度反思，从而建立一种教育、教学、研究、学习一体化的工作方式，促进学校及班主任队伍向更深层次和更高水平发展。

教育是一个静待花开的过程，我们只有坚持、坚守、激情、专业才可创造有温度的教育，照亮我们每一个年轻的心灵，使其精神明亮，生命芬芳。

九层之台起于累土，匠者之成始于仁心。以此与各位共勉！

北京师范大学贵阳附中党总支书记、校长 胡晓明

目 录
CONTENTS

第一辑
寻梦情怀

第二辑

追梦行路

第三辑

圆梦高考

第一辑

1

寻梦情怀

我与学生共成长

弹指一挥间，做教师已经15年，可做班主任却只有短短的5年时间。在5年的班主任生涯中，我每天都在琐碎的忙碌中度过，既辛苦又欣慰。回首这段难忘的岁月，很多教育场景历历在目，无数个教育片段让我和我的学生共同成长、成熟。下面选取两则故事与大家分享。

一、一次不成功的家长会

记得我第一次当班主任是半路接班。有老师开玩笑说："这可是全年级上升空间最大的一个班，你可是中了头彩了。"这个班学生学习成绩较差，原先的班主任很受学生爱戴，因为学校对他有别的安排，所以让我这个没有当过一天班主任的"老教师"来接班，确是受命于危难之时。记得学校领导带我去班上宣布班主任调整的决定时，可能已经有学生事先知道班主任调整的事了，学生三三两两，各干各的事，几乎没有人搭理我。好不容易有人说话了，说的居然是："你的面相不好。"言下之意是：我们不欢迎你，不喜欢你。我顿时没了自信，有了高处不胜寒的感觉。

接班一周，通过观察，我发现班级里有10个"好事者"，被科任教师喻为"十大金刚"。他们上学迟到，上课讲话、睡觉，和老师顶嘴，逃避值日，不交作业，等等。总之，班上只要有什么违纪情况，他们基本都在其中。怎么办？我认为，只能请家长配合教育。那周周末，我开了一个家长会。会上我先做了自我介绍；然后讲了我的治班蓝图；最后，我把"十大金刚"的家长单独留下又开了一个小型家长会。我把我所掌握的孩子的"劣迹"通告了他们的家长并大胆地预测道："如若再不好好教育，你们的孩子可能拿不到毕业证，可能学坏，甚至走上犯罪道路。你们一定要配合我做好教育工作，严加管教。"家长们听后，有的义愤填膺，有的唉声叹气，当即表示一定要配合我做好教育工作，严加管教。

周一上课时，这群孩子不再出声，班上的纪律有了明显转变。正当我庆幸这次家长会开得及时、成功的时候，我又觉得班上的气氛不是很正常：上课时许多学生在睡觉；"十大金刚"在楼道遇到我故意把脸背过去；找他们说事，他们惜字如金，仅仅用"好""是"来敷衍我，拒绝和我沟通；作业照旧不做；值日全部逃跑；课间10分钟他们几个聚在一起有说有笑，一见到我就作鸟兽散。

我开始反思为什么会出现这样的情况。我私下找"十大金刚"中我认为比较老实的小张了解情况。在我苦口婆心的劝说下，小张终于说出了缘由。原来，家长会当天，家长们回去不问青红皂白就把孩子们打了一顿，不准他们继续交往，并把我跟他们讲的话给孩子们重复了一遍。我的方法不当，加上家长的简单粗暴，使我和孩子们对立了起来。

我意识到：我的家长会变成了告状会，我夸大了对孩子后果的预测。在孩子们心中，我已经给他们打上了坏孩子的烙印，让他们觉得不如破罐子破摔。现在的他们认为，我就会告家长，没别的本事，就是我的告状，害他们挨了打。

意识到问题就得想办法解决。我把这10个同学请到办公室，真诚地向他们道歉："老师对不起你们，刚当班主任没经验，看到你们的不足我很着急，采取了不太恰当的方式与你们的家长沟通，让你们被打了，老师向你们道歉。"他们很惊讶，因为在他们看来，从来都是学生向老师认错，哪有老师向学生道歉的！他们说："老师，我们也有不对的地方，以前我们认为原来的老师会把我们这个班一直带到毕业，我们很喜欢他。可学校给我们换了班主任，我们一下子接受不了，就故意跟你作对，想看看你有什么招数让我们服你。结果你还是用了老一套——告诉家长。我们的家长文化水平都不高，听了你的话，认为我们已经走到了犯罪的边缘，几乎就是罪犯了，这顿打自然就免不了。"他们说完就撩开衣服，胳膊上青一块紫一块，赫然在目，我的眼泪止不住地流。他们说："周一上课之前，我们几个就想好了，就要和你作对，硬的不行来软的，让你一天不得清闲，就像消防员一样。可没想到老师你居然先向我们认错，我们也有不对的地方，请老师原谅。我们也会好好表现，请老师看我们的进步。"

我和学生彼此真诚道歉，化解了这次家长会危机。之后我任命他们中组织能力强的小王为副班长，擅长英语的小李为科代表，并请他们在全校组织的主题班会上表演节目。慢慢地，我和他们的关系得到了改善，我们可以像朋友一样相处，他们也在老师们的悉心呵护下顺利毕业了。

几年过去了，这次家长会的经历我依然记忆犹新。这不是一次成功的家长会，因为它不但没有解决问题，还激化了师生之间的矛盾；它又是一次成功的家长会，因为这次家长会后我及时发现了问题，用我的真诚化解了矛盾，最终彻底改善了师生关系。

家长会给我的启示：

（1）要对学生进行思想教育，走进学生的心里，班主任要做到"两心"：一是留心，班主任要善于在和学生的朝夕相处中从一些小环节、小事中发现学生的思想问题。二是匠心，有发现还要有好的处理方法，要顺着学生的心理历程，一步一步地让学生用心参与，这样教育的过程才能与学生的心理历程相融合。切忌将家长会变成告状会。

（2）班主任要用"四把钥匙"开启学生的心灵。第一把钥匙是童心。教师要做学生的知心朋友。第二把钥匙是爱心。高尔基说过：谁爱孩子，孩子就爱谁，只有爱孩子的人，才可以教育孩子。班主任要更多地关爱学生，用爱去融化他们心灵的坚冰，点燃他们心中自尊和进取的火花，引领他们一步步上进。第三把钥匙是赞美。人性深处最渴望赞美，学生尤其如此，真诚的赞美可以拉近心灵之间的距离，吸引学生向自己靠近，班主任要用自己积极乐观的一面影响学生的生活和学习。第四把钥匙是恒心。班主任的童心、爱心、赞美只有长期坚持、发自内心、自然而然，才能深入学生的内心世界，收到事半功倍的效果。

经历了这次家长会风波，学生进步了，我成熟了，因此它也是一次成功的家长会。

二、成功化解值日危机

还是前面提到的那个班，接班后开学的第一周，当我看到毫无条理的班级状况时，所有的事情仿佛都没有头绪，我甚至有点害怕进班了。接着发生了一件事：班长反映有几名同学不值日。班长说："原来的班主任在的时候，看在他的面子上勉强做做卫生，现在换了你做班主任，他们就不干了。"听了这话，我当即火冒三丈，怎么办？全班学生似乎也在看我是如何"烧这把火"的，我甚至感觉到那个曾说风凉话的学生正冷笑着看着我。怎么办？怎么办？我决定变被动为主动，不按常理出牌。所谓按常理出牌无非就是把这几个学生叫来上一堂"政治课"，软硬兼施，甚至请家长配合教育。这样做的好处是简单、效果直接，不足是没新意、老一套，教育意义不大且学生面服心不服，教育效果不长久。于是我告诫自己冷静，再冷静！

当天下午上课前，我带领几个班干部把教室打扫了一遍，然后对全班同学说："同学们，我们班委已经组建一周了，今天我们把这一周的情况做一个总结。首先要总结值日问题。"那几个没做值日的学生全都竖起耳朵专心听我讲话。我说："我们今天做一个民意调查，每个同学选出5个你最愿意和他搭档做值日的同学。"学生积极参与其中。最后我将投票情况当场公布，并表扬了几位高票当选的学生。那几个不愿做值日的学生榜上无名。

第二天，我故意叫卫生委员安排那几个调皮鬼做值日，那天的卫生搞得很好。第三天，我当众表扬了这几个学生。后来这几个学生在他们写的周记中说："老师，你与其他老师不一样，我们原以为你会大发雷霆地批评我们不做值日，我们就想看你生气，你生气说明你'气数已尽'，可你搞的民意调查，表面是表扬其他同学，实际也间接地教育了我们，我们也不愿意做落后的学生。"

处理完这次"值日危机"，我的班级管理工作也渐渐走上了正轨。对于这次值日事件的及时处理，我有以下几方面的心得：

（1）对学生的管理，管是必要的，关键是采取一种有效的方式让学生不厌烦。

（2）教师平时一定要多读书，多积累一些这样的案例以供参考。

（3）我事后了解到这几个学生本质并不坏，只是因为行为习惯不太好，成绩不太好，所以经常受到家长和老师的批评。但他们内心是渴望受到表扬、希望老师关注的，一味地说教只会增加他们的反感，起不到教育的作用。

（4）要注重德育，传统的说教已经跟不上时代发展了。教师在改正学生的行为习惯上花费了很多的时间、精力，但因方法不科学，收效甚微；平时管、卡、压的方式简单生硬，容易造成学生的逆反心理，事倍功半。在这种情况下，换一种教育方法也许能收到意想不到的效果。

可以说，这次"值日危机"也给我上了生动的一课。

我要感谢我的学生，是他们帮助我快速成长，走向成熟，让我可以用智慧实现自己的价值，为教育事业奉献力量。

班主任工作之必杀技

——三心永驻，快乐无穷

我骨子里就喜欢与学生打交道，对学生有一种自然的亲近感。做教师18年，做班主任10年，我一直觉得班主任这份工作带给我的快乐多于烦恼，这项工作已经融入我的生活。怀揣爱人之心，手捧感恩之心，心存学习之心，是我快乐的源泉。

一、怀揣爱人之心

"仁者爱人"是《孟子·离娄下》中的一句话。孟子曰："君子所以异于人者，以其存心也。君子以仁存心，以礼存心。仁者爱人，有礼者敬人。爱人者，人恒爱之；敬人者，人恒敬之。"仁者是充满慈爱之心、满怀爱意的人，仁者是具有大智慧和人格魅力的善良的人。

1. 爱是我们工作的动力

爱是做班主任最基本也是最高的要求。我能十数年坚持繁杂的工作，就是因为有爱，我的口头禅是："瞅瞅我的娃。"我每天都会有一种不看到他们就有点不习惯的感觉。

2. 爱是有回报的

"罗老师：感谢你的药和关爱。愿你天天快乐，一切尽在不言中，感谢你如母亲般的照顾。"（这是有一次一名学生得口腔溃疡了，我买药给她，她痊愈后写给我的话）"在高二，一种叫缘分的东西把我们33个人连在一起。高二（5）班有对我们呕心沥血的罗老师，有外圆内方的姚老师，有胼手胝足备课的小郭老师，有年富力强的刘老师，有教我们含英咀华的梁老师，有恪尽职守的夏老师，有让我们品尝化学个中滋味的姜老师，有洞若观火、高屋建瓴的王老师，有头角峥嵘的郑老师，是他们让我们明白，桃李不言，下自成蹊的道理。当然，言人人殊，希望我们团结一致，像家人一样！青春无畏，逐梦扬威，我爱高二（5）班！"（这是我班学生在"成语串串烧"中写的语段）多好的孩子呀，每天你为他们做的点点滴滴，他们都观察到了，都记在了心里。这种交流是双向的，所以我是快乐的、幸福的。

3. 仅有爱是不够的，还要有方法

教师工作使我始终有一颗年轻的心，无论我是20岁、30岁，还是40岁、50岁，我的学生永远是十几岁，他们永远是最年轻、最时尚、最前卫的群体，要想实现对他们的教育目标，必须对他们进行深入的了解，绝不能用成人的眼光去看待他们的言行，绝不能用成人的标准去判断他们的对错。所谓的蹲下与学生沟通，不仅仅是弯下我们的躯体，更主要的是同化我们与学生的思想，使自己与学生一样年轻。我会和我的学生一块儿观看他们感兴趣的综艺节目，并用比较流行的语言和他们交流。

二、手捧感恩之心

1. 关于我的故事

2011年9月，我毅然放弃原来的工作，跟随沈校长到这所新建的学校，从零开始。在办手续的过程中，我经历了这一生迄今为止最大的挫折，后来在各级领导的关怀下，我的工作问题最终得到圆满解决，这也让我可以全身心地投入教育教学工作。来到这所学校，我只想认认真真地工作，开开心心地生活。我会永远记得学校领导为我解决困难时的奔波，我感恩我现在拥有的一切。我怀揣感恩之心，这使我快乐地工作、生活。

2. 关于学生的故事

在初中部校区，有一段时间，学校食堂的伙食不是很合学生的胃口，一个个十五六岁的小孩，因为远离父母独自生活，所以会把这件事情带来的消极情绪无限放大，我们班王凤仪的家长给她写了一封信，同时要求我与全班学生分享。

亲爱的凤仪：

你好！

今天送走你后，妈妈心里一直不爽。妈妈今天脾气不好，让你哭了，说声"Sorry"啦。

一直以来你都是妈妈最大的骄傲和财富，因为有你，妈妈觉得自己的人生更加精彩丰富了。

我们的人生总有不如意的地方，这需要我们学会做一个"忍"者。但这并不代表我们不去改善，请你理解，也许现在你还理解不了。

其实你们学校真的很不错，妈妈去过好多学校，也在你现在的学校吃过三次饭，那里并不像你说的那样糟。几百个人，众口难调啊！你不可能吃到所有你想吃的东西。但是无论什么环境，我们都要去适应。你也要理解校长的不容易，他一个外省老师，能把学校办成这样，个中滋味和艰难妈妈完全想象得到，也理解得到。新校区不能按预想的那样顺利完工，其实应该是政府的问题。难啊！孩子！其实你们应该努力提高成绩，将来报效祖国，把你们今天看到的不足，尽你们的努力去改善。妈妈也一直在努力，这不是一个人在短时间内就可以做到的。但是，我们首先可以自己做到，然后感染身边的人，只有这样才能慢慢形成合力，形成现在流行的一种说法："正能量。"

也许，你觉得妈妈夸大了，但现实就是这样。妈妈也请你努力地放弃抱怨，因为那样解决不了问题。同时请你感染身边的同学，多对食堂的叔叔、阿姨报以微笑和感恩，他们很辛苦。有剩菜，很正常，倒掉是不行的，只要不坏，第二天一样可以吃。为什么会有剩菜？也许是前一天准备的饭菜有很多同学没来吃。如果准备得不够，又怕来晚的孩子没饭吃。

现在学习压力很大，但妈妈希望你学会"忍"和释放，这些都是你人生必经的过程。妈妈不指望你学习多好，但做人一定要正直、包容，其实这方面你比妈妈强多了。所以，妈妈希望你多包容你的学校、校长、老师、同学和食堂的叔叔阿姨。

笑一个！

谢谢你！

永远爱你的陈宝

一个普普通通的家长都能如此理解学校的难处，并且能帮助我们做学生的思想工作，我们还有什么可抱怨的。感谢这样的家长。

三、心存学习之心

看别人的故事想自己的人生，要学会反思，用谦逊的眼光看别人。不论是新教师还是老教师，一定要善于学习别人的优点，我们要做海绵。比如，我监考时会观察别班的教室布置，每次班主任交流经验时我都会记下不一样的东西，留着以后用。

我们教师的职业本质是播种幸福，将幸福的种子播撒在学生的心田，尽心地呵护，使其在学生的人生路上开花结果，使幸福之花伴随学生成长。

我女儿说过一句话："妈妈，你只要觉得时间过得很快，你就是幸福的。"是的，不知不觉，我来北师大贵阳附中已经两年多了。这两年虽然经历了工作变动的艰辛，虽然总有做不完的事，但我觉得我是快乐的、幸福的。最后，用冰心先生的一首短诗与大家共勉："爱在左，情在右，走在生命的两旁，随时播种，随时开花。"

后进生转化之我见

时光荏苒，弹指一挥间，我做教师已经17个年头了。2011年9月，我到北师大贵阳附中当了两个月比较轻松的科任老师后，2011年11月24日，由于工作需要，我接受了学校的安排，开始担任高一（1）班的班主任。历史总是惊人的相似，2004年11月18日，我在原学校也是半路接班。大半年的工作让我既辛苦又欣慰，很多教育场景历历在目，这段难忘的岁月让我再次成长、成熟。

"后进生"在教育词典中的定义是：在班级中经常违反道德原则，或者犯有严重过错的学生，其表现为思想觉悟低、不遵守纪律、不能完成学习任务。每个班级都不可避免地会有这类学生。因此，作为班主任，善待这些后进生，并帮助他们改正不良习惯是一个亟须解决的问题。只有因材施教的个性化措施，才能使后进生转化工作事半功倍！

我班有个学生有点自负，爱耍小聪明，上课不尊重老师，自以为是，喜欢我行我素。针对这学生的情况，我认真分析了其行为。我认为，他的本质还是喜欢学习的，道德品质方面也是过关的。但是，他上课时不能认真听讲，一方面可能是因为老师教的知识他已经懂了，觉得没有必要听；另一方面可能是因为他上课偶尔会开小差，从而影响了他上课的行为。因此，我就以妈妈的角色去教育他，循循善诱地引导他。我对他说："你学习成绩还算不错，但是，书写的速度还要提高。老师相信你想当一名好学生。但是要当一名好学生，一定要认真听讲，积极思考发言，及时改正作业。只有做到这些，你才能达到自己的目标——当一名好学生。"经过屡次说教，该学生的言行举止有了很大的改观。但是，他的言行举止偶尔会随着他的情绪发生变化，出现一些过激的行为。针对他在学校所表现出的不雅举止，我及时与他的妈妈进行了沟通，期望得到家长的理解、共识和帮助。我真心期望家校齐心协力，帮助他养成良好的学习习惯。他妈妈十分配合，在家里也经常叮嘱孩子认真学习，慢慢改掉自己的坏毛病，并通过一些事例告诉他不良习惯对他成长的影响。俗话说：吃一堑，长一智。经过一个学期学习生活的磨炼，该学生已经逐渐养成了自觉学习的习惯，课堂上也能按规矩进行课文学习，听课习惯也慢慢地向好的方向转变。这些都让我觉得欣慰。

　　总而言之，后进生的转化不可能一蹴而就。在转化过程中，后进生故态复萌，出现多次反复，是一种正常现象。如果没有长期、耐心的教育、转化后进生的思想准备，教师很容易丧失对他们的信心，甚至认为他们无药可救。要知道"一铁锹挖不出一口井，一口吃不出胖子来"，雕刻一座石像尚需很长时间，更何况塑造人的灵魂呢？因此，我们应该用爱心来传达我们对后进生的关爱，让温暖的阳光普照每一位后进生。用我们亲切的口吻、关切的眼神、友善的态度、甜美的微笑，用轻轻拍一下后进生的肩膀、握握后进生的手等表达方式，使他们感到温暖，缓解他们的紧张情绪，消除他们的防备心理。用爱心缩短我们与后进生之间的心理距离，让后进生愿意在教师面前敞开心扉，倾诉衷肠，让我们像对待子女一样爱护他们、要求他们，对他们负责任；我们要用慈母之心、严父之情去关怀每一位后进生，积极为他们创造进步的条件。

文化立校　管理治校

——赴北京师范大学株洲附属学校、雅礼中学学习交流体会

2012年5月12—18日，我校一行13人在沈连柱校长的带领下赴北京师范大学株洲附属学校（以下简称株洲附校）、长沙市雅礼中学学习交流。我现就这一路的所思、所感进行阐述，以期促进我们的反思，给以后的教育、教学提供更大的帮助。

一、感受文化

通过这一路的参观，我们能深刻感受到两个学校的文化。

校园文化：橱窗、展板展示学校的最新动态、教学理念、卫生学习评比和优秀学生的照片、简介及座右铭。

班级文化：每个班的布置各有特色，班级后面的黑板报及时更新，以反映学校、班级的近况；班级前面的"周周清"公布栏及时反馈学生一周的学习情况。

厕所文化：关注节约用水等。

宿舍文化：宿舍干净整洁，物品统一摆放，整齐划一，一目了然。文化立校的理念无处不在，无论走到哪里，都徜徉在文化的海洋里，学生每天都受到校园文化的熏陶，耳濡目染，可谓受益匪浅。

二、感受教学

在参观、学习中，我感触最大的是学校对"以学定教，先学后教，当堂训练"这一教学模式的贯彻。学习了"先学后教"，我对这一教学模式有了深入的了解。

先学：几乎每一节课前教师都先提出明确的学习目标，要求学生提前自学教材内容，并自主完成相应的练习。教师提出学习的重点、难点问题后，

每五六个学生组成一组，各抒己见。教师不时深入每个小组进行指导。每一组派代表展示讨论、学习的成果，学生可以进行自由辩论，教师只是作为学生学习的引导者给予指导、点拨。

后教：不仅是教师教学生，也有学生教学生，会的学生教不会的学生，学生与学生之间互动，教师补充更正。这个过程可以帮助后进生解决基本问题，实现"补差"的目标；同时，成绩优秀的学生通过纠正其他学生的错误，教学相长，对知识的理解更加透彻，在增强能力的同时，实现了"培优"的目的。一节45分钟的课基本做到了设计的问题有意图、有层次，懂的不教，以培养学生的自主能力。将课堂的主动权交还给学生，教师只是其中的一员，是"平等中的首席"，这深入贯彻了课改的理念。在45分钟的时间里，学生的思维一直是流动的、紧张的，注意力一直是高度集中的，几乎没有学生做与教学无关的事。即便有学生走神，因为是小班教学，教师也会第一时间发现并加以引导。这样课堂容量比传统课堂容量大得多，效率高得多。因此，他们的教学进度比我们快。

"四清"，即"堂堂清，日日清，周周清，月月清"。所谓"堂堂清"，就是要求学生在高效课堂中，当堂理解、记忆知识，当堂完成作业，不把问题留到课后；所谓"日日清"，就是今日事，今日毕，当天学的知识，该背的会背，该理解运用的会理解运用；所谓"周周清"，就是检查本周所学知识的掌握情况；所谓"月月清"，就是月月抽查知识的掌握情况，查漏补缺。

"四清"之间关系密切，环环相扣，相互促进。"堂堂清"是"日日清""周周清""月月清"的基础，"日日清""周周清""月月清"能促进高效课堂的实现，最终实现"人人清"。教师要坚持从实际出发，讲求实效，使每一个学生都能扎扎实实学习，循序渐进，熟能生巧，继而形成一定的学习能力。

三、感受管理

在株洲附校感受学校的管理时，我听得最多的是"走动式管理，精细化管理"。在参观学习中，我发现了一个细节，在高一某个班听课的时候，上课前科任教师及班主任就来到教室，科任教师将课题写在黑板上，学生在这时就做好了课前学习的准备；班主任在教室里不停地走动，检查卫生，进行课前准备等。我原以为上课铃响后，班主任就会离开，但她一直在教室后

第一辑　寻梦情怀

面，或是观察学生，或是批改作业。下课铃响后，班主任第一时间找上课不太专心的学生谈话，指出不足，帮其改正。课后，我了解到这位班主任每天都会坚持查课，第一时间了解每一个学生的学习情况。是什么让这位班主任这样坚持？或许我们可以从她给学生写的"班主任寄语"中找到答案："拥有一个洁净的环境；拥有几个好朋友，与其他同学友好相处；知道一个人的成长与多读一些书息息相关，并且坚持读书、读报；明白考试不是生活的全部，但求知、求学是一辈子的事；明白成绩的起落是常态，正确对待那些数字；知道父母正一天天老去，他们不可能陪你们一辈子。"从她给学生的寄语中我们不难发现，她对学生的关心是全方位的，而这一切都是因为她爱学生像爱子女一样，而有爱做支撑的管理才是全面的、无私的、积极的，才会如此坚持、如此细心。

四、我的反思

通过参观、学习，我们可以借鉴的东西有以下几方面：

（1）加强校园文化建设。让每一个学生在学校处处都能感受到文化的氛围，都能在实实在在的熏陶中学习、生活，让每一个学生都畅游在文化的海洋里，耳濡目染，构建和谐校园、文化校园。

（2）课堂是教好每一个学生的主阵地。校监魏义钧老先生曾经送给学生八个字，即"学懂、记住、能讲、会用"。我们要把这八个字贯彻、统一在课堂上，通过"以学定教，先学后教，当堂训练"的模式将学习的主动权交给学生，着力优化课堂，向45分钟的课堂教学要质量和效益，这就是高效的课堂。教师的职责不仅在于教知识，而且在于教会学生高效地学习，以学促教，着力培养学生的自主学习能力，让其养成良好的学习习惯，变"学会"为"会学"，这样才能取得最佳的教学效果。

（3）"四清"是教好每一个学生的法宝。"四清"的实质是使学生做到课本知识人人过关，人人满分。"四清"面向全体学生，不让一个学生掉队，抓好"四清"，打好基础，学生在课堂上就能学得更好、更活，课改就能顺利推行。

（4）吃苦才能当好教师，吃苦才能办成名校。株洲附校用7年的时间创造了辉煌，这和他们吃苦耐劳、勇于奉献的精神是密不可分的。我们要齐心协力，拼命干；齐抓共管，巧妙干；真心付出，用心干。有希望，才能有动力；有方法，才能事半功倍；有爱心，才能收获幸福。

成功来自彻底的自主管理

绝大多数成绩优秀的学生都有自己的一套非常明确、详细的学习方法；而学习成绩较差的学生则不清楚自己应该怎么学习，甚至从来不知道学习是要讲究方法的。其实，关于学习方法对中学生的重要性，很多教育专家和一线教师都反复强调过。学习方法比考试成绩更重要。如果能使学生的学习方法成为一种良好的习惯，那将是更高的学习境界，因为习惯是一种稳定、自动的行为。培养学生的自主管理就是培养一种好的习惯。

2015年，我接手了一个文科实验班，学生是自文理分班时选择文科的前40名。从接手的第一天起，我便开始着手训练学生的自主学习和自我管理能力。

一、摸清情况，科学分组

新分班不可避免地会存在原班同学之间比较亲近的情况，从而使班级缺乏凝聚力。我用一个月的时间让学生彼此熟悉，也对他们进行充分观察。第一次月考后，我开始尝试分组，我先按月考成绩将学生分为四个层次，然后与第一层次、第四层次的学生分别谈话，让第四层次的学生主动找第一层次的学生结对子，选出组长；再让第二层次、第三层次的学生分别加入不同组别，最终组成每组6~8人的学习小组。这样，每个组的学习成绩相当，为下一步对比每组合作成果打下了基础。这种分组方法是我经过几年的实践找到的，我认为比较适合我们学校学情的方法，它既体现了教师的引导作用，又在一定程度上调动了学生自主学习的积极性：组是学生自己选的，大规则是教师制定的。

二、思想先行，落实行动

学习小组分好后，我们要先做思想动员。思想是行动的先导，学生只有在思想上接受了，才会在行动上落实。于是，我找来《哈佛凌晨四点半——哈佛大学教给青少年的成功秘诀》一书学习。我拟定了适合本班学生学习的励志箴言：每一寸光阴都拥有生命的质地；时间就像小偷，总在不经意间溜走；假如你放弃时间，时间就会放弃你；上帝总是让珍惜时间的人走在最前面；顶级的成就源于自律的光彩；等等。

为了让学生了解珍惜时间、管理时间的重要性，我开了一期主题为"每一寸光阴都拥有生命的质地"的班会。

班会第一步：告诉学生珍惜时间的重要性。古往今来，有成就的人无一不是珍惜时间的人，无论是发明了飞机的莱特兄弟，还是写出被鲁迅先生称为"史家之绝唱，无韵之离骚"的《史记》的司马迁，他们都紧紧把握每一分、每一秒，不断坚持，不断奋斗，最终才取得令人瞩目的成就。

班会第二步：告诉学生如何珍惜时间，把握每一寸光阴。首先，要有"今日事，今日毕"的精神，也就是养成做任何事情都不拖拉的好习惯。在制订工作和学习计划后，要按照计划快速高效地完成任务。其次，要养成制订计划的习惯。如果要做的事情太多，我们就会茫然无绪，这时就极易产生浪费时间的现象。比如，我们正在做某件事，突然发现还有一件更重要的事情要做，所以经常顾此失彼。但如果我们事先制订计划，那么一切都会变得有条不紊，自然也会节省不少时间，最终实现高效利用时间的目的。也有许多人的确很珍惜时间，一整天可能都在学习、工作，但他们完成的工作却很少，因为他们的效率太低。过低的效率使我们需要花费很多时间去完成一件事，表面上虽然珍惜了每一分、每一秒，其实已经浪费了太多的时间。我告诉学生，按照上述几点内容努力培养自己的时间观念，最终都会学有所成，因为了解了时间的重要性，自然就离成功不远了。

班会第三步：进行心理测试。测试题目是这样的：放学回家，你发现自己家的窗户被人砸了，室内乱成一团，看来小偷光临过了，于是你马上打电话报警。在等待警察到来的这段时间，你会做些什么？

（1）在等待的同时检查家里丢了什么东西。（说明你的时间感较强，能够很好地利用时间。不过，你的理性思维太强，通常只相信时钟上的时间，而不相信自己的生物钟，因此时间在你看来是非常单调的东西。）

（2）先不管丢没丢东西，想办法让自己冷静下来再说。（说明你十分重视自己的生物钟，属于天生就对时间相当敏感的人。在你看来，时钟是可有可无的东西，因为你不用看它也能够知道时间，而且每天不需要闹钟就可以准时起床。）

（3）在屋子里来回走动，焦急地等待警察的到来。（说明你的时间感要根据不同情况而定，因为环境因素或者心理因素都会影响你对时间的知觉。比如，同样是一个小时，在做自己喜欢的事情时，你会觉得过得很快，而在做自己不喜欢的事情时，会觉得过得很慢。）

其中，（1）是最佳选择，说明会管理和规划时间，选择（2）（3）说明在时间管理上还存在改进的地方。类似这样的活动可以让学生从思想上、行动上树立规划、管理时间的理念。

三、教师引领指导，学生自主管理

在班级日常管理中，我们实行以下常规管理：

首先，班主任要第一时间将近期学校或班级重大安排告知全班学生。

其次，周日返校的晚自习时间是各小组拟订下一周学习计划的时间，经过讨论、协调，初步拟订下一周的小组学习计划，然后根据个人情况制订个人学习计划。

再次，每周三下午六点是各小组组长开碰头会的时间，主要内容是：提出近期各小组存在的问题及值得推广的做法，提出需要教师协调处理的事务，特别需要说明的是这个碰头会教师说得少，听得多；小组长不仅要提出问题，还要给出建设性意见。会后，小组长向组员传达会议精神，并监督落实。在小组学习中，每个小组成员都要根据各自小组的计划制订个人一周、一天、一晚的学习计划。

最后，各组每天都有一个组员负责检查本组计划的完成情况，并批注鼓励性语言，给出合理化建议。至此，小组的学习就在这种互相监督中完成了。

四、落实目标，强化合作意识

在小组学习中，教师一定要强调合作意识、团队意识。以下是我班一个学习小组成员参加小组合作学习后的感言：小组合作学习对我而言是一种新方法，但无论是怎样完美的方法都不可避免地存在一些问题。小组合作说白了就是团队精神的展现，其必须面对的问题之一是如何对待、处理个人与团队、整体与个体的关系。合作中有可能出现以下问题：①组员的自我规划与小组规划不适应，组员各干各的，对小组的任务持无所谓态度；②组内意见不统一，大家都认为自己的学习方法更好；③组员认为自己成绩好最重要，觉得组员好不好不关自己的事，有敷衍的态度。幸运的是，我们组上述问题不太严重，团结性很强，会为其他组员着想，慢慢形成了非常好的团队意识。我们组还在学科负责方面分工明确并落到实处，很多时候大家都能放下个人利益，帮助团队。作为小组的一员，我们必须明白要把团队放在中心，而不是个人。

五、结语

教育的本质说到底就是培养学生"全人格"的过程，在这个过程中，提高学生的素养和能力是关键。在小组合作学习和学生自主管理中，我渐渐体会到学生自主管理的好处。

（1）它可以培养学生互相管理、自我约束的能力，从而把班主任从烦琐的事务中解放出来。

（2）它可以让学生学会管理时间，自律自控，做事情有规划，有条不紊。经过长期的训练，学生的执行力增强了，做事效率提高了，班级整体实力得到了提升。

（3）它可以增强学生的领导力。每一次考试后组长都会带着大家总结、反思，他们的分析稳、准、狠，组员乐于接受，并积极改进。

（4）它可以增强凝聚力。我们生活在一个相亲相爱的团队中，我们要相互关心，相互照顾，相互监督，为了我们共同的目标而努力！

让学生在最佳的学习心理状态下学习

《中共中央国务院关于深化教育改革全面推进素质教育的决定》指出："实施素质教育，就是全面贯彻党的教育方针，以提高国民素质为根本宗旨，以培养学生的创新精神和实践能力为重点，造就'有理想、有道德、有文化、有纪律'的、德智体美等全面发展的社会主义事业的建设者和接班人……智育工作要转变教育观念，改革人才培养模式，积极实行启发式和讨论式教学，激发学生独立思考和创新的意识，切实提高教学质量。要让学生感受、理解知识产生和发展的过程，培养学生的科学精神和创新思维习惯，重视培养学生收集处理信息的能力、获取新知识的能力、分析和解决问题的能力、语言文字表达能力及团结协作和社会活动的能力。"学生在学习中实现上述目标的关键是教师让学生在最佳的学习心理状态下主动学习。

心理状态是人在实践活动中对客观现实的一种反应和态度。学生学习心理状态是指学生在学习活动中的心理状态，一般包括学习的兴趣、爱好、信念、理想、动机等个性意识倾向，也包括性格、理智、情感、意志、气质、态度等非智力因素。

在实施素质教育的过程中，如何调动学生主动学习的积极性是教师教学成败的关键，而让学生在最佳的学习心理状态下学习是实现这一目标的重要途径。下面我就如何让学生保持最佳的学习心理状态谈一下自己粗浅的认识。

一、让学生在快乐中学习

快乐是一种心理体验。美国心理学家马斯洛认为：人的一切行为都是由需求引起的。需求是分层次的：最底层是生理需求，中间层有安全需求、爱与归属需求、尊重需求，最高层是自我实现需求。人的快乐在于对高一层需求的期待和低一层需求的满足。快乐学习旨在提高学生的学习能力、学习成绩、自我管理和调控能力、自信心、团队合作意识及整体素质。因此，教师

第一辑 寻梦情怀

要引导学生找到学习的乐趣，让快乐促进学习。

那么如何才能让学生在学习中找到快乐呢？我认为主要有以下两种方式。

1.激励

激励是学生学习的动力。教师要坚持"八多原则"，即多鼓励、多表扬、多支持、多肯定、多承认、多接纳、多容忍、多欣赏原则。在教育教学中，教师必须坚持以人为本，多换位思考，坚持"八多原则"，善用"八多原则"，让学生处处得到关爱；充分发扬民主精神，善于发现每个学生的优点，使学生切实感受到自己在学习过程中的点滴进步，创造良好的育人氛围，让学生在快乐中学习。

2.保护学生的自信心

自信心是学生成长的动力源泉。在教学过程中，教师设置的教学问题必须难度适中。难度过低，学生没有兴趣，从而失去求知欲产生不了新的需要；难度过高，超过学生的智力和能力水平，使其"望而生畏"，学生不仅产生不了学习和思考欲望，而且即使激起新的需要，也不能被原有身心发展水平和智力与能力结构所"同化"，难以形成智力与能力发展的动力。在教学实践中，只有难度适中、适合学生身心发展水平的问题对学生来说才具有挑战性，才能激发其学习的自信心。教师在问题设置方面要让学生"跳一跳"，才能摘到"红苹果"。

教育家苏霍姆林斯基在《给教师的建议》一书中指出："如果你想做到使儿童愿意好好学习，使他竭力以此给母亲和父亲带来欢乐，那你就要爱护、培植和发展他身上的劳动自豪感。这就是说，要让儿童看见和体验到他在学习上的成就，不要让儿童由于功课落后而感到一种没有出路的忧伤，感到自己好像低人一等。"

二、创设学习情境，激活学生的多种感官

美国著名心理学家桑代克的效果律理论告诉我们：情境与反应之间的联结因伴随着满意的结果而增强，因伴随着烦恼的结果而减弱。在教学中，教师要采用多种形式的直观教学创设一定的教学情境，刺激学生的多种感官，使学生在最佳的学习心理状态下学习。例如，计算机辅助教学方式不仅能够展示静态的画面，而且能够演示动态的画面，视觉效果更加直观。因此，通过计算机辅助教学学生有更高的学习成绩并对学习有更好的态度，而且由于对自己的学习增加了控制感，学习动机更强，更渴望学习。

三、构建平等的师生关系，创造和谐民主的课堂教学氛围

理想的师生关系应该是民主平等、尊师爱生、教学相长的和谐统一。教师要以情感为纽带，与学生共同建立一个互动的、平等交流的平台，营造民主讨论的氛围，充分发挥学生在课堂上的积极性和主动性，并有意识地引导、培养学生选择学习、参与学习、自主学习、合作学习的能力。一旦学生的创新能力和求知欲被激活，任何学习问题都会迎刃而解。

四、重视学生非智力因素的培养

成才的过程是一个智力因素和非智力因素相互影响又以非智力因素为主导的过程。智力因素很大程度上由遗传决定，而非智力因素则主要由后天习得，是完全可以通过教育培养、改善、提高的。在教学过程中，教师要有目的、有意识地培养学生勤奋好学的精神、坚韧不拔的意志、顽强的毅力、浓厚的学习兴趣、正确的学习方法、良好的学习习惯、健康的身心和良好的个性，使学生在最佳的学习心理状态下学习。

让学生在最佳的学习心理状态下学习，激发学生的学习兴趣，保持学习内在动机的持久性，转变学生的学习方式（变被动接受为主动学习），才能真正实现素质教育培养全面发展的社会主义事业建设者和接班人的目标。

新课程背景下我要这样做老师

2010年9月，高中新课程改革在贵州省全面实施。"以人为本""以学生的发展为本"是新课程改革的出发点；民主化是构建新型师生关系和课程管理体制的牢固基石；在对待师生关系上，新课程强调尊重、赞赏学生，新课程的课堂教学评价倡导关注学生发展，体现促进学生发展这一基本理念。基于此，新课程在师生关系方面提出了新的观念：新课程背景下的师生关系应该是一种动态的关系，是一种和谐、平等的关系。从素质教育的要求来看，应试教育背景下的主从型师生关系将不复存在。师生关系应该与时俱进，应该以学生为本，更好地促进学生的发展。《走进新课程——与课程实施者对话》一书指出：新型的良好师生情感关系应该是建立在师生个性全面交往基础上的情感关系，它是一种真正的人与人的心灵沟通，是师生相互关爱的结果，是师生创造性得以充分发挥的催化剂，是促进教师与学生的性情和灵魂提升的沃土。真正贯彻新课程改革精神的课堂，应该营造以新型的良好师生情感关系为基础的和谐、真诚和温馨的心理氛围。这种心理氛围应该自始至终贯穿整个教育过程。师生之间缺乏积极的情感联系，不仅会使一直为人们所珍视的师生情谊黯然失色，也会使教育活动失去宝贵的动力源泉。优化师生情感关系，重建温馨感人的师生情谊，是师生关系改革的现实要求。因此新型的师生关系应该是民主的、平等的、和谐的，是以教师对学生的信任为基础的。在新型的师生关系下，师生彼此平等相待，坦率而真诚地参与教学活动，在和谐融洽的气氛中共同完成教学任务；教师不再简单机械地传递知识，也不是教科书的解说者，而是学生求知与发展的向导，教师通过与学生对话，唤醒学生的学习意识。树立以学生发展为本的教育理念，建立新型的师生关系，必将更好地推进素质教育的深化与学校的发展。新课程将不再以把人管住、管牢为主要目标，而是"以人为本"，重视激励学生；将不再拘泥于教师与学生之间的等级关系，而是强调师生合作，不断推陈出新；将不再把校内各类组织凝固化，而是以建立学习型组织为原则构建学校管理系统，使之更有张力、更有效率、更有活力、更有生命力。

一、作为教师，我能做到的

首先，作为教师必须热爱学生。教师要尊重、理解、信任、鼓励学生。师生之间要相互尊重，相互沟通，而尊重是沟通的前提。

其次，教师作为学生的榜样必须具备高尚的师德。教师必须树立科学的世界观、人生观、价值观，必须处处以身作则，用好思想、好道德、好作风为学生树立榜样。教师在与学生接触的过程中，只有乐于亲近学生，激发学生的兴趣并给学生以自由选择的空间，在和谐、自然的气氛中让学生不知不觉地接受教育，才能培养出聪明、热情、善于解决问题的学生。日记是我和学生最好的交流平台，他们有进步时我会及时表扬：你今天表现很棒；他们伤心时我会安慰道：我相信雨后的彩虹更美丽；他们犯错误时我会及时点拨：你仔细思考过自己的行为吗？慢慢地，我成了他们的良师益友。

最后，教师自身素养也是吸引学生、为学生树立榜样的重要条件。合格的学历、优秀的教学能力、严谨的教学态度、良好的教学效果是教师的必备条件。但是，随着当今世界知识的日新月异和网络技术的不断发展，作为传道、授业、解惑的教师只专一门学科是远远不够的。现在的学生思想活跃、求知欲强、兴趣广泛，他们经常会提出这样或那样的问题，如果教师经常被学生问得张口结舌，势必影响学生对教师的尊重和信任，势必影响学生对生活、对学习、对人生的态度。如今，教师应该站在时代的高度，不断拓宽学习领域，不断充实知识，这样才能在学生面前不仅是科学文化知识的传播者，而且是多种角色的扮演者，如朋友、咨询者、心理医生等。只要教师用自身的人格魅力赢得了学生的爱戴、信任，就会激发学生对学习的兴趣和对理想的追求、对人生的探索。

教育如同一缕阳光，受教育者沐浴其中，灵魂得到了唤醒，而教师这一特殊职业在唤醒学生的过程中发挥着重要作用。教师为人师表，是学生最直观、最有教益的模范。"桃李不言，下自成蹊"这句话告诉我们：作为教师，身教重于言传，教师的榜样力量是无穷的，人格魅力是无限的。

二、作为教师，我要做到的

首先，教会学生学习方法至关重要：授人以鱼，不如授人以渔。

一名优秀的班主任，是学生思想上的引路人、学习上的开拓者、生活中的贴心人。巴尔扎克说："一个能思想的人，才真是一个力量无边的人。"而歌德也曾发出这样的感叹："我们的生活就像旅行，思想是导游者，没有导游者，一切都会停止，目标会丧失，力量也会化为乌有。"思想上的教育和引导是一个循序渐进的过程。心急吃不了热豆腐，罗马也不是一日建成的。

所以，作为一名班主任，不仅要在班会课上对学生进行思想道德专题教育，还要抓住细枝末节，在课间、在活动中、在教室的任何一个角落、在校园的路边等任何时间任何地点，用语言、行为举止来影响学生，从而使学生逐步建立正确的、积极的世界观、发展观和道德观。教师要注重学生学习上的教育。"读书有三到，谓心到，眼到，口到。心不在此，则眼不看仔细，心眼既不专一，却只漫浪诵读，决不能记，记亦不能久也。三到之中，心到最急。心既到矣，眼口岂不到乎？"（朱熹《训学斋规》）。朱熹还曾说过："读书之法，在循序而渐进，熟读而精思。"学生以学习为主，作为班主任，不一定是任课老师，即使是任课老师，也不可能各个科目都擅长，所以，这里所说的学习上的教育，是学习方法的传授和指导。好的学习方法虽然不是一条捷径，但也能让你获得事半功倍的效果，特别是对于高中生来说，提高学习效率非常重要。教师要引导学生掌握一些基本的学习方法，让他们学会学习。这既是未来社会对基础教育的客观要求，也是素质教育必须完成的一项基本任务。所以教师应该高度重视学习方法的教学，让学生切实掌握一些基本的学习方法，如实际操作、直观感知、抽象概括、系统整理知识等。

其次，注重帮助与引导学生。在教学过程中，教师要帮助学生总结和反思，明确自己想要学习什么和获得了什么，确立能够达成的目标；帮助学生学会自己寻找、搜集和利用学习资源；帮助学生学会设计恰当的学习活动和行之有效的学习方式；帮助学生在学习过程中常保持积极的心态和平和的心理。

教师在自己的课上或在班会课上，可以将自己收集的学习方法以课件或者板报的形式介绍给班上的学生，以提高其学习效率；要注重对学生生活的关心。因为良好的心理状态和健康的体魄是有效的脑力劳动的重要条件。

美国思想家爱默生说："健康是人生的第一财富。"如何让学生有良好的心理和健康的体魄来承受沉重的学习压力，并有精力投入到紧张的学习中去呢？我认为需要抓住以下两点：适度的锻炼和均衡的饮食。徐特立说，必须从年轻时期就开始打好基础，随时随地去锻炼身体。开展青少年体育运动在北美被认为可以向青少年提供一种外部环境，这一环境有利于改善青少年对待事物的态度。教师应该以自己的身份为媒介，让家庭与社会各界充分认识开展青少年体育运动的重要性，即体育不仅有利于青少年体质的健康发展，而且是培养青少年自律、团结合作、成就动机感以及勇敢顽强的良好品质的有效途径。

三、做一个善于等待的教师

教育需要等待，需要"袖手无言味最长"的含蓄和智慧，需要教育者用更多的耐心促进学生成长，需要有一种花苞心态。学生就是我们手中的花苞，给他们一点宽容和等待，等到花开之时，会收获别样的美丽。

令人不可思议的是，有的教师在讲台上站了一辈子，甚至获得了很高的荣誉、职称、学历，却始终是个门外汉。他可能干得风风火火，却不过是一个附庸者，也是一个无力者。这一点，只要看一下那些年年获得"优秀教师"称号，甚至著作等身，但班上的学生却叫苦连天，而且自己的孩子也很成问题的老师，即可得到验证。对于这样的教师，教室只是一个讲课的场所，他们虽然天天站在教室里，却从来不能影响教室，所以，40平方米的教室永远只有40平方米。对比之下20年如一日坚守在"第56号教室"的雷夫老师是个在教育中总能准确找到目标、从不偏离跑道的人。他对教育和学生有信徒般的坚持、父亲般的亲切，还有哲人的敏锐、专家的自信、战士的勇敢——他拥有智慧，拥有力量，所以他创造了奇迹。他的"第56号教室"变得无比开阔，变成一个任由学生自由舒展、健康成长的乐园。

最后，我用美国教师誓词与所有教师共勉。

我在此宣誓，我将把我的一生贡献给教育事业。我将履行作为教育者的全部义务，不断改善这一公共福利事业，增进人类的理解和能力，并向一切为教育和学习做出努力的作为和人表示敬意。我将这些义务当作我自己的事，并时刻准备着、责无旁贷地鼓励我的同事们做到这一点。

我将时刻注意到我的责任——通过严格的对知识的追求来提高学生的智

力。即使非常辛苦，即使受到放弃这一责任的外界的诱惑，即使遇到失败等障碍而使之更加困难，我也将坚定不移地执行这一许诺。我还将坚持不懈地维护这一信念——鼓励并尊重终身学习和平等对待所有的学生。

为了忠实地完成这一职业义务，我保证做到努力钻研所教内容，不断改善我的教育实践，并使在我教导下的学生能够不断进步。我保证寻求和支持能提高教育和教学质量的政策，并提供给所有热爱教育的人一切机会去帮助他们达到至善。我决心不断努力以赶上或超过我希望培养的素质，并坚持和永远尊重一个有纪律的、文明的以及自由的民主生活方式。

我认识到有时我的努力可能会冒犯有特权和有地位的人，我也认识到我将会受到偏见和等级捍卫者们的反对，我还认识到我将不得不遇到那些有意使我感到灰心、使我丧失希望的争论。但是，我将仍然忠于这一信念——这些努力和对目标的追求使我坚信它与我的职业是相称的，这一职业也是与人民自由相称的。

行走在有梦的路上

——写给2015届高三备考的学生

同学们：

下午好！今天我和各位分享的主题是"行走在有梦的路上"。冯年林主任给我布置了今天上台发言的任务，我虽然口头上推辞了一番，但暗地里还是有点小激动的，因为2014届备考的情景历历在目。当我写下这个题目时，再次想起我们班学生做过的那期"在路上"的班会。

人生就是一场漫长的旅行。我们在岁月中经历的人和事就是我们在旅行中经历的风景。有的风景，我们只会淡然地路过，而有的风景，却会印刻在我们的心里。有人说，有一种风景，在途中；有一种风景，在心中。要么读书，要么旅行，心灵和身体总要有一个在路上。也可以说，读书是在为旅行做准备。只有一直行进在路上，你的人生才不会停滞不前。而我们的起点站就在北师大贵阳附中。

过去的4年是我们全校师生一起拼搏奉献的4年。两任校长为了他们的梦想远离家乡来到贵州和我们一起拼搏，一起创造着属于我们北附人的梦想。我们所有的老师和你们一样，因为梦想才有缘聚在一起。北师大贵阳附中建校4年的时间，说长不长，说短不短。全体师生以惊人的干劲促使学校完成了从默默无闻到小有名气的转变。可以说，过去的4年是交织了我们的汗水与欢笑、浸透着我们的感动与奋斗的4年。当我们正在为取得的成绩沾沾自喜，想停下来看看路边的风景时，有一个很大的声音提醒我们：不能停，不能停，前面还有更好的风景等着我们。为了心中更美的风景，不能停，不能停。

青春是一列单程的火车，我们只能前进不能回头，也许路上的颠簸会让我们想要逃离这段旅途，可是，我们仍然会朝着幸福美好的人生飞奔。刚刚结束的摸底考试就是旅途中的一个月台，有人上车，有人下车，但我相信，没有人想过要提前离开。所以，时间不止，奋斗不止。

《人生》一书中最触动我的一句话是："人生的道路虽然漫长，但紧要处常常只有几步。"现在人生最重要的一步就在你们面前，要把握机会，别在机会的马车驶离很远时，才惋惜地捡起地上的金鬃毛说："原来我也见过它。"

我们正在经历的高三是一座陡峭、充满挑战的高山。我们摩拳擦掌、跃跃欲试。一道道难题，一次次月考，一个个新的挑战接踵而至，就像那崎岖的山路上一个又一个陡坡。好不容易登上了一个"陡坡"，看见前面又有一个，我们豪情万丈，不顾全身酸痛，向前奔去。看着那一个个被自己征服的陡坡，我们心底感到无比欣慰。

高三的学习不可能一帆风顺，失败和挫折是难免的。当历尽千辛万苦，一步步地向山顶靠近时，忽然脚下一滑，身体向山下滚去，这时，你们心里会埋怨自己的不小心，会诅咒高山的无情。在无数次失败之后，你们的意志会变得更加坚强，这才是高山的真谛所在。

2014年索契冬奥会上李坚柔的夺冠告诉我们：成功需要运气，但越努力才会越幸运；重要的不是所站的位置，而是面对的方向；在感觉坚持不下去的时候，一定要再坚持一下，胜利往往就在最后坚持一下的努力中；所有的胜利，与战胜自己比起来都是微不足道的。

拿到冬奥会速度滑冰首金的张虹从默默无闻到一鸣惊人，她说："这一年我的改变非常大，经历了很多，不是很顺利。世界杯上摔倒，那是第一次摔倒，脚踝和大腿都拉伤了，到现在也没完全恢复。因为当时发挥不佳，所以只能第七组出场，但是这个出场顺序也成就了我，因为我大赛经验不是很丰富，很容易被对手影响，但是今天就很好。""第七组出场对我来说很折磨，但我一直都对自己很有信心，最近一个月都在提醒自己'不要在乎别人，不要在乎对方''凝视自己'。这句话是我自己琢磨出来的，今天整个滑行过程中这句话一直出现在我脑海里，你从我的眼神就可以看得出来。"

成功的张虹这样描述自己的心态："我期待每一天的积累，不会给自己设定目标，只注重每一天的训练。这一两年里，我每天训练都很认真，因为成绩不是想来的，是靠自己的刻苦训练换来的。我们任何时候都要相信，什么奇迹都可能发生，前提是我们得站在前进的队伍中。"

在高三阶段，所有的北附人都将和你们携手奋斗，共创我们美好的未来。因为北师大贵阳附中和你们一样，都是有梦想的，有梦想就会有奇迹。

回想你们在北师大贵阳附中度过的3年，让我想起那首歌：一路上有你，苦一点也愿意。为了我们的梦想，载着我们心中的风景，我们不是一个人在战斗，加油吧！同学们，我们的梦里有我们彼此的努力与付出！在路上，老师们、同学们，我们一起在路上！

当然，高三这一年，你可能不会一帆风顺，你可以成绩暂时落后，但你要不抛弃、不放弃！你可以有缺点，但你要有一颗改正的心！你可以有时放松，但你绝不能随时放纵！你可以偶尔任性一次，但你绝不能在遇到挫折的时候选择认命！

有视界才会有远见，有远见才会有世界，有世界才会有梦想，有梦想才会飞得更高。

祝福你们，即将出征的孩子们，有梦想的人生，才是幸福快乐的人生！谢谢！

扬帆起航待何时　成功皆缘准备实

——2017届8月摸底考试质量分析会上班主任工作发言

各位领导、各位老师:

　　大家晚上好! 很高兴今天有机会与大家一起交流班级的情况,也希望通过今天的交流与分享,我可以获得更多的经验与方法用于今后的教育教学工作。首先我想介绍一下班级的情况。

一、班级情况简介

　　高三(1)班本次摸底考试有两名学生进入全市前30名,分别是杨苗苗第24名,张琦第26名。全班40人均入围一本范围,其中600分以上10人,最低分499,排在贵阳市第970名左右。但毕竟8月考的定位就是关门考和起点考,现在就依据这次成绩给班级定很细的目标还为时过早。目前来看,经过高二分班后一年来各位同人的帮助,班级稳定、班风纯正、学风浓厚、情绪稳定饱满,班级虽然有成绩暂时落后的学生,但没有不积极上进的学生。

二、近期备考思路和策略

1. 确定一个方向、一个思路

　　"一个方向"就是引导学生思考12年的寒窗苦读后要有什么样的生活,未来要干什么,从而明确奋斗的方向。我曾经要学生做过一期班会,内容是高校专业分类及就业前景,要求学生把自己想考的目标学校及其录取分数线写在小卡片上并贴在桌子上,时刻提醒、鼓励自己。

　　"一个思路"就是冲前(尽量多的学生冲击第一梯队)、稳中(稳住中间梯队)、赶后(后面梯队的学生努力后发赶超)。

2. 相信两个保障

第一个保障是校领导的支持。（有次胡校长亲自到我班指导学生备考，一名学生写道：胡校长亲力亲为的精神很值得尊敬。另一名学生写道：听了胡校长的讲话我觉得整个人又获得了能量！因为有目标，所以有信心，我们要刻苦努力。谢谢胡校长100多分钟的讲话，我们一定会走好高三之路。当然还有校监魏义钧老先生、梁校、冯助理、周主任、凌主任等各位领导的关怀与指导，在此一并谢过。）第二个保障就是被认可的科任教师团队。感谢琳姐姐、平叔、小郭、畅哥、马老师的支持。

3. 贯彻德育的三个内容

德育的三个内容是规范教育保持状态、理想教育树立信心、感恩教育和谐关系。我经常说：我不相信一个就穿校服问题说了多遍都不能很好地执行的学生，学习上执行力有多强。备考道路很苦很累，所以我们经常需要心灵鸡汤的浸润，我们不仅要教会学生知识，更要教会他们感恩老师、父母、学校、社会。我个人觉得越是高三，德育的这三个内容越需要落实。

4. 常抓四项工作

四项工作即活动常态化、驻班常态化、谈话多鼓励、自主管理。

活动常态化：高三有做不完的题、考不完的试。所以我们需要大量的活动来调剂学生紧张的学习，我会尽量用好体育课、音乐课及班会课。体育课我要求学生活动，起码要出去走走，音乐课要唱要跳，班会课包括一月一次读书会、两月一次生日祝福会、小组假期活动汇报等。

驻班常态化：我带过不同类型的班级，既有中考总分450的"特重班"，也有中考总分100多的民办公助班。无论哪一种类型的班级，我觉得当班主任都没有捷径可走，法宝之一就是经常驻守，在驻守中观察学生，发现问题，了解学生动向。（这里插一则我的亲身经历：我有一个习惯，每天早上7:20进班后，我都会查考勤、查卫生、查状态。查卫生的时候，我发现了一张很小的纸条，顺势捡了起来。小纸条上写了两行字，分别是两个人的笔迹，每一行分别是三种香烟的名字。因为我认识我班每一个学生的字迹，所以顺利地抓到了两个吸烟的学生，后面就是大家知道的程序了。）

谈话多鼓励：我经常结合信心教育的内容和学生谈话（开学谈话主要是收心、鼓励，摸底考分层谈话主要是反思与正思，找优点和不足），谈话一定要谈问题、谈解决办法，还要回归到目标的落实上，要把哭的学生谈笑，谈不透时，一定要发挥科任教师的作用，不让问题过夜。

自主管理：引导学生自主管理时间，把时间条块化，倡导班级事务人人做。

5. 常说五句经典语录

（1）看别人的故事，想自己的人生——学会修正自己。

（2）勤能补拙，静能生慧——送给备考路上挣扎在薄弱学科泥潭里的学生。

（3）让黑马更黑，高三（1）班的同学，我们人人都是种子选手，因此我们个个都能开出绚烂的花。

（4）只有内心的强大，才是真正的强大。

（5）锻炼身体，保卫自己——把自己的潜能发挥到极致，把自己的寿命健康延长到极致（北大校长王恩哥的原创）。

三、目标建设

目标建设是我最不想在大家面前说的，但好像又是必须说的话题。备考是一个多方联动的过程，有很多不确定因素，8月考的定位就是关门和开启新征程。如果要定目标，就是在保持今年考试难度的情况下，力争突破今年的文科均分608分。

四、后记

补写这段后记时，2017年9月的新学期已经开始了，这时的我又开始带着新一届班级扬帆起航了。在学校领导的支持、全部科任教师的努力下，2017届高三（1）班的高考成绩如下：全班40人中37人上600分，全部学生超过一本线，班级均分629分，33人考上985、211院校，其中一名艺术生以655分的成绩考入清华大学美术学院。［考前学校给高三（1）班下达的高级目标是：①全班40人均上一本线；②25～35人过600分；③1人以上考取清华、北大、港大等名校。］

情　怀

端坐在电脑前，不知不觉听到了24时播报的声音，已经夜里12点了，毫无睡意。翻看小（2）班做纪念册的各种素材，有学姐们的鼓励、同学们的习作、家长们的寄语等，心中有点小兴奋。假期一直在想给我们即将分离的小（2）班留下点什么，上一届班级出作品集《青春没有终点——向日葵在微笑》时，我写了一篇《在路上》送给他们。小（2）班留给我太多的回忆，一直不确定从哪里开始下笔，很喜欢网上很火的一篇文章《教育走得太快，"灵魂"跟不上了》中的一句话："教育就像养花，一边养一边看，一边静待花开，人生就应该是一个"慢"的艺术，教育亦如此。"蓦然回首，一年了，与小（2）班相处的日子过得飞快，是该放慢脚步，停下来整理一下思绪了。突然，两个字一下闪进我的脑海——情怀。

我教书20年，做班主任10余年，带过无数班级。2014年8月，当听到学校分配给我的班级是小（2）班，全班最低分是578时（这应该是我们这届成绩最好的一个班级），我有了些许不自信。之前我带过文科班、艺术班和成绩较差的班级，依照以往的经验，我知道即将接手的这个班级在一年后文理分班时绝大部分学生会选择理科班，我特别担心我文科老师的思维会影响他们的选择；我特别希望我的学生在我的带领下，经过一年的学习，能够理性、客观地对待文理分科，为他们以后的成长做好铺垫；我特别想挑战一下，看文科老师能不能带出理科思维敏捷的学生。因此，对于即将接手的小（2）班，我是十二分的专注。我做事的态度是不甘心、不认命，一旦做了决定，就一定会全力以赴。就像当初从原来的学校辞职，虽然口头上的理由是为了我女儿以后能去一个好学校上学，其实内心深处最真实的想法是我不甘心在原单位过朝九晚五的生活。我想挑战一下，我能不能做得更好。在处理跳槽到北师大贵阳附中的事情时我经历了很多波折，我很感谢北师大贵阳附中在我最困难的时候接纳了我，在我最无助的时候帮我解决了各种难题。我对自己说：在北师大贵阳附中，我要做好三件事：认认真真地教书，简简单单地做人，开开心心地为大家服务。历时近两年，我的工作问题圆满解决。从今往后我要怀着一颗感恩的心，带好我的每一个学生。因此，我在面对我的学生时，每一天都是开心的，因为我是用心在浇灌他们，一边养，一边看，静待花开。

过去的一年中，我们小（2）班举行过6次生日祝福会，每一个学生都有机会站在讲台上接受同学们的祝福。学生自己举办了内容各异的班会，有感恩的，有童年回忆的，有心理测试的，有运动快乐的。在母亲节的前一天，每一位妈妈都收到了孩子们最真挚的祝福……我们经历了四季的变化，唯一不变的是我们小（2）班学生对梦想的坚持与执着。每天清晨，在第一缕阳光下，我们都会迎来小（2）班学生的晨读；夜深人静时，在值班老师的多次催促下，我们的学生才离开教室。前一分钟我们会为一个题目争执得面红耳赤，后一分钟我们就又成了好室友、好朋友、好学友。因为你们的较真、朴实、单纯、坚持，小（2）班赢得了所有老师的爱。

在北师大贵阳附中的4年，我每一年都参加班主任的培训活动，之前培训的主题都是班主任工作的高大上。近一两年我慢慢感到其实做好班主任工作挺容易的，前提是你一定得是一个有爱心的人。静待花开，你一定会收获满满的幸福。因为有爱，每天早上的7：20你会准时来到班级，无论刮风下雨。在课桌间穿梭时，你可以察觉孩子们昨天有没有睡好，今天的状态好不好；不经意间的一个眼神，你可以捕捉到他们情绪的变化；摇头晃脑中，你发现了小某同学打耳洞了；突然一股糯米饭的味道飘过来，小某的嘴角还挂着油光，看你的眼神很不自然，一定又是违规在教室里吃早餐了。因为有爱，你会仔细观察学生的点点滴滴，班主任的观察力就是这样练出来的。家长把孩子交给学校，交给你，是对你的信任，你就得承担起监护人的责任，所以你必须有爱心，你是40个孩子的妈妈。只有你把他们照顾得"妥妥的"（宋帅东的口头禅），家长才会给予你更多的信任与支持。"因为爱，所以爱。"我女儿从小就喜欢哆啦A梦，因为我爱她，所以，我也开始喜欢哆啦A梦，每到一个城市，我都会搜寻不一样的哆啦A梦带回来送给她。做班主任也是一样，因为你爱你的学生，你才会对你的工作有幸福感、成就感，你才会愿意为它精心付出。带小（2）班的一年里，我策划了每两个月一次的生日祝福会，以弥补他们生日之际亲人不在身边的遗憾。高一第一个学期期末的家长会上，我们举行了"2014年北附杯感动高一（2）班年度人物"的颁奖典礼，我用了5天的时间给每一个孩子写下了不一样的评语，感动的不只是学生，还有家长。记得2014年元宵节，学生们开学了，不能和家人一起度过。这是他们独自在外过的第一个元宵节，我专门到超市给他们买了干吃元宵，让他们感受到虽然不能和家人团圆，但却可以过一个最特别的元宵节，因为它是我们41个人的大家庭团圆的节日。2015年春游活动的主题是亲子互动，正好活动的第二天是母亲节，我给每个学生准备了一枝康乃馨，让他们提前准备一段写给妈妈的话，活动现场送给妈妈。好多妈妈虽然不是第一次收到母亲节礼物，但在现场听到自己的孩子言真意切的表白还是第一次，哪怕是最腼腆的孩子，在这样一种氛围的感染下也会大声说出自己的爱。在这次活动中，家长、孩子、老师之间的感情也再一次升华。所以，爱是一种情怀，因为爱，所以爱！

　　小（2）班的学生是我的贴心小棉袄，不经意间他们会有很多"走心"的举动。教师节前夕，有学生在周记里祝老师们节日快乐，不要太劳累；元旦时，班干部组织全班同学给每一位老师送不同的小礼物。女神霏霏老师收到了暖手的桌垫；因为我的读卡器坏掉了，每次拷照片都去找畅哥，学生给我准备了读卡器；琳琳老师有文艺范，收到的礼物当然是古香古色的书签……我过生日那天，一整天都在市里参加教师培训，晚上才抽时间回学校看看上晚自习的学生。说实话，一整天没见到他们，我还真的很牵挂他们。忙了一天，我居然都忘记自己生日的事情了，我也没有告诉他们那天是我的生日。我一进班级，就收到了他们准备的礼物——一个杯子，我也不知道他们怎么打听到那天是我的生日的，幸福感温暖了全身。那一刻，我更坚信，爱是一种情怀，它可以相互传递，我给每个学生唱生日歌时，也教会了他们传递爱的能力。因为我爱我的小（2）班，所以我甘愿为它付出；因为接收了我爱的信息，他们也会把爱传递出去。教育就是一个守望爱的过程。

　　爱也是一种守望的情怀，一年的时间值得我珍藏、珍惜的东西太多了，小（2）班的学生马上就要成为高二的师姐、师兄了，也会分到各自新的班级。临别之际，唯有感谢与期望。

　　感谢你们陪我守望幸福的一年！
　　感谢我们有缘，在最好的时光彼此相遇！
　　感谢你们的坚持，让我沉下心来，做我最想做的事！
　　感谢我们彼此的接纳，相守相伴，相互扶携，共同实现我们的梦想！

期望我的小（2）班的孩子们：

你可以成绩暂时落后，但你要不抛弃、不放弃！

你可以有缺点，但你要有一颗改正的心！

你可以有时放松，但你绝不能随时放纵！

你可以偶尔任性一次，但你绝不能在遇到挫折的时候选择认命！

有视界才会有世界，有世界才会有梦想，有梦想才会脚踏实地去奋斗，奋斗的人生才会更有广度和厚度！

祝福你们，我的小（2）班的孩子们！

2015年8月13日于家中

寻找教育的最佳时机

——处理一起学生事件的所思、所感

2016年9月14日中秋节的前一天，吃饭时间我看到"高三啦"的群里有学生匿名发了一段对我不满的话："MD班主任吃多了叫换位子。要不是畅哥不在我们先把位子换了，不得堵死在路上。"然后还义愤填膺地补了一句"简直吃多了"。看到这则信息我的第一反应是他应该是手抖发错群了，我马上回了他一条"手不要抖，继续骂"。说实在的，我当时的心情是又气愤又寒心，脑子里像放电影一样，全是我为这个班级含辛茹苦所做的一切，但理智告诉我：我是一个有12年班主任经历的老教师，一定要冷静处理。

仔细想来，在带这个班一年多的时间里，我放弃了很多休息日，舍弃了与女儿相处的珍贵时光。我与女儿的交流多是在接她回家的车上，我把我所有的耐心都给了学生。缺少陪伴的女儿进入青春期后会频繁地与我发生冲突，每次我都会告诉自己要冷静，可面对自己最亲的人，积聚的很多负面情绪就会肆无忌惮地爆发，爆发之后必然是无尽的后悔，我又会花更多的时间、精力去修补我们的关系，周而复始。这些心中的痛在没有触动的时候可能隐藏得很好，一旦被某件事触动，定会触及内心最软弱的部分，各种不愉快的经历全部涌上心头。这种情绪的积聚使很多负面的想法油然而生。我回想起我对他们点点滴滴的关爱，当班主任12年，我的手机24小时开机，天天守在学校，学生在学校有任何问题我都会第一时间赶到，学生周六未按时到家时，我会像家人一样牵挂他们，要求家长一定在孩子到家后第一时间告知我，我才会安心。

冷静下来后，我反复思考我应该如何应对、处理这起突发事件，我告诫自己一定要有水准地处理好这件事，还要借这件事对学生进行一次感恩和理解教育。我反复思考了以下几个问题。

第一辑 寻梦情怀

第一个问题：我要去查这件事是何人所为吗？我相信动用我的关系，我一定能查到是谁。但接下来我该怎么处理？请来家长臭骂一顿，请学校严肃处理并把处分结果放到他的档案里，之后放弃他，不管他，然后告知全班学生，让大家认清这个不懂得感恩的同学？

第二个问题：如果做上述处理我能得到什么？一时泄愤的快感？在学生中树立了我很厉害的形象？这样做的后果可能是这个学生一辈子都会蒙上阴影，和我的关系永远都不会缓和，不仅不会缓和，甚至有可能带着恨生活一辈子，他的心中也许会种下不宽容的种子，也许还会影响他的高考发挥，给他的家庭带来不可挽回的遗憾。与此同时，会给其他学生留下罗老师不宽容的印象。

第三个问题：一旦我查到真相，我自己能像什么都没发生一样对待他吗？我也许不能，他也许也不能。

第四个问题：站在他的角度，这句话也许是一种无意的发泄，并不是真心骂我，只是因为学习紧张而选择了不当的发泄方式。试想一下，当他回过神来看到我如此淡定的回复时，会是一种什么样的心情？过节这两天，他能过好吗？他一定紧张、畏惧、不安。虽然是匿名发的信息，但他不担心同学中有人知道他是谁吗？他不怕别人知道他如此对待为他们呕心沥血的老师，会对他投来异样的眼光吗？想来，他返校的步伐一定很沉重。这样的思想负担会让他认识到自己的不对吗？

第五个问题：全校一盘棋，在高三备考的艰苦环境中，我们每个人必须一切为了高三，为了我们的名校梦。我如果按上述做法处理他，是不是没有把自己个体的行为放到一盘棋的布局中？我的做法是在给高三备考添砖加瓦吗？

我反复权衡、思考上面提出的5个问题，不能决断。其实，不是不能决断，是我需要返校后学生的反应帮我决断。返校的那天晚上，我不动声色，没有将任何不好的情绪表露在脸上。我像什么都没发生一样继续返校后的各项工作：听听力、做班级总结、安排下周工作和学习重点。但我明显感觉班级的气氛很压抑，大家似乎都在等着我说些或做些与那件事情有关的决定。可是，他们一直没有等到，我要稳住处理这个事情的节奏，看看学生的反应和某个学生的表现。

在周一交上来的规划本中，我一方面希望看到有学生主动承认是他所为，请求我原谅他，但很遗憾我没有等到这样的道歉，也许他也在等待一个时机。另一方面，我看到了很多学生给我的留言，安慰我不要生气，别跟这个同学计较，也表达了他们对这位不理智的同学的不认同。至此，我摸清了班级的舆论和思想导向是有正能量的，也就是说处理这件事情的节奏是掌握在我手里的。我也看到了他们希望我处理这件事情的态度。

周一上午的一节室外课上，我和政治老师在去食堂的路上聊起这件事情，无意间我看到了一个学生听到我们断断续续的谈话后露出的奇怪表情。以我对全班学生的了解，我猜到那个骂我的学生是谁了。而此时的我却不那么生气了，我决定借我对这件事情的处理跟他、跟全班学生做一次交心的谈话，也许教育的时机水到渠成了。

我又耐着性子观察了学生两天，我估计他们也在观察我。一方面，我希望我的耐心能换来那个学生与我心与心的交流，我们可以摒弃不愉快，用心实现我们的梦想。另一方面，我也想通过这两天观察一下其他学生看我没有采取行动会有什么表现。其实，我是想让自己冷静、理性地处理这件事情。同时，我要寻找一个教育的最佳时机，实现教育的最好效果。

在周五的班会课上，首先，我把这件事情的来龙去脉告诉了学生，因为班上还有学生不清楚这件事情的真实情况，同时为我下面的讲话做铺垫。然后，我分析了这个学生这两天可能的心路历程，我说他这两天的煎熬对他也是一种教育。最后，我告诉学生我处理这件事情的态度：我选择原谅他，不追究。我也把我为什么选择原谅的心路历程与全班学生分享，告诉他们我由气愤、寒心到理智地说出上面的处理结果是我反复思考了5个问题后得出的我觉得最佳的处理方式。我说我们全校是一盘棋，我们高三（1）班要拧成一股绳，因为我们是一个有梦想的团队。我对这个学生的宽容也让他明白，我们解决问题的方式有很多种，不一定只有骂人这一招，我不用他的方式解决问题是希望他以后经历事情的时候也尽量选择宽容与大气，因为人与人的相处是心与心的交流，为了梦想，我们必须团结。我虽然选择不追究，但还有一点我要声明，老师也是凡人，我真的不敢保证在我确定真相以后还会心平气和地对待他。所以，我希望高三（1）班的全体学生明白我的苦心，做好自己，明白什么是大事，为了一些大事我们要抛弃一些个人的东西。大肚量才能成就大视野，大视野才会成就大事业。

周六放学后，我终于等到了我想要的那个道歉，虽然是匿名的QQ留言：老师，我知道错了，其实我做了以后就有点后悔，也感谢你愿意给我面子，也愿意再给我一次机会。对于我造成的不良影响向同学们道歉。再次跟罗老

第一辑　寻梦情怀

师说一句对不起。收到道歉后，我也在群里发了一段话：我这几天的守望没有白费，给别人一个改正的机会，也是给自己一个成长的契机，我们大家做任何事情都要学会理性、理智，多换位、多沟通。祝愿我们高三（1）班的每个同学在努力成才的同时，变得更加成熟。

当我把这件事情的处理经过完整地记录下来的时候，已经是2017年的第三天了，我庆幸我当时用这样的方式有效地解决了这件事，而不是简单地批评和请家长。在这件事情中，我用冷静、等待寻找教育的最佳时机，因为时机到了，爱的教育就能深入人心。

什邡取经记

——什邡中学学习感受

2016年9月29日下午，高三（1）班、（11）班一行14人前往什邡中学学习。在什邡中学，我们进课堂听了课，与什邡中学的老师面对面交谈，什邡中学的领导也介绍了他们的备考情况。

经过几天的学习交流，我们看到了两校在备考中一些相通的地方，如月考制度、班级管理制度、跑操等。我们也看到了两校之间的差距，我们要在班级管理和学科备考两方面向他们学习。

一、关于班级管理

1. 关于执行力

在听课时，我发现什邡中学的全部学生精神面貌都很好，注意力集中，师生互动也很好，没有趴在桌上打瞌睡的，老师上课节奏很快；学生跑操、唱歌士气很足。我们的学生上课时的精神面貌和他们相比是有差距的，这些细节我们平时对学生也做了要求，可是在执行上，什邡中学明显比我们好。

2. 关于合力

在整个学习过程中，我们发现什邡中学的学生士气高涨，备考目标明确，而且将这些备考目标落实到了艰苦的备考过程中，这与老师对他们的要求是一致的，也说明学校、家长、老师、学生形成了有效的合力。思想统一了，备考的执行力自然就强了。

二、关于学科的备考

虽然那天没能和教历史的刘老师面对面地交流，但通过与地理老师的交流，我们了解了他们资料的选用情况、备考的考程、考试的频率等，在这方面，我们要结合我校学生的情况吸收他们有效、合理的地方，改进我们的备考工作。

根据在什邡中学的收获，我认为下一阶段要从以下几方面改进我们的教育教学工作。

1. 加强学生奋斗目标、吃苦精神、感恩教育

一定要将各种形式的教育，如班会教育、榜样教育等落到实处。回来后的那周，我召开了关于执行力的班会，结合连上12天课学生有不满情绪的现状，通过让他们感知什邡中学与我校一样和不一样的地方，找出差距，明确奋斗的方向。只有学生思想上与学校教师的诉求达成一致，学生才会由让我干什么变成我要干什么，而且在遇到困难的时候才会与我们一起面对和解决。我们要充分利用好各种资源为备考助力。

2. 关于历史学科的备考

最新的考试大纲从内容上增加了对传统文化和社会主义核心价值观的考核，删减了选修2的内容。

考试大纲从能力要求上做了以下调整：

（1）获取和解读信息。理解试题提供的图文材料和考试要求；整理材料，最大限度地获取有效信息；对有效信息进行完整、准确、合理的解读。

（2）调动和运用知识。辨别历史事实与历史叙述（原考纲为历史解释），理解历史叙述（原考纲为历史事实）与历史结论，说明（原考纲为说明和证明）历史现象和历史观点，客观叙述历史事实（原考纲为历史事物），正确解释历史事物（原考纲为准确描述和解释历史事物的特征），认识历史事物的本质（原考纲为认识历史事物的本质和规律，并做出正确阐释）。

（3）论证和探讨问题。发现历史问题（原考纲为运用判断、比较、归纳的方法论证历史问题），论证历史问题（原考纲为使用批判、借鉴、引用的方式评价历史观点），独立提出观点（原考纲为独立地对历史问题和历史观点提出不同看法）。

通过分析考纲的变化，可以发现，2017年的备考从内容上更突出反映时代特色和弘扬社会主流价值观；从能力要求看，更强调对学科素养的考查。

基于此，我认为需要从以下几方面进行备考：

（1）加强对考纲的研读、学习。特别要注意变化部分的学习，关注近期各省模拟题的变化。

（2）定期进行周考。

（3）进行历史选择题练习。学生按考纲要求自主讲评，教师点拨，明确考什么内容，考哪方面能力。

（4）以考纲为抓手，深入研究各省最新的模拟题，寻找考纲与考题的契合点，以此突破历史复习。

写给高二（12）班同学的一封信

亲爱的高二（12）班的同学们：

　　一个半月的假期即将到来，我们都很开心。忙碌了一个学期，大家都很辛苦！特别是我们（12）班的同学，在我的要求下肩负着成为最优秀的班级的使命，辛苦是不言而喻的。一个学期以来，我们在（12）班过着一种痛并快乐的生活，我感觉我是幸福的。我和你们一起成长，希望两年以后的我们都能实现成为最好的自己的诺言。对于假期，我提一个要求：过一个有质量的暑假。我对你们承诺：我的假期作业是读三本业务书，读两本我喜欢的闲书，改好我的三篇课题论文，做一到两个高质量的高三教案，完成布置给你们的假期历史作业。希望开学之初，你们检查我的假期作业。

　　同时，我希望我们（12）班的每一个同学在假期做到以下几点：①有质量地完成作业。②多读几本平时没时间看的好书。③每天控制上网、玩手机的时间。④每天坚持做规划，有计划地完成学习。我不希望你们的作业是开学前的一周赶出来的。⑤看一两场电影。⑥有条件可以去旅行一次，读万卷书，行万里路。读书让人变得有厚度，旅行能开阔我们的眼界。

　　有视界才会有世界，有质感的生活会成就每个人心中的梦想！希望每一个（12）班的同学都能认真完成我布置的任务，期待8月26日返校时我们（12）班的45个同学怀揣梦想，手握利器，以足够的自信站在我的面前霸气地告诉我：薇姐，我做到了你所有的要求！

薇姐

2018年7月19日

以时间管理为抓手，助力班级日常管理

从2004年11月做班主任开始，我一直有一个习惯，每天把计划做的事情列在本子上，完成一件划掉一件，并把备忘录附在这个本子上，这让我的工作效率很高。到现在工作的学校后，看到罗朝丽老师教学生做规划（2012年前后），感觉很有用，我就结合我之前写日志的经验，尝试着教学生做时间规划。我的2014届、2016届部分学生、刚刚毕业的2017届学生和正在教的2020届学生都在我的指导、带领下坚持做时间规划。很多学生进入大学后也坚持这个好习惯，高效管理自己的学习生活。2016年，罗朝丽老师带领大家把时间规划提升到省级课题层面深入研究，申报了《时间管理对提升高中生学习成效的重要性研究》的课题，我作为课题组秘书，用科学、先进的理念继续完善我的班级管理。

一、我用时间规划理论指导的班级的情况简介

2017届学生是完全由我担任班主任的一届学生，也是在我的带领下坚持做了3年时间规划的一届学生，他们还是我校第一届文科实验班的学生。这届学生是从选择文科的学生中选拔出来的，由高一年级第一学期的期末成绩、第二学期的期中和期末成绩按一定比例综合后的成绩的前40名组成。经过3年时间规划的培训、自主管理的培养，2017年高考全班均分629分，40人均超过一本线（当年贵州省一本线545分），37人上600分，15人被985院校录取，18人被211院校录取，其中包括我校建校以来自产的第一个清华大学学生。这个班级3年中每个月都获得"示范文明班级"称号，2016年获得了"首届观山湖区班级文化展示特等奖"和"文明班级"称号。

二、以时间规划为抓手优化班级管理

回顾这几年的带班经历，我感觉以时间管理为抓手，大大优化了我的班级管理。经过几年的有效训练，我的班级形成了重视时间管理和自主管理的班级文化特色。

1. 时间管理从规划好每天的学习生活做起

从高一开始，我就要求学生养成以下习惯：每天把所有待办的事项记下来，随身携带，将待办的事情按照轻重缓急分类，最重要的放在最前面，要预计完成每件事情的时间，制订计划时要考虑自己的经验水平，所制订的计划一定是自己愿意主动完成的。刚开始的时候，有的学生没有做时间规划的习惯，或者做的时间规划大而空，不具有可操作性，没有自我约束，完成和完不成都一样。于是，我每天坚持批改每个学生的规划本，给每个学生都做了批注，一对一指导他们有效利用时间。慢慢地，学生规划写得越来越详细，执行力也越来越强。学生不仅规划自己的学习，还规划自己的生活（图1）。

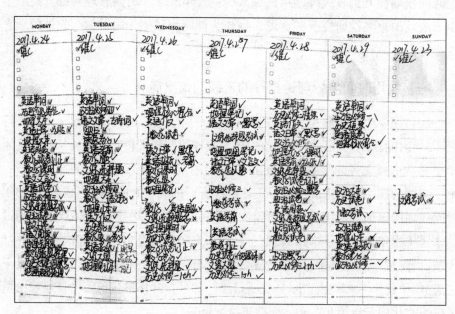

图1 2017届某同学的一周时间规划

2.强化时间意识，规范学生的在校日常生活

进入高中后，学习负担加重，但时间却是有限的。因此，利用好时间，

特别是碎片化时间，显得尤为重要。为此，我根据学校的作息时间及这个阶段我班学生的学习特点，和学生一起制定了我们班的作息规范，引导学生据此规划自己的时间，合理安排自己的日常生活，合理有效地利用时间。同时每天分享不同学生的学习规划，让不太善于规划时间的学生向高效规划时间的同学学习，提升自己高效利用时间的能力。

高二（1）班作息规范

（1）7：20—7：50　　　　早读，大声朗读。

（2）8：00—12：15　　　认真上课。

（3）12：15—12：30　　　阅读课外书、杂志。

（4）12：30—13：00　　　抓紧吃饭时间。

（5）13：00—13：50　　　午休（尽量休息，最好躺下）。

（6）14：10—14：15　　　唱歌与课前准备。

（7）14：20—16：45　　　认真上课。

（8）16：45—17：15　　　跑操或自习。

（9）17：15—18：25　　　自主安排、晚餐。

（10）18：30—19：00　　听力、阅读、看新闻。

（11）19：00—19：50　　认真上课。

（12）20：00—22：00　　自习（安静、自主）。

（13）22：30　　　　　　洗漱、休息（不熬夜）。

三、制定班级奋斗目标，以小组活动为载体，培养具有人文气息的班级团队

从高二文理分科开始，我根据班级学生女多男少、上进心强的特点，积极引导学生做一个有梦想、做事高效的人，学生也很认同我的做法。我在教他们管理时间的同时，教他们规划自己的未来。经过半个学期的磨合，在对学生充分了解的基础上，我们一起制定了班级理念和班级目标。

班级理念：让优秀成为一种习惯

班级的每一个学生都要树立我可以很优秀的理念，在学习和生活上都尽力做到最好，让优秀成为一种习惯。

班级目标：

（1）集体的力量——人人有事做，事事有人做。

（2）自主管理——明确目标，规划时间，自我约束。

（3）合作竞争——举办特色小组活动。

（4）人文情怀——以人为本，博古通今。

四、培养责任感，人人都是班级的管理者，实现自我管理

高二文理分班后，一个月内我没有任命班干部，班级事务采取自主分担的方式完成，基本保障了班级工作的正常运行。通过观察、了解，结合班级特点，我按照人数把班级事务细化为几十件具体事务，请学生自行认领。由于认领是自愿的，因此执行力特别高，班级管理尤为有序。做到了人人有事做，事事有人做。

高二（1）班班级事务分工

赵润玲：班长，协助班主任管理班级整体事务，负责跑操考勤记录。

颜丽郦：副班长，负责外联工作，上传下达，协助活动举办。

张　琦：团委书记，负责联络团委，落实团委事务；学习委员，管理好"周周清"讲题、科代表和学习小组长。

秦琳玲：纪律委员，协助班主任维护班级纪律；生活委员，负责管理班级费用及账本收支登记。

杨诗瑶：学习管理员，配合老师管理好科代表及学习小组长，进行"周周清"讲题安排；资料收集员，负责学习小组过程性资料的收集整理。

师　琪：语文科代表，协助语文老师工作。

柳玥霖：语文科代表，协助语文老师工作。

刘弋亓：信息科代表，协助信息技术老师工作。

蒋　鸿：数学科代表，协助数学老师工作；多媒体管理员，负责多媒体管理（含维修、报修）；负责跑操领操。

游雪誉：数学科代表，协助数学老师工作。

谢云霏：英语科代表，协助英语老师工作。

曹淇玮：英语科代表，协助英语老师工作。

黄家金：地理科代表，协助地理老师工作。

向　宇：历史科代表，协助历史老师工作。

杨苗苗：政治科代表，协助政治老师工作。

张艺达：生活委员，负责班级费用管理、物资采买。

鲍韵佳：生活委员，负责班级物资采买。

杨志越：负责购买、整理报纸、杂志。

罗雪滢：负责管理花卉。

蔡卓玲：负责开关门窗、电源；负责课间操领操。

刘　恬：负责抄写课表，统计寝室得分情况。

欧小杰：宣传委员，负责美化教室及黑板报。

钟涵羽：宣传委员，负责美化教室及黑板报。

左灿琳：宣传委员，负责美化教室及黑板报。

汪梦涵：文娱活动委员，负责班级活动筹划。

涂瀛芳：文娱活动委员，负责班级活动筹划。

陈妤垚：眼保健操管理员，负责眼保健操纪律管理。

焦千锐：体育委员，协助体育老师工作并负责课间操管理，负责运动会报名事宜。

刘宸妤：负责跑操领操。

朱美贤：负责填写班级会议记录、家长会记录及班级文案的打印。

蒲妍霏：协助安排每周的班级情况总结。

董昕怡：负责新闻视频下载。

陈佳黛：劳动委员，负责卫生值日安排以及监督。

甘　甜：负责班会的安排以及资料保存。

张明婴：协助班主任做好班级成绩分析。

郭沐涵：负责每天美文小白板的书写。

黄晶晶：负责班级财产的登记以及报修。

刘　云：负责晚自习值日安排。

胡雯清：负责班级小药箱管理以及活动摄影录像。

刘永君：负责生日蛋糕的准备。

时间管理培训激发了学生的自主意识，他们会把时间管理的技巧融入班级管理活动，使班级工作高效、有活力。

我认为，时间管理、自主规划能保持学生日常高效学习的常态化，但时间久了难免动力不足，特别是对于一些学习暂时落后、习惯尚需改进的学生。基于此，我在教他们合理高效地管理时间的同时，通过对学生的深入了解，指导每一位学生制定适合自己的近期奋斗目标。近期目标一定是他"跳

第一辑　寻梦情怀

一跳"能实现的目标。每次月考备考期间，我都会在班级提出一个口号："我和平均分有个约会。"对于实力强的学生，我提出的目标是和更好的同学比拼，尽力往前冲，努力创造最高分；对于实力稍弱的学生，我提出的目标是在小组团队的帮助下自己和自己比，尽量缩小和平均分的差距。这样，整个班级就形成了比、学、赶、帮、超的浓厚学习氛围。当然在一次次实现近期目标的基础上，还要根据每一个学生的兴趣、专长、现有水平和未来发展潜力，规划其高考的目标，并通过集中班会、导师指导等形式帮助其达成目标，从而使时间规划、目标规划化成为其不断前进的内在动力。

五、深化课题研究，助力班级管理

在时间规划课题的理论和实践研究中，特别是课题进入中后期研究以后，我认为时间规划与学习成效的研究着力点应该是目标意识的培养和核心素养中的执行能力的培养。目标是走向成功的关键，执行能力是目标达成的关键能力。在新高考背景下，生涯规划能很好地帮助学生树立目标意识。而执行力却需要后天不断地培养。基于此，我觉得对本课题进行深入研究的方向和思路是：在培养核心素养的基础上，以生涯规划为主要内容，通过时间管理促进学生全面发展。

优化时间管理，提高备考实效性

——2017届高三备考有感

　　2017届高三（1）班是我校建校以来组建的第一个文科实验班。这个班是由在高二文理分科时选择文科的大型考试的综合成绩排在前40名的学生组成的。2016年6月上届高考结束后，在学校2017届高考备考方案的指导下，作为班主任的我根据班级当时的发展态势和学校的发展目标，结合我班的具体情况，组建了一支由不同层次学生组成的阶梯式备考团队，形成了培养一批、带动一线、拉动全班的备考态势。我认为学生应该具备如下特质：①志向坚定，目标明确；②发挥稳定，成绩位列年级前10；③心理素质好，具有考不倦、打不垮的品质；④谦和虚心，善于与老师、同学沟通，改进自己的不足；⑤学习效率高。

　　2017年高考我班均分629分，全班40人均超过一本线（当年贵州省一本线545分），37人上600分，15人被985院校录取，18人被211院校录取，其中包括我校建校以来自产的第一个清华大学学生。能取得这么好的成绩，除了学校的支持、老师的付出、学生的刻苦学习之外，还有一点至关重要，那就是他们对时间的科学管理。

　　高一、高二时，我就对这个班的学生进行时间管理、学习规划的培训，监督他们每天认真做学习规划，我坚持每天批改规划。高三的学习时间十分有限，不仅要学习好，还要保持充足的精神，所以我对学生提出了新的要求：在规划好时间的基础上，不熬夜，高效率地学习，利用好碎片时间。

一、确定目标，找准方向

　　高三阶段，学生的心智在不断成熟，他们对于自己未来想要的生活是

第一辑　寻梦情怀

有想法的。据此，我通过班会等形式结合学生当前的学习情况帮助他们确立奋斗目标。这个目标必须是具体的。比如，有学生说"我未来想成为一名教师"，那我就要明确告诉他实现这个目标的最好途径就是考师范类院校，并且向他推荐一些师范类院校，然后让他去查询这些院校近三年在本地的录取分数线和招生情况，结合他的学习情况和自身特长等指导他有梯度地确定几所院校。这样的目标才是具体的，而不是模糊的，能让学生明白通过努力是能够实现的。因此我们班的每一个学生在自己的小桌子上都贴着一个小卡片，上面写着：我的理想大学，我的理想大学近几年在本地的录取情况，激励自己的一两句话。明确目标是成功之始，只有明确自己想成为什么样的人，才有可能把自己塑造成那样的人。

二、给出利器，教会学生高效地利用时间

高效率的特质在于优先次序、计划、条理性、执行力、效率。可以利用时间管理的四象限法则，把要办的事情按照轻重缓急分类完成。马上做：如果你总是有紧急又重要的事情要做，说明你在时间管理上存在问题，设法减少它。计划做：尽可能把时间花在重要但不紧急的事情上，这样才能减少第一象限的工作量。授权做：对于紧急但不重要的事情的处理原则是授权，让别人去做。减少做：不重要也不紧急的事情尽量少做。我要求学生在规划本上把一天中要做的事情按照重要性大小编号，并按照重要性大小去做，以充分、有效地利用时间。

高三的学习紧张又乏味，有人形容高三生活就是写不完的作业和考不完的试。因此，如果学生有拖延症，会阻碍进步，也会加大生活压力。有拖延症的学生，不管他们用什么方法来逃避，但该做的事还得做，随着完成期限的迫近，压力反而会与日俱增。因此，我要求学生把每个目标细化、具体化，写在规划本上，完成一件，划掉一件。用这种成就感抵消拖延症带来的压力。而且目标越细化，越易达成，效率就越高，心情自然就越好。

三、备考高效化，在对的时间做对的事情

在高三备考阶段，我强调在对的时间做对的事情，只有讲求科学的方法才会收到实效。我要求学生不熬夜，尽量在晚上11：30以前上床，如果睡不着，可以把当天的学习内容过一遍，千万不能养成半夜清醒、早上起不来

的恶习。一定要坚持早读，因为经过一夜的休整，大脑需要复苏，通过听、记、背等形式，大脑会更快进入兴奋状态。我还要求学生在考前一个月有意识地把大脑的兴奋点调到上午的9：00—12：00和下午的3：00—5：00，因为高考就是在这个时间段进行。而且，大型模拟考试的所有考试程序完全模拟高考当天。

通过以上高效备考策略的实施与落实，在2017届高考中，高三（1）班取得了良好的成绩：全班均分629分，40人全部超过一本线，37人上600分，15人被985院校录取，18人被211院校录取，其中包括我校建校以来自产的第一个清华大学学生。

在近几年的教学实践中，我一直指导学生利用时间规划提高学习效率，取得了不错的效果：2017届学生张琦考入人民大学，游雪誉考入上海财经大学，颜丽郦考入苏州大学。三个学生在高考后与我分享了他们这几年做时间规划的心得体会。

张琦同学：高一时，罗老师就教我们做时间规划，当时我就觉得这是一件非常有益的事。后来罗老师进一步完善了规划体系，让我对规划有了全面的认识。规划让我的学习井井有条，让我高效地完成学习任务，让我养成了反思、总结的习惯。规划不仅是本子上的那几行字，还包括不折不扣地执行和执行后的总结。比如，今天哪儿做得好，哪儿做得不好，没完成的在什么时间完成。这些比规划本身更重要。

游雪誉同学：我很感谢罗老师教会了我们做时间规划。高三总会有做不完的试卷、习题，背不完的单词、课文，所以分清轻重缓急，提高学习效率就显得十分重要。作为罗老师的学生，我从高一就养成了做规划的习惯，这让我在高三忙碌的学习生活中将自己的时间安排得有条不紊，不会觉得自己什么都做了却又好像什么都没做。我每天都过得很充实，而不只是看起来很努力。高三无疑会有迷茫和恐惧、忐忑和不安，罗老师会在规划本上写下对我们的叮嘱和祝福，让我们更加自信、更加坦然。希望学弟学妹们也能做好时间规划，把握好每一分、每一秒，提高学习效率，并且在遇到问题时积极地询问老师、相信老师。

颜丽郦同学：每个人都会在进入新环境时对自己有很多要求，然而真正实践时却觉得"我当初真有勇气计划那么多做不到的事情"。高一时我对时间管理很不上心，高二时薇姐要求我们做每日规划，让我养成了"今日事，今日毕"的习惯。我觉得最有成就感的事就是把前一天晚上制订的规划一项项划掉。做时间规划不是要制定几十个目标，而是要做到今天完不成的任务明天一定要完成。我高三时常常遇到这样的情况，就是前一天制订的规划可能因为突袭的考试没有时间完成。针对这种情况，薇姐教我们先做必要的、重要的事情，我认为这样的好习惯会让我一生受益。

常规养品性　活动育人文

学海泱泱，呼声荡荡。问人文之江湖谁能称顶，唯有（12）班集体豪迈至极：笑看天地沧海桑田、风起云涌，惯听时政呼风唤雨、虎啸龙吟，用文史之如椽巨笔书写下今朝北附之辉煌传奇！北京师范大学贵阳附属中学2020届（12）班是一个由31个女生和14个男生组成的团结、和谐、进取的班集体。

一、自主管理养规范

2020届（12）班从建立之初就秉承让优秀成为一种习惯的班级理念，重视班集体建设，班级建制齐全，内容包括班级架构（图1）、班级规范、班级事务分工等，有效地保障了班级的正常运行，助力（12）班成为一个有特色、有活力、有荣誉的集体。

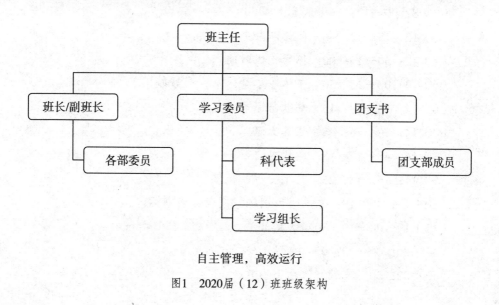

自主管理，高效运行

图1　2020届（12）班班级架构

2020届（12）班班级规范

（1）早上7：20前到班，中午2：10前到班，下午6：25前到班。

（2）作业最迟第一节课下课交。

（3）同桌、前后左右桌相互提醒上课打瞌睡的人，自己想睡觉可以采取相应措施阻止瞌睡打扰。

（4）晚自习自觉完成作业，不得抄袭，不得讲话、讨论。

（5）负责卫生的小组18：00必须到，18：15前必须完成。

（6）寝室平均分7分以下的加入打扫卫生行列。

（7）不穿校服或把外衣套在外面的受罚。

（8）星期天18：20之前必须全部到校。

（9）上课不许大声喧哗。

（10）不得在班上扔纸飞机、转书、打球。

（11）全校不跑操时在班级自习到17：20，社团活动日除外。

（12）特殊情况不参加课间操或跑操的必须向班主任或班长请假。

2020届（12）班一日常规

（1）7：20—7：50　早读，大声朗读。

（2）8：00—12：15　认真上课。

（3）12：15—12：30　阅读课外书、杂志。

（4）12：30—13：00　抓紧吃饭时间。

（5）13：00—13：50　午休（尽量休息，最好躺下）。

（6）14：10—14：15　唱歌与课前准备。

（7）14：20—16：45　认真上课。

（8）16：45—17：15　跑操或自习。

（9）17：15—18：25　自主安排、晚餐。

（10）18：30—19：00　听力训练、阅读、看新闻。

（11）19：00—19：50　认真上课。

（12）20：00—22：00　自习（安静、自主）。

（13）22：30　洗漱、休息（不熬夜）。

（1）班长：付滢琦，协助班主任管理班级整体事务。

（2）副班长：刘骐诚，负责外联工作，上传下达，协助活动举办的筹备和管理。

（3）团委书记：耿梦祺，负责联络团委，落实团委事务。

（4）学习委员：李星志，协助老师管理班级的学习，管理科代表和学习小组长。

（5）纪律委员：龙超腾，协助班主任维护班级纪律，做好班级晚自习值班记录。

（6）生活委员：欧沛竹、孙皖月，负责管理班级费用和账本收支登记。

（7）资料收集员：肖子涵，负责学习小组过程性资料的收集整理。

（8）语文科代表：毛远影、程艳，协助语文老师工作。

（9）信息科代表：唐文轩，协助信息技术老师工作。

2020届（12）班"人人有事做，事事有人管"分工（部分）

以上班级制度的建立和完善确保了每一个学生都有事可做，都有岗位施展能力，同时在每个时间段明确各自的任务，有效保障了学生自主管理的实现，增强了班级的归属感和认同感。

二、时间管理提效率

时间管理就是向时间要效率。我在开学之初会对全班学生进行时间管理的培训，教会学生规划自己的时间并有效利用有限的时间。学生每天都会把第二天计划做的事情写在规划本上，完成一件划掉一件，这样的做法确保了学生高效地完成学习任务。获得持续的学习动力。我会针对规划本与学生进行不见面的交流，及时发现问题，鼓励学生积极进步。每天规划本发下去后，很多学生都会迫不及待地阅读我的批语。如果我有事不能及时批改规划本，学习小组长会承担起批阅规划本的任务。慢慢地，从班主任批阅扩展到小组长批阅，再到小组成员之间互相批阅。经过几年的实践，时间规划体系不断完善，有效地提高了学生的学习效率。而且学生在假期也会坚持做时间规划。学生每日时间规划如图2所示。

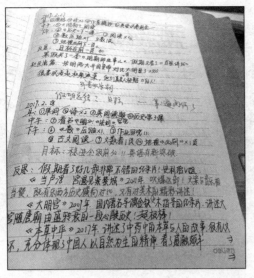

图2　每日时间规划

三、小组学习显关爱

　　我们的班级日常管理是以小组活动的形式进行的，我们班一共有6个学习生活小组。小组的职责可以用一句话来概括：管吃、管喝、管学习。我们会在第一个学期第一次月考后按照成绩将学生分为三个层次：班级前6名为第一层次，第11～39名为第二层次，最后6名为第三层次。我首先和第一、三层次的学生谈话，让第三层次的学生主动与第一层次的学生结对子，组成6个学习小组，然后每组从第二层次的同学中邀请4～5名加入，最终组成涵盖班级各个层次学生的学习小组。学习小组的人数不宜过多，一般为6～8人，学习小组体现了班主任指导与学生自由组合相结合的原则，使得小组间成绩差距不会过大，小组成员的关系也很融洽，便于开展小组活动。在每周三的社团活动时间，小组长会同学习委员和班主任开会，在这个会上，班主任说得很少，组长可以针对小组的情况与遇到的问题畅所欲言，并寻求班主任的帮助。班主任会布置近期任务，小组长负责贯彻执行。每周日返校后，小组长都会带领组员检查任务落实的情况。每个学习小组都会结合自身情况制定近期和远期目标，每周日返校后，以小组为单位拟订本周计划，组员两两结对监督计划的落实。无数个小计划的落实促进了大目标的实现。小组成员还非常重视考试后的反思，认真诊断考试中出现的问题，特别是大型考试后的反思、总结（图3）。通过反思促进改进，在改进中获得进步，找到自信。

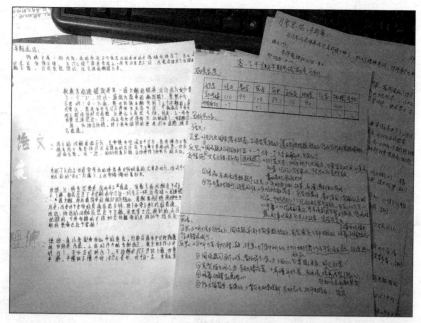

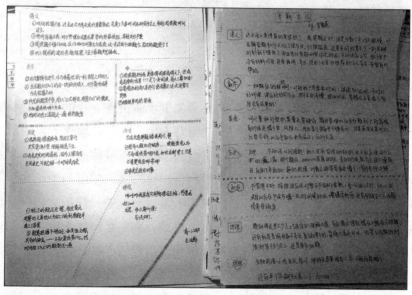

图3　大型考试后小组成员的反思及计划

　　小组活动中还有一个感人的细节：如同学有亲人去世，小组成员会写下感人的话语，班主任也会留言，鼓励和支持该同学，让他感受到集体的温暖，感受到班级的温情。（图4）

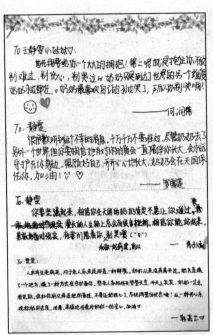
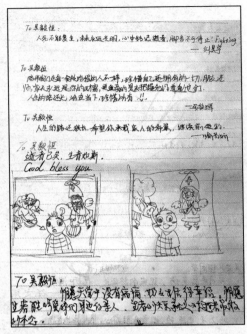

图4　学生亲人遭遇变故，班级同学给予的鼓励及安慰

四、主题教育重情怀

我一直倡导做一个有生命情怀的人。关于生命情怀，我的理解就是要建立积极的生命价值态度，用积极的态度面对人生中的各种境遇。高中学生每一个阶段都有不同的心理特征：高一年级的学生随着身体的发展，自我意识明显增强，在心理和行为上表现出强烈的自主性；高二年级的学生在学习上两极分化现象日益明显，孤独感和焦虑感增强，一旦遇到挫折，特别是在考试中受到打击，就会自我怀疑，产生焦虑情绪；高三年级的学生社会意识接近成熟，并逐渐形成自己的人生观和价值观，出现信心型、迷茫型、放弃型三种心理类型。基于高中学生各个阶段的心理特征，我校制定了分阶段、分层次的德育培养目标：高一年级规范教育，高二年级理想教育，高三年级信心教育。高一年级学生一入学，我就利用学前教育和班会课以"适应""一日常规"为主题开展教育，让学生尽快适应高中的学习和住校生活。第一次月考后，在分析学生的考试情况后，我提出"三年后我想去哪里？"的命题让学生思考。这个阶段的学生对自己的未来几乎没有概念，也不了解高校的专业，我就引导他们思考：未来我想去哪个城市读书？这个城市有哪些双一

流大学？我想去哪个大学？想去的理由是什么？这些问题引发了学生对未来的积极思考，使学生结合自己的现状分析差距，让学习更有目标和动力。

我常对高一年级的学生说：当下的你们遇到了最好的际遇。在2021年全面建成小康社会之时，希望你们通过自己的努力进入理想的大学学习。在我国努力创建双一流大学及大力发展高等教育之时，你们要努力学习本领，武装自己。到21世纪中叶我国建成现代化强国之时，你们正当壮年，雄心勃勃，肩负着国家和民族的希望，也享受着国家强大带来的幸福感、自豪感。所以我们每一位同学既是追梦者，也是圆梦者。青春是用来奋斗的，奋斗的青春最美丽。

高二阶段文理分科已经完成，这个阶段的学生在学习上虽然有一定的目标，但此阶段距离高考还有近两年的时间，有的学生会出现一定程度的松懈。此时，我会根据文科班的特点（我教的都是文科班）让学生做高校专业的调研分析，并请高校毕业班的家长到校讲相关的专业知识，也会将学生分成若干组，在班会课上分享高校专业的相关知识，让学生对"我从哪里来，我要去哪里，我怎么到达我想去的地方"这三个命题有一个清晰的了解。在学生初步选定自己的目标后，我会请他们思考：你离选定的目标有多远？当下你可以为你的目标做什么？

学生升入高三年级后学习状态会比高二时好很多，但频繁的考试和学习的压力有时候会使学生的情绪受到影响。一般这个时候我会让学生在高二拟定的目标上做适当调整，先制定一个近期可以实现的目标，如要求高端学生保持高位发展，要求中低端学生尽量缩小与班级均分的差距，力求每一个阶段进步一点。在高三第二个学期开学时，每一个学生的目标都要贴在墙上，这既是对自己的鞭策和鼓励，也是对自己的监督。

三年的德育培养目标有层次、有重点、有抓手，在目标落实的过程中一定要有积极的心态，遭遇挫折及时调整，并对未来充满信心。只要用心守望，这群优秀的学生就会如礼花一般绽放绚丽的色彩，实现全面发展，考上心仪的学校，开启新的人生旅程。

五、辉煌荣耀伴我行

（1）我班成绩位居年级前列，一直是年级领头羊。从高一开始，每个学期我班都获得班级评比一等奖。

（2）在学校举行的"班班有歌声"的评比中，我班获得了一等奖。

（3）2018年，我班团支部获得了"五四红旗团支部"称号。

（4）在2017年贵阳市"美作文"大赛中，我班两名学生分别获得一等奖和三等奖。2018年贵阳市"美作文"大赛围全市高中组决赛的29名选手中我班占10名。

（5）我班一名学生经过层层选拔入选俄罗斯世界杯揭幕战护旗手，代表中国青少年展示风采。

（6）我班两名学生参加了第五届全国中学生模拟联合国大会。其中一名学生获得最具潜力奖。

（7）在中国日报社举办的第17届"21世纪杯"全国英语演讲比赛中，我班三名学生代表贵阳市参加贵州省的比赛，分别获得亚军、季军及三等奖。

（8）在北师大基础教育合作办学平台举办的微电影大赛中，我班学生参演的微电影《废材英雄》获得银奖。

2020届（12）班是一个年轻的、充满朝气的班集体，有梦想、有目标、有活力，希望它像我期望的那样，坚守梦想，到达理想的彼岸。

希望我们（12）班的学生：

　　　　有海纳百川的气度和真知灼见的认知；

　　　　有出类拔萃的才华和虚怀若谷的谦逊；

　　　　有光明磊落的正直和健康明媚的内心；

　　　　有宁静致远的心态和义无反顾的坚持。

着眼学情，立足活动，展望未来

——我这样召开家长会

　　"亲爱的罗老师：一转眼两年过去了，看到北附和您越来越好，我真的超级开心。北附和您是我人生路上的向导，那些酸甜苦辣、喜怒哀乐都是我弥足珍贵的宝藏……希望您工作顺利，家庭幸福！祝愿北附的每一位老师都心想事成！愿北附越来越好！"这是2017届一名毕业生写给我的一封信的节选。这个小姑娘经过努力，2017年以655的高分考入上海财经大学。2014年，我的班级开始引入时间管理的理念，我从教学生做时间规划入手，坚持自主管理、团队互助理念，加强家校联系，以活动为载体促进班级文化建设，又以班级文化建设推动学生全面发展。在这样的带班理念的引领下，我所带的2017届高三（1）班高考均分629分（2017年贵州省文科一本线为545分），全班40人中37人上600分，33人考上985、211院校。这样的成绩给了我极大的信心。最新修订的历史课程标准提出，高中阶段的教育目标之一就是要帮助学生树立正确的世界观、人生观、价值观和历史观，为学生未来的学习、工作和生活打下基础。《中国学生发展核心素养研究报告》提到，学生发展的核心素养主要是指学生应具备的、能够适应终身发展和社会发展需要的必备品格和关键能力。为了实现教育目标，提高学生的核心素养，我认为应以班级活动为抓手，教会学生规划时间，通过自主管理实现由他律变自律；通过开展有特色的家长会，实现家校密切联系，为班级管理助力。从2017年9月接手2020届（12）班开始我就一直贯彻这样的带班理念，班级常规管理高效，班级成绩优异，班级成员凝聚力深厚，家校关系和谐。

　　实现家校密切联系最有效的手段是召开家长会。每次家长会我都精心准备，开家长会的原则是让学生找到自信，让家长感到开心，同时找到解决班级问题的办法。基于此，我会在每次家长会前确定主题，事先做好充分的准备。我召开过针对阶段考试成绩诊断的家长会、针对学困生和学优生的专题家长会、针对我校每个学段教育主题（高一规范教育、高二目标教育，高三信心教育）的班会式家长会。从2014年开始我用时间规划、自主管理理念管理班级后，家长会又增加了新的形式。

一、感动班级年度人物评选颁奖会

每个学期期末，学校都在班级评选优秀、进步学生。可是总有学生不论怎样努力都不能当选为优秀学生，所以我想在班级期末家长会上对这部分学生进行表彰和肯定，为了收集素材，我给全班学生出了一个题目：在时间规划本上写出你身边同学感动你的具体事例。第二天我就收集了很多细小、具体的事例，着实感动了我。我自认为是一个明察秋毫的班主任，但通过这个活动我要重新认识我们班的每一个学生，深刻体会了"每一个孩子都是家庭、社会的希望，我们所要做的就是静待花开"这句话的含义。我用了大概5天的时间整理每一个学生的点滴事例，召开了一期"感动（12）班年度人物评选"的家长会。为了增强学生爱校爱班的情怀，我把这次家长会命名为"2017届北附杯感动（12）班年度人物评选大会"。我参照中央电视台"感动中国×年度人物"评选的模式，用红纸打印了我亲自写的颁奖词，盖上学生自己刻的班级徽章，装在信封里，在家长会上很正式地颁给学生，并配发了专门制作的奖杯（图1）。那一刻我在每一个学生眼中看到了被认可的笑意，也看到了家长自豪的笑脸和他们对我的认可与信任。学生不经意间为同学、为班级做的小事感动了每一位同学和家长，让我们在无形中实现了教育的回归，学生对老师、对班集体、对小组团队的情感也在这样的小事中得到了升华。这次家长会从创意到准备再到实施让我感动的同时，也增强了我班级管理的自信。

图1　评选奖杯

左静茹：她文静好学，有礼貌；她执行力特别强，老师布置的任务一定会在第一时间完成；她有目标、有梦想，从第一次收集分班意向时就坚定了自己的奋斗目标；在学习上她既能心无旁骛，又能平易近人。她就是我们班的学霸姐姐。

罗雅心：她文静如水，但这并不阻挡她对梦想的追求；她懂得感恩，生病时老师的一杯梨汁和倾心的谈话让她感动了一个学期；她虽不善言辞，但内心世界十分丰富，她的刻苦勤奋有目共睹。

肖雅文：她善良大度，阳光开朗；她对工作认真负责，作为劳动委员，她任劳任怨；在运动会上，她会做足后勤保障工作，准备的东西应有尽有：云南白药喷雾、小旗子、检录册、巧克力和垃圾袋等，每当有（12）班同学参加比赛时她都会组织同学呐喊加油；最可贵的是，她为班级所做的一切都是发自内心的，她用自己的行为践行了"奉献"二字。

二、学习小组团队进步评选会

我的班级日常管理是以小组活动的形式呈现的。我会在第一个学期第一次月考后按照成绩将班级学生分为三个层次：班级前6名为第一层次，第11~39名为第二层次，最后6名为第三层次。我首先和第一、三层次的学生谈话让第三层次的学生主动与第一层次的学生结对子，组成6个学习小组，然后每组从第二层次的同学中邀请4~5名加入，最终学生组成涵盖班级各个层次学生的学习小组。学习小组的人数不宜过多，一般为6~8人，学习小组体现了班主任指导与学生自由组合相结合的原则，使得小组间成绩差距不会过大，小组成员的关系也很融洽，便于开展小组活动。学习小组建成后，以第一次月考的小组平均成绩为基数，对比本学期期末成绩，在期末家长会上评选出小组团队进步的一、二、三等奖，颁发家委会提前准备的奖学金。奖学金只能用于小组团队活动。

三、小组活动成果展示汇报会

学习小组建成后，我召开了一次小组活动成果分享会。6个小组依次上台展示了关于暑期活动的精美课件（表1）。

第一辑 寻梦情怀

表1　暑期活动精美课件

组名	展示内容
光宗耀祖组	小组自制"心灵鸡汤对组员的慰藉"
全面深化改革领导小组	亲近自然，享受自然的活动场景
第一组	体味书香文化的同时谨记文科生的学习科目定位
吴彦组	通过活动对小组成员进行精准评价
关东组	将学、玩、吃完美结合，活动之余不忘学习
李平欧巴后援组	美食地图

在小组活动展示中，李平欧巴后援组以自己的味蕾体验写下了对美食感受：烤米皮，卖相极佳，自不必多言，只是看着就令人垂涎欲滴，用竹筷挑起一块，送入口中，只在唇齿之间来回移动，心灵就已飘飘然从躯壳中脱出，逐渐轻盈。初尝，辣中带甜，甜中带辣，正是秘制辣酱与少量糖粉的激情碰撞。薄荷的加入使烤米皮不再是单纯的甜辣，而是夹杂着沁人心脾的清香，柔软又丝滑，入口即化，令人久久回味。这次活动让我们感动，感动于食物的奇妙，感动于思维的火花，感动于厨师付出的心血与发挥的想象力。学生还提出了小组文化建设的建议。例如，全面深化改革领导小组建议拿出一定的经费建立精神食粮书库，一人分享一本读物。在小组活动展示的最后，被家长评选为第一名的小组写下了自己的感想：通过两次开心快乐并且有意义的小组活动，我们深刻认识到文科学生的学习不能局限于书本，而要善于从实践中获取知识，我们要坚持开展小组活动，在实践中提高自己的文科素养。

四、结语

这三次主题家长会看似内容不一，实则有着内在的密切联系。第一次家长会开在第一个学期，目的是让家长、学生、老师相互了解，相互熟悉，增强学生与家长对我的信任，为自信、自强、自主的班级建设打下坚实的基础。第二次家长会是实施时间规划、自主管理后的成绩汇报会，让学生通过集体意识的培养，认识到自己是团队的一分子，大家好才是真的好。第三次家长会是小组活动成果的综合展示，以小组活动的形式全方位展示了组长的领导力和组员的才艺。通过这个活动班级的凝聚力大大增强，同学之间更加和谐，学生的个人能力也得到了提升。

顾名思义，以活动为载体的班级文化建设必须有大量活动支撑，教师在活动中寓教于乐，充分培养和展示学生的才能。这些活动不仅不会影响学生的学习，而且会大幅提高学生的综合能力。比如，我班有的学生参加全国中学生模拟联合国大会并获奖，有的学生经过层层筛选作为护旗手代表中国参加俄罗斯世界杯揭幕战，有的学生作为时间规划小讲师为高一的学生做时间规划的培训。家长看到孩子的进步后都对我的班级文化建设理念给予了积极支持。以时间管理为抓手，以活动为载体，以家校合作的形式培养学生自主管理的能力，注重核心素养的培养，我们有理由相信（12）班的学生会创造更加辉煌的明天。

参考文献：

［1］中华人民共和国教育部.普通高中历史课程标准（2017年版）
　　［M］.北京：人民教育出版社，2017.
［2］林崇德.21世纪学生发展核心素养研究［M］.北京：北京师范大学
　　出版社，2016.

第一辑 寻梦情怀

给高三（12）班、高三（13）班学生的
寒假复习建议

各位同学：

今日本应相聚于校园，然而疫情肆虐，我们不得不延长居家的时日。近期，贵州省教育厅推出了高三网络课程，以确保高三学习的正常进行。疫情当前，我们要响应国家号召，不外出、不传谣，不给政府添乱。面对史上最长的寒假，在学习方面我们应该有明确的思路和主张。可以说，这次在家的学习对各位同学而言是难得的提升、赶超的机会，抓住了这个机会，我们返校后的各项学习安排会更有效。为此，我给大家一些复习的建议和意见。

一、坚持学习时间与学校同步

坚持每日作息与学校同步，确保每天不低于10个小时的学习时间。孔子称赞颜回："一箪食，一瓢饮，在陋巷，人不堪其忧，回也不改其乐。"过去我也跟同学们说过：居斗室，磨心智。因此虽然在家，各位同学也应该在思想上有正式上课的意识，而不能因为在家就放松对自我的要求和管理。我建议各位同学每天按照如下时间作息：

7：30—8：00　起床、早餐。

8：00—12：00　学习（其中10：00—10：20可以休息20分钟，运动一下）。

14：30—17：30　学习。

19：00—22：00　学习。

只有确保学习时长，才能提升学习效果。

二、做好每日的时间规划并严格执行

建议各位同学做好时间规划并严格执行，这样既能养成自律的良好习惯，也能确保复习的效率和体系性，变被动学习为主动提升。希望同学们将时间规划的完成情况发在群里互相检查和学习。

三、网课学习为辅，自主学习为主

贵州省教育厅和贵阳市教育局录制的网课对高三后期复习有很好的帮助和促进，但是网课的受众毕竟是全市乃至全省的高三学生，在针对性上必然有所欠缺，因此同学们要以自主学习为主。针对历史学科，我的复习思路是：①利用我们订的《名校讲义》对中外历史、时政热点进行整合。②以阅读材料为抓手进行答题技巧、规范的训练。③对高考题型进行系统讲解与拓展。④将每一个核心概念理解透彻（什么时间、是什么、怎么样、为什么）。放假期间同学们一定要按照我过书的要求认真过完必修2、必修3两本书，可以按照单元标题、每课标题、每课小目录过，也可按照核心概念的要素（什么时间、是什么、怎么样、为什么）过。对每一个要点都要做笔记，放假期间要用好我们的大本，把大本的练习再过一遍。同学们可以来学校拿大本，来校的时候记得戴口罩，配合门卫师傅测量体温。关于其他学科的复习思路，同学们可以主动向科任老师咨询。特别提醒：听力没有得满分的同学务必确保每天两篇的听力训练。

四、动笔答主观题，养成和老师沟通的习惯

检查作业的过程中我发现很多同学更喜欢做选择题，可是选择题即使全对也只有48分，而错一个就要扣4分，主观题言之有理可以得到一定的分数，通常是见点给分，所以，主观题的训练也很重要。因为开学延期，我们没能在一模前进行主观题专项训练，这就要求同学们一定要有意识地进行主观题训练，对答案的时候要及时做好批注，不断积累改进。另外，要注重知识的积累，没有一定的知识积累单靠答题技巧是做不好主观题的。不会的知识点要及时打电话或线上求助老师，千万不要怕打扰老师，在老师眼中没有问问题高不高级的学生，只有是否勤学好问的学生，帮你们解决问题本就是我们的任务。

五、思考和坚定自己的理想信念

君子慎乎其独，在目前的状况下怎样才能确保自己坚持不懈？理想信念的作用一定是必不可少的，考前的时间大家一样多，机会均等，用好20几天既可以保证一轮复习的成果又可以提前开始二轮复习，抢占复习先机才能在后面的备考中赢得主动。任何事物都有两面性，疫情给我们的备考造成了不利影响，但今年的强基计划却给我们带来了利好消息，这个计划可以让我们北附的更多学生进入心仪的名校。希望大家在思想松懈时想一想自己的理想，心中有希望，手中有利器，才能去更远的地方。

最后，我想提醒同学们，做好返校后学校可能延长在校时间的准备，希望届时同学们不要抱怨，也不要抵触。

祝所有同学及家人身体健康！2020年我们一定赢！

罗薇

2020年2月2日

用行动践行北附精神

　　今天由我做这一期的国旗下的讲话，主题是"中国精神、北附精神"。有一部很火的电影《八佰》，这部电影以抗日战争时期淞沪会战中国民革命军镇守上海四行仓库为背景，展现了中国军民英勇抗战、不畏牺牲的家国情怀。2020年9月3日，在纪念中国人民抗日战争暨世界反法西斯战争胜利75周年座谈会上，习近平总书记发表重要讲话：正义必胜！和平必胜！人民必胜！在中华民族危亡的关头，中国人民以铮铮铁骨战强敌，以血肉之躯筑长城，以前仆后继赴国难，经过14年的艰苦奋战，彻底洗刷了近代以来抗击外来侵略屡战屡败的民族耻辱，中华民族赢得了崇高的民族声誉。

　　2020年年初，新冠肺炎疫情暴发，党和政府把人民生命安全和身体健康放在第一位，统筹疫情防控和医疗救治，采取最全面、最严格、最彻底的防控措施，不遗漏一个感染者，不放弃每一位病患，实现了"应收尽收、应治尽治、应检尽检、应隔尽隔"，遏制了疫情的大面积蔓延。中国抗击新冠肺炎疫情取得的成就靠的是"对人民负责、对生命负责的鲜明态度"。中国共产党和中国政府以非常之举应对非常之事，全力保障人民生命权、健康权靠的是"14亿中国人民坚韧奉献、守望相助"，无数人驰而不息、英勇奋战，付出难以想象的汗水和智慧。2020年9月8日，全国抗击新冠肺炎疫情表彰大会在北京举行，钟南山被授予"共和国勋章"，张伯礼、张定宇、陈薇被授予"人民英雄"国家荣誉称号，国家以最高规格致敬抗疫英雄。

　　在6天2场意义非凡的隆重抗战纪念活动中，习近平总书记以天下兴亡、匹夫有责的爱国情怀，视死如归、宁死不屈的民族气节，不畏强暴、血战到底的英雄气概，百折不挠、坚韧不拔的必胜信念阐释了伟大抗战精神的内涵。在全国抗体击新冠肺炎疫情表彰大会上，习近平总书记用20个字凝练了中国人民的伟大抗疫精神：生命至上、举国同心、舍生忘死、尊重科学、命运与共。抗战精神、抗疫精神、抗震救灾精神、载人航天精神、小岗精神等中国精神不断得到发展和升华。

随着2023届学生入驻新校区，北师大贵阳附中经历了9年的发展，成为一所在贵阳、贵州乃至全国有一定知名度的优质学校。2011年我们招收了第一届学生，初中4个班、高中6个班共300余人，学校德高望重的校监魏义钧老先生带着大家一起拓荒。我记得当时老师不够，北师大大兴附校、兴仁附校、鄂尔多斯附校、包头附校支持了我们10位老师，学校才顺利开课。记得2011年9月7日开学典礼的前一天晚上，我们全体老师打扫校园到凌晨三点。那一届的学生经历过晚自习期间变压器突然起火，全部班主任陪伴学生在教室唱歌；经历过水压不足导致的近20天断断续续停水；经历过寝室不够住，20几个人同住教室。2013年9月，高中部搬到了现在的金朱东路校区，在这里，我们的首届毕业生高考一本上线率78%，在贵阳市一炮打响。金朱东路校区2011—2020年一共培养了7届优秀学子，见证了我们北附的发展壮大。2020年因学校长远发展的需要，在区委区政府的支持下，我们将申办示范校，现今629名高一学生将成为我们新校区的第一届学生，我们会有更好的校园环境。从2011年到2020年，我经历了3个校区，见证了学校的发展，看着我们培养的学生进入更高层次的学校学习，作为老师的我们感到无比自豪、高兴。

我们今天所看到的、见证的这一切都是我们所有北附人努力与奋斗的成果。岁月静好的背后是我们所有人的负重前行，抗战中有坚守四行仓库的壮士们，抗疫中有以钟南山院士为代表的最美医者，北附校园里有每晚值守的老师、为大家提供服务的工勤人员和刻苦学习的你们。我们每一个中国人、每一个北附人既是祖国发展、学校发展的见证人，也是国家强大、学校发展的受益人。老校区辅仁楼上有几句话：走出家门我是家庭的形象代言人；走出校门我是学校的形象代言人；走出国门我是国家的形象代言人；言谈举止，我是自己的形象代言人。做好这几个代言人，我们就用自己的行动诠释了我们北附人的精神追求。

2014年第一届北附杯感动（2）班年度人物评选颁奖词

刘泽缘：

有这样一个人，他总是用自己的表情逗笑别人，他总是用自己的笑声感染别人，他总是用自己细小的行为影响别人。某年某月的某一天，他在考试失利后去球场找自信的过程中发现了一个钱包，他想学习本来就不好，要是品德再不好就完了，于是他将钱包交到了团委。他就是2014年第一届北附杯感动（2）班年度人物诚信哥——刘泽缘。

许家齐：

他，集刻苦、勤奋、好学于一身；他，无时无刻不向身边的同学传播正能量；他，常在同学困惑于难题时，耐心解答；他，常在同学们吵着要在课间操看视频时，毅然决然地关掉视频，即使承受着同学们的谩骂；他，是"你若不离，我定不弃"的好组长。他就是2014年第一届北附杯感动（2）班年度人物充满正能量、讲原则的好男儿——许家齐。

刘云：

她，兢兢业业、勤勤恳恳；她，对自己的工作一丝不苟，对每项工作投入最大的精力，担负最大的责任；她用认真负责的工作态度换来（2）班每一次"文明示范班级"的殊荣。她就是2014年第一届北附杯感动（2）班年度人物优秀劳动委员——刘云。

杨钫钧：

他，开朗、重情、重义；他，待人友善、幽默；他，能够在同学最困难的时候伸出援手；他，面对困难，从不皱眉，迎难而上；他，心地善良；他，身为数学科代表站在讲台上，挥斥方遒，指点江山，用他的自信感染每一个人。他就是2014年第一届北附杯感动（2）班年度人物小老师——杨钫钩。

宋帅东：

他，身材修长、体形瘦削，每日都可以看到他在篮球场上跃起的身影和足球场上倒挂金钩的脚法。他一步一个脚印，虽挥汗如雨，却不言放弃，勇往直前。平凡、黝黑隐藏不了他心中的坚韧与男儿的血气方刚。同学们戏称他"侧面很帅，正面很东"。他就是2014年第一届北附杯感动（2）班年度人物"东"哥——宋帅东。

杜星婵：

在需要帮忙时，随叫随到的她有着甜美的笑容，每次降温时贴心的提醒、每一个善良的帮助都出自她。她的温馨提醒会让人感到幸福——那种发现自己被关爱着的幸福。她就是2014年第一届北附杯感动（2）班年度人物贴心女孩——杜星婵。

胡天水：

她是最威严的室长，制定了一套严格的规章制度。她是最真诚的小（2）班成员。她是嗓门大、爱管闲事的代名词。她性格开朗、尽职尽责，怀揣一颗博爱的心。她坚持原则，不让（2）班受到伤害，不让老师对（2）班失望。她可谓（2）班最坚强的后盾。她就是2014年第一届北附杯感动（2）班年度人物原则姐——胡天水。

曾程：

她，是个小个子。她，其实挺可爱的，她会唱歌，特别是国歌；她会用"咯咯"的笑声逗醒沉睡的班级。她站在黑板前手拿画笔绘出（2）班的风采，娇小的身材却显得如此伟岸。她就是2014年第一届北附杯感动（2）班年度人物宣传委员——曾程。

张绍聪：

他，在老师面前不善言辞，却有着一种冷幽默。他，做事不紧不慢，自有分寸。他，面对任何问题都很淡定。他就是2014年第一届北附杯感动（2）班年度人物淡定哥——张绍聪。

郑国浩：

他，很积极、很友善、很可爱。无论是运动会，还是《弟子规》比赛，他都用傻傻的笑容直面一切，在众多光鲜的同学背后做无声无息的螺丝钉。依然记得他为运动会"班级精神文明奖"握笔苦思的表情，依然记得他稳坐如山、毫无怨言地写下41个"仁爱"的沉着冷静。他的内心如此美丽，如同"flower"，他的胸怀如此宽广，如此"big"，他的笑容如此温暖，如同"orange"。他就是2014年第一届北附杯感动（2）班年度人物"big orange flower"——郑国浩。

杨蕾伊：

她是一个安静的女孩，总是安静地拿着笔在纸上画画。每天清晨，一声声温柔、耐心的呼唤让我们从睡梦中醒来。为了增加大家的阅读量，她牺牲自己的周末时间帮大家买杂志，为同学准备生日蛋糕。她总是默默地帮助大家，默默地爱着我们的（2）班。她就是2014年第一届北附杯感动（2）班年度人物——杨蕾伊。

唐宇然：

她是一缕阳光，给别人带来温暖；她是一场春雨，给别人提供必要的帮助。早上，她会第一个起床，催促大家不要迟到。七点未到，她已经到了教室，拿起喷壶给讲台旁边的两株植物喷掉粉笔灰；中午回到寝室，她总是最晚睡，她会把鱼缸清洗透亮。她总是整天笑呵呵的，带给我们无穷快乐。她就是2014年第一届北附杯感动（2）班年度人物——唐宇然。

李铠铭：

他热爱篮球，每天坚持锻炼。他每天组织大家认真跑操。因为受伤他的成绩一度落后，但半学期以后，从吵闹到安静，从玩闹到努力，从球场到教室，他的表现发生了惊天大逆转。一分耕耘，一分收获，他在变化中收获了成绩，收获了友谊，收获了别人的点赞。他就是2014年第一届北附杯感动（2）班年度人物小白框——李铠铭。

吴潍妤：

她，是老师的好帮手，每次布置的任务，都能很好地完成；她，是陈以心的好姐妹；她，是一个有目标、有方向的人；她经常会说出一些富含哲理、教人顿悟的语言；她，是一个让老师放心、家长安心的好孩子。她就是2014年第一届北附杯感动（2）班年度人物——吴潍妤。

邱云飞：

他，聪明、感性；他，人缘奇好；他，思维敏捷；他，爱帮助同学，热心班级事务；他，时不时给老师制造点小麻烦。但他信守承诺，知错就改，履行大丈夫的诺言和责任，努力践行与老师和学校的约定。他就是2014年第一届北附杯感动（2）班年度人物——邱云飞。

张华睿：

他，热爱篮球运动，为了它，曾经"粉身碎骨"。高冷的他，充满着神秘。他，高大帅气，刚正不阿，秉公办事，在班级的威望仅次于罗老大。他，不善言辞，任劳任怨，而回到寝室，又变成了一个纯正的犯二青年。他就是2014年第一届北附杯感动（2）班年度人物好班长、好大哥——张华睿。

杨阳：

他，个子不高，却充满了力量；他，热爱运动，全身的运动细胞一旦被激活，就会活力无限，在运动场上满场飞；他的身上充满着喜剧细胞，时不时冒出几句逗趣的语言。他就是2014年第一届北附杯感动（2）班年度人物逗趣男孩——杨阳。

陈以心：

她，温柔大方，勤奋刻苦；她，有如邻家大女孩的小清新；她，虽不善言辞，但总是用行动践行对自己和老师的承诺；任何事情老师交给她，都十分放心；她，言必行，行必果。她就是2014年第一届北附杯感动（2）班年度人物邻家女孩——陈以心。

左灿琳：

她，身材高挑，外表高冷，在熟悉的同学、老师面前却犹如邻家女孩般亲近。半学期后的她在小组成员的带动下，奋起直追，复习资料上留下她密密麻麻的批注，她的努力得到了老师和同学的认可。她就是2014年第一届"北附杯感动（2）班年度人物"——左灿琳。

蔡卓玲：

她，个子小小的，头发短短的，每天乐呵呵的；她，戴着一副小眼镜，经常会在周记本里发点小感慨，抒发情感；她，做事认真，任劳任怨，虽然做的都是关灯、浇花这样的琐碎小事，但是每天能把这些小事做好的人，一定是不平凡的。她就是2014年第一届北附杯感动（2）班年度人物——蔡卓玲。

汪梦涵：

她，戴着一副眼镜，声音甜美，个子高挑。每两个月的生日派队总少不了她的亲力亲为。在《弟子规》比赛中，正是她的极佳创意使小（2）班获得了第二名的好成绩。创意策划、表演主持，她无所不能。她就是2014年第一届北附杯感动（2）班年度人物——汪梦涵。

黄家金：

他，平时给人的印象是寡言少语。但不经意间却表现出manshow的潜质。他，转转功夫了得，他手上的任何东西都可以游刃有余地飞起来。有这样的自信，相信他日后一定会转出不一样的人生。他就是2014年第一届北附杯感动（2）班年度人物飞转哥——黄家金。

张尧：

他，是我们班学霸式的人物；他，勤学好问，有目标，不怕吃苦，在课间围着老师问问题的同学中总会有他的身影；他，谦和，有礼，懂得感恩；老师对他提出的任何要求，他都能尽力完成；别看他很瘦，犹如竹竿，但他却是寝室里有名的吃货；在斗鸡场上，透过镜片能看到他不服输的倔强。他就是2014年第一届北附杯感动（2）班年度人物倔强哥——张尧。

刘小山：

他，年龄最小，个子不高，能量犹如聚能环。班上的同学都把他当成小弟弟照顾，但在学习上，他是我们班彻头彻尾的大哥级人物，正如他的名字，犹如一座小山峰。他是我们班级的放心哥、同学们眼中的开心果，有着manshow的潜质。他就是2014年第一届北附杯感动（2）班年度人物——刘小山。

刘啸秋：

他，天生一副笑脸，自带喜感，有一双弯弯的月牙眼；他喜欢摆剪刀手的pose；他，特别爱帮助人，只要（2）班的兄弟姐妹喊一声，他一定会第一时间赶到，义不容辞。他就是这样一个把友谊、情分看得很重，有情有义的好男儿。他就是2014年第一届北附杯感动（2）班年度人物情义哥——刘啸秋。

刘弋亓：

她，名字里有个生僻字，以致老师第一次点名时念错了。她，会与同学分享知识点，会在寒冷的冬天把热水袋借给同学暖手。她，心灵手巧，用她那灵巧的双手镌刻出五彩的世界。她就是2014年第一届北附杯感动（2）班年度人物——刘弋亓。

刘颖若：

她，是我们班的武术姐姐，表演起武术来，生龙活虎；她，学习刻苦；她，英语极好；她，有高远的梦想。在班上，随时都能看到她刻苦攻读的身影。在学习上，她是不用老师操心的好学生。她就是2014年第一届北附杯感动（2）班年度人物——刘颖若。

莫昊阳：

他，一副虎头虎脑的样子；他，聪明、会学习；他，爱帮助同学；他，经常帮老师抬水；他，时不时地给老师制造点小麻烦，但老师批评他时，他态度又极好；他，是机智灵活的科代表；他，是被同学们戏称"小白腿"的阳光大男孩。他就是2014年第一届北附杯感动（2）班年度人物——莫昊阳。

梁秋实：

他，高高的个子，敦实的身材；他，热爱篮球事业，可每每都会为它伤到自己的腿；他，喜欢音乐与英语；他，是莫昊阳的好厕友、好奶友；他，高大身躯后面藏着的是长不大的单纯和小小的自负。他就是2014年第一届北附杯感动（2）班年度人物——梁秋实。

钟涵羽：

她的沧海一声笑是小（2）班的经典；她，有着明亮的大眼睛和浑厚磁性的声音，在同学懈怠时，给予力量；她，是真真正正的女汉子；她的身上有无穷大的超能力，但她的个子却是小小的。她就是2014年第一届北附杯感动（2）班年度人物——钟涵羽。

张一贤：

她，乖巧可爱；她，做事认真；她，带领她的团队认真学习；她，能把大事做得很好，也不放过一件小事，她会及时捡起教室拐角处的垃圾；她，时不时地向老师撒娇，显现小姑娘的可爱。她就是2014年第一届北附杯感动（2）班年度人物——张一贤。

朱美贤：

她，温柔可人；她，犹如邻家女孩般亲切可人；她，学习自律性极高，不怕吃苦，赢得了同学们极高的评价；她，是老师最放心的好学生、家长最亲爱的好女儿；她，是张一贤的好闺蜜。她就是2014年第一届北附杯感动（2）班年度人物——朱美贤。

刘恬：

她，文采飞扬；她，安静恬淡；她，永远知道该做什么；每天她踏着晨曦，很早就来到教室，夜幕中无论寒暑都刻苦学习；她以不抛弃不放弃的信念和踏实、上进的学风赢得了老师和同学的点赞。她就是2014年第一届北附杯感动（2）班年度人物——刘恬。

李瑞逸：

她，身材高挑，皮肤白皙；她，智商极高，天赋很好，感觉没费多大劲就取得了令人艳羡的好成绩；她是左灿琳的好朋友。她就是2014年第一届北附杯感动（2）班年度人物——李瑞逸。

游雪誉：

她，胖胖的身材，一副大大咧咧的样子；她，是我们班的小妹妹，整天乐呵呵的；她，虽然有时会丢三落四，但却很体贴人微；她，用爽朗的笑声感染身边的每一个人；她用她的率真、可爱打动了我们。她就是2014年第一届北附杯感动（2）班年度人物大眼妹——游雪誉。

陈祉建：

他，特别逗，从他的眉毛就知道，他的眉毛会动；他，喜欢迈克尔·杰克逊；他，会在紧张的学习之余，用他特有的方式活跃气氛；他的内心世界丰富多彩，他徜徉在音乐的世界里，尽情展现自己的才华。他就是2014年第一届北附杯感动二班年度人物闷骚男——陈祉建。

段语涵：

她，眉宇间透着一股倔强；她的"周周清"讲评思路清晰，语言精练；她，理科思维极好；她，带动团队，努力学习；她，很有自己的性格；她，在学习上一直不用家长、老师操心。她就是2014年第一届北附杯感动（2）班年度人物——段语涵。

周晚彤：

她，虽然留着帅气的短发，却拥有一颗小女生的心；别看她经常把书桌搞得一团糟，可她的学习永远都是有条不紊的；她，爱好文艺，紧张的学习之余，我们经常听到她悠扬的琴声。她就是2014年第一届北附杯感动（2）班年度人物——周晚彤。

杨淳斐：

他，有纯纯的外表，英俊潇洒，时而文艺，时而"癫狂"；他，办事积极，能说会道；他体贴入微，让人感动；他，积极组织管理同学参加各种活动；他，做事不紧不慢，淡定中透出一种自信。他就是2014年第一届北附杯感动（2）班年度人物——杨淳斐。

陈昇：

他，眼镜背后透着智慧之光；他，生活中神经大条，丢三落四，但学习自主性强；他，不善言辞，内心世界丰富多彩，时不时会冒出逗趣的言辞；

他，属于慢热型，需要老师有足够的耐心。他就是2014年第一届北附杯感动（2）班年度人物——陈昪。

王迦南：

她，嗓音很好，歌声动听，她是校合唱队的主要成员，为了学校的合唱比赛，牺牲了自己的吃饭休息时间而毫无怨言；她，恬静自得；她，是老师的好助手；她，曾经一头长发，让人难以忘怀；她，是好同桌、好寝室长。她就是2014年第一届北附杯感动（2）班年度人物——王迦南。

2017年第二届北附杯感动（12）班年度人物评选颁奖词

左静茹：

你文静好学、有礼貌，你执行力特别强，你一定会在第一时间完成老师布置的任务。你有目标、有梦想，从第一次收集分班意向开始就坚定了自己的目标。在学习上你既心无旁骛，又平易近人。你就是2017年第二届北附杯感动（12）班年度人物学霸姐姐——左静茹。

罗雅心：

你文静如水，但这并不妨碍你对梦想的追求。你懂得感恩，一次生病，老师送上的一杯梨汁、课间操后与老师一小段路程的倾心谈话令你感动了一个学期。你虽不善言辞，但内心世界丰富，你的刻苦勤奋班级同学有目共睹。你就是2017年第二届北附杯感动（12）班年度人物——罗雅心。

肖雅文：

你善良大度，阳光开朗；你对工作认真负责，作为劳动委员，你任劳任怨。在运动会上，你做足后勤保障工作，准备的东西应有尽有：云南白药喷雾、小旗子、检录册、巧克力和垃圾袋等，每当有（12）班同学参加比赛你都会组织同学呐喊加油。最可贵的是，你为班级所做的一切都是发自内心的，你用你的行动践行了"真心奉献"这几个字，为你打call。你就是2017年第二届北附杯感动（12）班年度人物——肖雅文。

梁又文：

你表面大大咧咧，但其实热情有礼；你虽中途插班，却用自然的亲和力很快与班级融为一体；你的自来熟让老师一下子就喜欢上了你这个热情的"菇凉"，在（12）班这个有爱的集体里，你用自己的表现证明情商高的优势。你就是2017年第二届北附杯感动（12）班年度人物——梁又文。

唐晟淞：

你个子不高，一脸的严肃与正气；你话语不多，却能把老师布置的任务落实得掷地有声；你是老师的好帮手，为班级做事一直都是任劳任怨；你关心同学，室友睡着时你会主动给他披上衣服；你是战狼队的好兄弟，刻苦训练，为学校争得了贵阳市中学生军训会操比赛第一名的好成绩。你就是2017年第二届北附杯感动（12）班年度人物战狼兄弟——唐晟淞。

胡旭鹏：

你性格有点内向，话语不多，但为人实在。你脾气超级好，从没见你发过火，不管大家如何跟你开玩笑，你总是呵呵一笑。你热心帮助同学，会贴心地送上爱心早餐。你很绅士，你用你的行为诠释了儒雅一词。你就是2017年第二届北附杯感动（12）班年度人物儒雅男生——胡旭鹏。

张文昊：

你个头不高，做事实在。你话不多，但做事有条理，你的箱子比女孩收拾得还整洁。你把班级的植物照顾得很好。你认真对待学习，"功课虐我千百遍，我待功课如初恋"，始终坚持不抛弃、不放弃，一点一点地向前走。你就是2017年第二届北附杯感动（12）班年度人物——张文昊。

宋尧天：

你热情细致，爱帮助同学；你人缘极好，大度、幽默又可爱；同学遇到烦心事时，你会耐心倾听，帮同学分担；同学有不会的难题找你时，你会真心实意地帮忙解决；你是肖雅文、胡旭鹏的羽毛球师傅。你就是2017年第二届北附杯感动（12）班年度人物——宋尧天。

李星志：

你身兼数职，却把工作做得游刃有余。你学习成绩优秀，却仍然谦虚好学，帮助同学解决疑难问题。你每天很早起床，主动打扫寝室卫生，512寝室获得"文明寝室"的称号与你的带领分不开。为了学生会和班级的工作，你忙前忙后，经常顾不上吃饭。你组织小组开会，布置工作有模有样，不是老师胜似老师。你就是2017年第二届北附杯感动（12）班年度人物——李星志。

刘骐诚：

高大帅气的你爱学习、爱助人，经常能站在对方的立场考虑问题。你成绩优秀，是小宝老师的爱徒。你热心班级事务，老师安排的任务你都能高质量完成。你就是2017年第二届北附杯感动（12）班年度人物政治学科小达人——刘骐诚。

李朕烜：

你做事沉稳；你学习极为刻苦，孜孜不倦；你是一个有梦想的人；你爱班级、爱学习，每天的规划本写满了各项任务，一件一件地认真落实。越努力，越幸运。你就是2017年第二届北附杯感动（12）班年度人物——李朕烜。

罗磊芹：

同学对你的评价是时而温柔时而暴躁，老师对你的评价是可爱又认真。作为英语科代表，你恪尽职守，是老师的好助手；你善良又热心，是我们大家的最爱，为你打call。你就是2017年第二届北附杯感动（12）班年度人物——罗磊芹。

陈钰鑫：

你不苟言笑，话语不多，你是很有资历的英语科代表，你有着天然的"逗比"气场。你不苟言笑的背后隐藏着冷幽默，你是不靠卖萌的manshow党。你是我们cc组合的骨干成员。你就是2017年第二届北附杯感动（12）班年度人物——陈钰鑫。

陈奕好：

你的娃娃脸上总带着标志性笑容，你聪明却不太勤奋，不善言辞但很友善，为人大气，人缘一级棒。你是cc组合的骨干成员，自带喜感，经常自娱自乐，给全班带来欢乐。你是父母眼中的希望，老师嘴里的开心娃。你就是2017年第二届北附杯感动（12）班年度人物好娃——陈奕好。

张欣悦：

你极有爱心，经常关爱流浪的小动物，你在同学眼中很活泼，但在关键时刻却是最靠得住的好同志，你是509寝室睡在上铺的好姐妹，你是在老师面前话不多却做事实在的好青年，你温暖了（12）班的每一名同学。你就是2017年第二届北附杯感动（12）班年度人物——张欣悦。

胡心如：

在老师眼中，你不善言辞，在同学心中，你是一个讲义气、真性情的朋友，无论做什么，只要是对的，都会对朋友给予无限支持。你会在音乐课考试排练时不厌其烦地纠正同学的发音，在同学考试没考好情绪低落时，送上一碗心灵鸡汤；你会在同学生病时端药倒水。无论何时只要同学需要，你都会在他们身边。你就是2017年第二届北附杯感动（12）班年度人物——胡心如。

王薇钧：

你感性与理性并存。理性的你是老师的好帮手，做事认真负责，把班级交给你，老师很放心，同学生病时你会给他盖被子，你是大家的"钧哥"；感性的你像个小孩子，疯得忘我。你半学期的点点进步大家都看在眼里，未来的日子，你一定会变得更好。你就是2017年第二届北附杯感动（12）班年度人物——王薇钧。

骆虹瑾：

你外表高冷，内心细腻，很会照顾人；你个头高挑，形象气质俱佳，是班级的颜值担当，但在班级的合照中却少有你的身影，你是我们（12）班的御用摄影师。你是最好的寝室长，整理内务一丝不苟，执行室规严于律己。你就是2017年第二届北附杯感动（12）班年度人物——骆虹瑾。

陈婧悦：

你的一手好字有横扫千军的气势，小巧身材挡不住内心的澎湃。你心细如发，绝不矫情、做作，你是真性情的好女子。你做事认真，板报绘画、书写全部拿下。你是热心肠，义卖现场出工出力。你用自己的言行诠释了优秀的内涵。你就是2017年第二届北附杯感动（12）班年度人物——陈婧悦。

班益：

你的一声声薇姐暖化了我的心，你出板报时的认真感动着我。你文理兼优，既有小女子棉花般柔软的情感，又有大女子智慧的情怀。你健谈、善解人意，你做事孜孜不倦。你就是2017年第二届北附杯感动（12）班年度人物——班益。

李林晓：

你是双胞胎中的妹妹，在三号办公室每天穿梭的科代表身影中，老师们会不由自主地探究这次来的是姐姐还是妹妹。你不太爱说话，但办事认真，事无巨细，只要涉及你工作职责的事情，你一定能把它做好。你把梦想放在心里而不是停留在嘴上，脚踏实地一点一点改进、提升自己。你就是2017年第二届北附杯感动（12）班年度人物——李林晓。

姜文武：

你高大帅气，有礼貌。初识你时感觉你有点桀骜不驯，你是（12）班军训中敢跟教官顶撞的第一人。细细相处中我感觉到你的率真与孩子气。你热心班级事务，搞活动的时候你积极参与并建言献策。希望你永远如此率真，但更希望你快点长大，变得更懂事。你就是2017年第二届北附杯感动（12）班年度人物——姜文武。

严卿洲：

你戴着眼镜，文质彬彬，但没想到你的体育超级棒。你关心集体，热心班级活动，在本学期为（12）班策划组织了好多次高质量的班级活动，（12）班成为有爱、有凝聚力的班级你功不可没。你有礼貌，爱帮助同学，经常帮女生搬箱子。在学习上你不抛弃、不放弃，一点一点地追赶同学。你就是2017年第二届北附杯感动（12）班年度人物——严卿洲。

许昕劼：

你有思想、有理想，你用你的踏实践行着北附人对目标的执着追求。你话不多，却温文尔雅。你负责班级杂志的采买，你会亲自询问同学的需求。这些点点滴滴让我们感受到你的温暖和我们对你的需要。你就是2017年第二届北附杯感动（12）班年度人物——许昕劼。

戴一坤：

你个头不高，敦实少言。你有爱心，关心家人和同学。你是宋尧天的好厕友、好朋友，一起去食堂，一起到小卖部。在同学需要的时候，你会第一时间陪伴在他们身边。你的每一点进步老师都看在眼里，记在心里。你就是2017年第二届北附杯感动（12）班年度人物菠萝怪——戴一坤。

王弘铭：

在同学和老师眼中，你开朗活泼，在班级身兼数职，热情为班级服务，为同学排忧解难。你担任劳动委员，在每天的卫生检查前，你一定会尽量弥补做得不好的地方，提高我们卫生评比的得分。你在学习暂时落后时，一直坚持自己的梦想，找同学、老师问问题，毫不气馁，执着努力。你就是2017年第二届北附杯感动（12）班年度人物——王弘铭。

张志成：

你是理科学霸，你是百问不厌的理科达人，你不仅自己学习好，还乐于助人，只要同学找你问问题，你都会停下自己手中的功课，给同学解惑，为了准备音乐考试，你放弃休息时间为同学伴奏。你目标坚定，立志跟上小华的步伐，成为最好的理科实验班的一员，为了这个目标，你一直都在努力。你就是2017年第二届北附杯感动（12）班年度人物——张志成。

邓礼乔：

你表面看起来大大咧咧，实际心细认真。你做事有时会带有情绪，有时会有所松懈，但是在老师和你谈话后你改进了很多。你作为科代表，用心为老师排忧解难，为同学做好服务，是几个科代表中的佼佼者，多次得到老师

第一辑 寻梦情怀

的肯定。要分班了，希望你在新的班级一如既往地认真负责。你就是2017年第二届北附杯感动（12）班年度人物——邓礼乔。

陈君娴：

通过学姐的推荐你来到北附，和学姐成为同门。你学习极为刻苦、自觉，经常沉迷于学习不能自拔，你的认真感染了身边的同学。最让老师感动的是12月的月考前一晚你生病了，输完液已近凌晨，第二天一早你仍然坚持到校考试。要分班了，在此，我祝愿你有君子般的大气和小女子般的"娴"淑。你就是2017年第二届北附杯感动（12）班年度人物——陈君娴。

王悦琪：

你天生具有文科生的气质，文采飞扬，稳重聪慧，有古代才女的气质。你是我们班的语文科代表，每天认真负责地带大家早读，是语文老师的好助手。你虽话语不多，但是一个绝佳的倾听者，希望下学期还能续写我们的师生缘。你就是2017年第二届北附杯感动（12）班年度人物——王悦琪。

姚江凌：

你善良乐观，爱结交朋友；你大度不计较，有你的地方一定有笑声；你经常擦洗整理寝室的洗漱台，同学有困难找你，你一定会立即伸出援手。老师感动于你在老师生病时夹在规划本里的两包抗病毒冲剂。一直想对你说："有你在身边真好！"你就是2017年第二届北附杯感动（12）班年度人物——姚江凌。

匡宁：

第一次对你有深刻的认识是在军训中我们班举办的一次生日祝福会上。活动结束以后，你提着垃圾袋一桌一桌地收拾垃圾，那天我记住了你的名字。再次认识你是有一次你在规划本上反思你的学习生活，你向我承诺要改进，我鼓励你说你从一个普通初中考到北附很棒！通过观察我发现你在一点一点地变化。你的书桌、抽屉总是收拾得很整齐，是我们全班同学的榜样。你就是2017年第二届北附杯感动（12）班年度人物——匡宁。

马锢敏：

你是老师眼中的小可爱，你一直都在很刻苦努力地向着自己的目标靠近。你人缘很好，眼睛生病时，有人领着你上厕所，有人给你买饭，有人给你点眼药水，有人帮你补抄笔记。薇姐希望你快点好起来，希望下学期你还在我的班。你就是2017年第二届北附杯感动（12）班年度人物——马锢敏。

邵国峰：

你是一个有艺术特长的人，你曾经是"天地会"的成员，你学习努力，执着于自己的天地。在512寝室需要你的时候，你一定会在线。你经常把你的东西给需要的同学，你能尽你所有帮助需要帮助的人。你就是2017年第二届北附杯感动（12）班年度人物——邵国峰。

陈凯晨：

你热爱学习，遇事有自己的见解。你爱帮助同学，是同学们的优质学习伙伴。你在学习暂时遇到瓶颈时，不轻言放弃，执着地追寻自己的梦想。在老师的脑海里永远会留有你吟诵诗歌时的自信与坚毅。未来的日子里，你一定要坚持挥斥方遒，指点江山的从容与淡定。你就是2017年第二届北附杯感动（12）班年度人物——陈凯晨。

胡楠：

你外表呆萌，性格傲娇。你话不多，但总能用细微之处的关心打动我们。你做事有条理、有分寸。也许因为性格原因你不太擅长交朋友，但一旦有人成为你的好友，你一定会与他相互扶助，携手共进。你这样的朋友值得交一辈子。你就是2017年第二届北附杯感动（12）班年度人物——胡楠。

彭文盈：

你的内心和外表一样美丽，你总能在细微之处给予大家温暖，让大家感受到你无处不在的关怀。你总是很乐观，虽然有时成绩不如意，但你从不轻言放弃，你的心中永远充满阳光，给周围的我们带来永恒的正能量。你就是2017年第二届北附杯感动（12）班年度人物——彭文盈。

简富源：

你很内敛，做事有自己的套路。未来的日子需要你有更明确的目标和方向，需要你更严格地要求自己，需要你勇敢地把自己的想法表达出来。做好这些，你就是最出色的自己。你就是2017年第二届北附杯感动（12）班年度人物小白——简富源。

2

追梦行路

2020届（12）班班级总结

高一上

日期：2017年9月4—10日　　　总结人：陈凯晨

总结及建议：

（1）不要让第一次周考的失误和不理想影响心情，要重拾自信，继续拼搏。

（2）语文演讲时一定要镇静，拿出自己最好的状态。

（3）晚上好好睡觉，务必克服犯困的问题。

（4）下周统考，本周应做好积累，认真巩固，调整心态。

周日：开学以来第一次遭遇"周周清"考试，比想象中有挑战性，同时告诉我们，只有多多积累，才能取得佳绩。

周一：英语老师给我们上了一堂特殊的课，既介绍了她与学生间发生的故事，又让我们知道了她是怎样一位老师。

语文科代表做了语文课的第一堂演讲。

同学们下午的跑操变得更加整齐了。

周二：班干部已经确定下来了，他们都干劲十足。相信勇于承担责任的他们在不久的将来能令班级更优秀。

"看新闻"活动在我们班首次展开，望以后继续坚持，拓宽我们的视野。

周三：进行了"人人有事干"的分工，同学们或多或少都承担了各自的任务。一人出一份力，我们的集体将更强大。

下午迎来了第一节选修课，我们要认真对待，学到能为己所用的知识来丰富自我。

周四：教师节即将到来，同学们将精心准备的贺卡和礼物送到了各科老师的手中，以表达感激之情，既温暖了老师，又表达了我们的情感。

下午从体育老师的口中得知，广播操比赛快开始了，为此我们加强了对体操的练习与彼此间的默契，望在即将到来的比赛中取得令人满意的成绩。

周五：又是一节受益匪浅的音乐课，它让我们深刻理解了礼貌的重要性，体会到音乐对身心的洗涤。

班会课邀请了（13）班的同学，罗老师的深情演讲让我们知道了规划学习时间和小组互助的方法与好处，相信坚持3年以后，每位同学都能取得优异的成绩，进入理想的大学。

日期：2017年9月11—17日　　总结人：胡心如

寝室卫生情况：寝室卫生总体一般，女生510寝室卫生做得非常好，特提出来表扬，希望其他寝室向她们看齐。

教室卫生情况：本周最后两天卫生出现一些问题，黑板槽没有擦，经罗老师提醒后，卫生委员组织各组分工擦拭。另外，校卫生部将卫生检查的评分标准贴在了小卖部门口的墙上，卫生委员可以去看看。

在星期五的班会课上，各位班干部都阐明了自己的职责，其他同学也说了自己将在班级承担的任务，希望大家各尽其责，一起创造一个和谐友爱的高一（12）班。

跑操情况：星期四跑操我们班做得不是很好，导致被罚多跑一圈，希望下次有所改进。若与前面班级的距离太小，就原地小跑。

眼保健操这个星期我们班表现得很好，每天都是满分，继续保持。

晚自习应保持安静，有一次晚自习比较吵闹，但后来有所改进。希望以后晚自习能保持安静，不要影响别人。

这周我们结束了高一摸底考，本次考试相对中考而言比较难，大家不要灰心，这次考试意味着初中已结束，我们要全身心地投入高中的学习中，尽快适应高中的学习节奏。星期天恢复了"周周清"考试，相信大家在经历了一次以后，能做得更好。

运动会、跑操和广播操比赛快开始了，我们要以最好的状态去面对，取得佳绩。

我的班级总结到此结束，谢谢大家！

日期：2017年9月18—24日　　总结人：唐晟淞

今天是2017年9月24日，农历八月初五，星期日，距离国庆节还有6天。

今天班级总结的主要内容有：9月18日勿忘国耻，爱我中华；奇妙实验课；班级欢乐多；卫生大整改，使高一（12）班容光焕发，各方面步入正轨。具体内容如下：

9月18日的星期一晴空万里，上午10：00防空警报响起，这不仅是对我们的提醒，更是对我们的督促，正如梁启超所说，少年智则国智，少年富则国富，少年强则国强，少年独立则国独立，少年自由则国自由，少年进步则国进步，少年胜于欧洲则国胜于欧洲，少年雄于地球则国雄于地球。勿忘国耻、爱我中华是我们共同的责任。

本周我们上了化学和生物两节实验课，在动手实践中，同学们发现了问题，记下了数据，也进行了分析及总结。总的来说，实验课真的非常有趣，特别是化学老师的实验课，幽默风趣，是很有意思的实验课。

本周劳动委员公布了最新2.0版本的"劳动法"，理念十分有创意，且分工明确，使打扫效率大幅提高，卫生质量倍增。"劳动法"在本周试运行期间获得了较高的评价，解决了有些组人员过剩、有些组人员不够的问题，希望在不久的将来能推出3.0版本。

总结及建议：

最近随着课程的紧张推进，加上月考的压力，同学们将学科名称用一些奇怪的名词代替，以减小压力，如化学被称为魔药法，物理被称为玄学，英语被称为西方咒语等。这些替代名词让我想起我的一位朋友的话，"学习着快乐，快乐着学习"。

在各位同学的共同努力下，本周寝室卫生得到了很大程度的改善，本周已无8分的记录，10分以上的寝室比较多。

上周陈婧悦同学、骆虹瑾同学、王弘铭同学、班益同学及肖雅文同学等牺牲中午休息时间为班级出黑板报，特提出表扬。

最近天气变化引起了不少疾病，同学们要做好防护措施，保护好自己的身体。

最后，预祝大家月考考出自己的真实水平，最好超水平发挥，爆发小宇宙。今天的班级总结就到这里，谢谢大家，我们下期再见。

日期：2017年9月25—10月8日　　　总结人：马锢敏

总结及建议：

上周日没有进行周测，同学们自觉地对自己的月考科目进行了总结和复习。

周一：语文课上老师放了一个动画视频——《光之塔》，让我们懂得并感受到父亲深沉的爱。时光一去不复返，请同学们不要忘记身边一直默默为我们付出的父母。我们需要他们的爱，他们同样也值得我们用更深的爱去报答。所以，从现在起请珍惜与他们在一起的时光。

周二、周三：进行了本学期第一次大型考试，同学们诚信地完成了此次月考。周三晚上，同学们因刚刚考完试，在自习课上有些躁动，不过也只是刚刚开始的时候，后面的自习课还是比较安静的。

周四、周五：同学们大都知道自己的月考分数了，有的喜，有的愁。考得好的同学不要骄傲，因为有人比你考得更好；考得差的同学也不要气馁，我们都应该往前看，这只是一次小考，并不能决定什么，没考好就继续努力，找到适合自己的学习方法，提高学习效率。另外，我们还要总结此次月考的经验，下次少犯错。

周六：开了本学期的第二次家长会，内容是文理科分班。同学们大都已经选好了文理科，希望这是大家慎重考虑后的选择。不过，最好的选择就是遵循自己的内心，我们要相信自己，只要愿意做，什么事都可以做好。

本周进行了体操训练，同学们大都很认真，有个别同学动作懒散，希望改进。下周就要进行高一的体操比赛了，希望大家以最好的状态参加。

此外，本周的班级卫生状况较好，寝室卫生状况也很好。同学们都清楚了自己的职责，希望大家可以更主动地完成。

经过国庆和中秋的假期，相信大家的身心都得到了放松，那就让我们朝气蓬勃地迎接下一周吧，大家加油。

日期：2017年10月9—15日　　总结人：胡楠

这周进行了常规性考试——周考。本次周考相对较难，同学们需对周考考卷进行及时订正，并规划接下来的学习。各科目基本都开始了新的学习内容，大家注意劳逸结合，认真听讲。

周一：语文课上订正了语文周考考卷后，看了一个关于辩论的视频。该视频让我们领悟了演讲者的感染力和逻辑性。通过几次演讲，侯老师让我们了解了演讲中的要点，希望后面演讲的同学取其精华，做得更好！寝室卫生方面，男女各有一个寝室8分，希望注意，维护寝室的卫生。

周二：寝室卫生状况良好，6个寝室都是10分。对跑操、课间操进行了抽签准备。开始装饰教室，为接下来的活动做好准备。在活动开展之余，希望大家不要丢下学习，劳逸结合才更有效率！

周三：发了对同学们来说很时尚的鞋，也为接下来的活动做了充分准备。大家进行了小组的重新分配，既有组名和口号，也有细化分工。希望接下来的日子里，大家一起努力，相互配合，在学习上更加积极，为之后的考试做好准备。

周四、周五：开展了广播操和跑操比赛。同学们在赛前积极配合老师排练。尽管刮风下雨，天气骤降，大家也没有松懈，把握住了每一次训练机会。最后，在同学们及老师的努力下，我班取得了两项佳绩！希望未来的日子里大家共同努力，学习更加刻苦，为接下来的期中考试做好规划！

本周班级和寝室的卫生状况良好，有一个男寝达到12分，希望大家向他们学习，做得更好！新的一周即将到来，迎接我们的是更多的挑战，大家加油！

日期：2017年10月16—22日　　总结人：罗雅心

周一：语文课上，全班一起玩了诗词"飞花令"，输的一组向王小华老师进行了"爱的告白"，并获得其亲笔签名的照片一张。学习并运用古诗让我们体会了中国五千年的文化沉淀。能随口引用古诗词的关键不在于古诗词，也不在于引用，而在于随口。平时要不断地学习，做到熟练掌握并将其纳为己用，才能实现境界的提升。相信输了的一组下次一定能"咸鱼翻身"，一雪前耻。

周二、周四：进行了查寝，部分寝室表现不是很好，希望大家都能养成自觉熄灯睡觉的习惯。我们现在处于高一，不似高二要养精蓄锐，查漏补缺，更不比高三的争分夺秒、冲刺奔跑，所以没有那么大的心理压力迫使自己快速进入睡眠。如果睡觉时肠胃处于紧张忙碌的工作状态，就难免影响睡眠质量，所以建议大家少吃夜宵或吃得清淡一点。毕竟早上起床时"痛不欲生"的感觉和上课时的哈欠连连说明我们并没有保证充足的睡眠。

可喜可贺的是，继广播操、跑操比赛之后，我班又在"经典文学"比赛中获得二等奖的佳绩，或许离最高的理想成绩仍有一步之遥，但这是各班委用心设计、老师们耐心指导、大家齐心努力得到的回报，来之不易又弥足珍贵，更不枉大家无畏寒冷的天气身着单薄的演出服，伴奏者将笨重的乐器搬来搬去，家委会的家长们及时选购演出服装，以及大家一次又一次不厌其烦地操练的付出。

　　本周寝室卫生状况良好，未出现9分以下的情况，有两个寝室分别获得11分和12分，实在可圈可点。本周一如既往地进行了周考，我班平均分位列年级第五，希望大家再接再厉，在积极参与活动的同时不抛弃学习之本，一起完成"一学期内超四赶三"的"宏伟志向"！

　　日期：2017年10月30日—11月5日　　总结人：骆虹瑾
　　站在第八周的终点，回顾过去一周的生活，需要总结的地方很多。

　　周一：新语文老师来班，大家在欢快的气氛中进行了新一课的学习。下午，美术课断更三周后继续更新，课程逐渐恢复正常。但下午跑操有8人缺席，表现不佳。

　　周三：各学习小组均对近期学习进行了规划，拟定了学习方针。在看过上一届学生的小组规划后，各小组对本组规划进行了升华。

　　周四：进行了体质健康测试，女生进行了仰卧起坐、坐位体前屈和立定跳远的测试，男生进行了引体向上和立定跳远的测试。在这次测试中，同学们都取得了不错的成绩。

　　周五：体质健康测试再发力，进行长跑测试，女生800米、男生1000米。女生一次性过关，部分男生重跑。总体来说，本次成绩较中考成绩而言大幅下滑，但孙老师说已经很不错了。本周是音乐课停更的第n周。可能我们班和美术、音乐无缘吧。

　　总结及建议：

　　（1）作业情况：在各科课程难度加大的情况下，同学们依旧按时完成作业，没有出现被老师批评的现象。

　　（2）早读情况：据我观察，早读时大家精神状态较差，希望同学们克服困难，让早读效率更上一层楼。

　　（3）上课情况：本周多次出现上课迟到的现象，望同学们注意，上课迟到是对老师及课堂的不尊重。

　　（4）晚自习情况：①晚自习进班速度比较快，可是进班后往往要很久才能安静，望同学们注意。②自习时，没有大吵大闹的情况，但是时常会有一些杂乱的声音。这件事的管理有些难度，希望同学们自己管理自己。

　　（5）寝室卫生情况：各寝室卫生状况良好，望保持。

　　（6）班级卫生情况：本周班级卫生状况较差，希望下周改进。

第九周将进行期中考试，关系到分班。我们能做的只有努力复习，超越自己的最佳状态。竞争永远是最好的动力。

本次班级总结到此为止，谢谢。

日期：2017年11月6—12日　　总结人：宋尧天

周一：这是本周最繁忙的一天。每个同学都在为期中考试做最后的准备。上课时，同学们收起以往的吵闹声与笑声，全心投入课堂，抓住老师的每个知识点，只为在期中考试中取得佳绩。由于老师开会，跑操时间变成了自习课，但是课上没有吵闹、没有嬉戏，只有卷子的哗哗声和笔头摩擦卷子的沙沙声，大家都分外努力。美术课上，我们的身心得到暂时的放松，但不少同学的手指都被工具刀割伤了，希望同学们以后用刀具时小心一点。

周二、周三：两天的期中考试让大家身心俱疲，但大家却依然精神饱满地听课，这一点，大家做得很好。

周四：考试成绩新鲜出炉，真是几人欢喜几人愁啊。这次某些科目的试题确实比较难，但也总有一部分原因是我们自己的功夫不够火候。这次考得好的同学不要骄傲，要继续努力，争取下次更好；考得差的同学也不要灰心，只要找对方法，认真学习，就一定能取得好成绩。试题有难有易，精神也有兴有颓，这次没考好没关系，下次加油便是了！

本周的最后一天，家长会如期召开，门口的"光荣榜"让我们面红耳赤。但希望大家不要灰心，毕竟还有时间。

本周班级情况：

（1）作业：由于期中考试，本周作业相对较少，但同学们自觉做题，这点很不错，望继续保持。

（2）期中考试：同学们努力备考，诚信考试，取得了不少佳绩，如语文及数学成绩平行班第一等。

（3）晚自习：同学们安静自习，偶有人交流题目，但总体情况还可以。考试之后的晚自习，同学们比较兴奋和放松，有些吵闹，希望大家调整状态，重新进入新一轮的学习。

（4）寝室卫生：各寝室均保持良好，男生512寝室甚至得到了"恐怖"的12分，望继续保持。

不管怎样，期中考试已成为过去，让我们鼓起勇气，面对下一次的月考。

日期：2017年11月13—19日　　　总结人：张欣悦

本周有北附的"励耘杯"比赛，校园里瞬间热闹起来，走在路上总能遇见到访的外校老师。虽然我们班不是比赛班级，但也努力地做好自己。晚自习上大家安静自觉地学习，努力地做好卫生，有老师的地方总会响起此起彼伏的问好声。另外，恭喜老师们在比赛中取得佳绩。

本周班级情况：

周一：黑板卫生被扣分，要铭记国旗下的讲话提到的"细节决定成败"，希望下次注意。另外，数学老师上课速度很快，望大家注意预习、复习，以提高学习效率。

周二：跑操时，许多"励耘杯"参赛班级提前退场，但大家仍然整齐、认真地跑步，在唱歌环节声音也十分洪亮，提出表扬。

周三：原定于下午的社团活动改为跑操，同学们虽有怨言但仍然很认真。新闻时间，小组开会制订了具体的学习计划，接下来我们认真按照计划执行吧！

周四：结束了体质健康测试的最后一项。

周五：化学老师为我们带来了一节幽默的实验课，虽然中途出现了不少小插曲，如蒸发皿炸裂，找不到过氧化钠并且自制失败，用小刀切钠时小刀坏了……但这节实验课令人难忘。

这一周，新闻时间的内容由"世界周刊"变成了"生命缘"，获得了大家的一致好评。晚自习时间大家都十分安静，可谓沉迷于学习无法自拔，但在距下课还有几分钟时就开始躁动了，希望大家能坚持到最后一秒。这周卫生状况总体不错，尤其是寝室卫生，没有出现低于9分的情况，超棒！

最后，希望马铟敏同学的眼睛快点好起来，与我们一起学习，一起奋斗！

日期：2017年11月27日—12月3日　　　总结人：邓礼乔

这周事情很多，但也很有条理。以下为本周班级总结。

周一：部分同学未完成英语作业，被老师批评了，希望类似情况不再发生。同学们在实验室渡过了一堂难忘而欢乐的生物实验课，但许多同学迟到，原因是找不到实验室，希望下次注意。美术课板画进入冲刺阶段。

周二：经过生物老师的监督和再三叮嘱，我们的作业终于在早自习前收齐了，希望大家以后按时自觉交作业。通用课杨老师表扬了我们很多同学构思灵活。值得表扬的还有晚自习上大家能够有条理地完成作业。

周三：开始英语练字。作业虽然多，但是更能体现时间规划的重要性。信息课上我们女同学再获表扬，被夸"细心，构图巧妙"。

周四：因为很久不练字了，我们被罗老师批评了，希望大家坚持练字。化学卷子令人头晕目眩，一定要保持头脑清醒。

周五：时隔一周，音乐课开始了，经过考察，根据胡心如同学的方案制定了音乐课的上下课礼节。

本周多次出现迟到的情况，希望下次注意。

日期：2017年12月11—17日　　　总结人：彭文盈

北附人在经历过月考的狂风暴雨之后，又迎来了新一周的精彩生活，以下为本周班级总结。

周日：在晚自习中大家都保持安静，这是一个很好的开始，希望大家继续保持。

周一：同学们在跑操之前度过了一节兴奋又快乐的美术课，希望还未刻完木板的同学加快进度。值得称赞的是，同学们在生物课上积极讨论，大胆表述自己的想法，不同的思想相互碰撞，迸发出智慧的火花，受到了生物老师的表扬。

周二：跑操时间，学校举办了英语拼写大赛，我班由罗朝丽老师钦点的张志成和陈奕好两名同学参赛，虽然没有获得名次，但我们依然为他们骄傲。

周三：从本周开始，选修课与社团活动暂停，同学们都在教室里安静有序地自习。不过有两点做得不好：第一，没有按时调换座位，希望大家下次提前调换座位。第二，科代表在晚自习开始后才开始在白板上写作业，使晚自习变得有些吵闹，希望下次注意。12月13日是南京大屠杀死难者国家公祭日，希望同学们不忘国耻，铭记这一天！

周四：离别多日的凌主任回到了我们身边，同时，高二的学长学姐离开学校参加会考。同学们不必太羡慕，因为我们也迟早会迎来这一天。最值得一提的是，化学老师第$n+1$次吐槽了编书的人，所以希望大家学习化学时不要太浮躁。

周五：李星志的妈妈为我们做了一场关于早恋问题的讲座，生动有趣，希望大家正确面对早恋问题。

总的来说，这一周进步最大的是晚自习的纪律，较上一周有很大的改观，希望大家保持。最后，预祝大家在新的一周里做得更好，共勉！

日期：2017年12月18—24日　　　总结人：陈钰鑫

这周已进入期末复习的重要阶段，希望同学们在认真学习新课的同时抽出时间复习。明天是圣诞节，祝大家圣诞节快乐，Merry Christmas！以下为班级总结。

周日：一如既往地进行周考，周考成绩仍有很大的进步空间，希望同学们继续努力！

周一：早上升旗仪式后，胡校长就高一两名学生的违纪情况向全校学生通报，并告诫我们，在学校应严守校纪、严格自律，不要触碰红线。下午，同学们在欢乐中度过了本学期最后一节美术课，观看了《极限挑战》，缓解了期末复习的紧张气氛。教室自习情况良好，要继续保持！

周二：早读情况良好，但有少部分同学睡眼惺忪，希望大家调整好作息时间，注意休息。班级黑板报新鲜出炉，这里特别对参与制作黑板报的同学提出表扬！

周三：早读没有迟到现象，但有部分同学踩时间到达，希望以后早点到。跑操虽有进步但仍没有达到凌主任的要求，同学们仍需努力。课间有同学在教室里玩球，希望同学们课间注意安全。

周四：选出了两名"特派纪律委员"，自从有了他们，晚自习纪律有了极大改善，希望他们继续加强管理。

周五：班会课上，由王弘铭组组织的猜歌名活动大受欢迎，同学们积极参加，玩得不亦乐乎，王薇钧组多次获得MVP（最优秀选手），力压群雄，夺得第一名。

本周班级情况：

（1）作业：除一名同学没有完成外，其他都很好。

（2）寝室：卫生状况良好，男生512寝室被宿管老师评为12月文明寝室，特此表扬。

（3）自习：总体良好，但刚开始有些许躁动，望改正。

不知不觉，漫长又短暂的2017年就要结束了，下周要举行元旦晚会，预祝同学们新年快乐，学业进步！

日期：2017年12月25—31日　　　总结人：陈君娴

期末考试离我们越来越近了，希望同学们能静下心来，做最后的冲刺。以下为本周班级情况。

周一：晨会上老师与同学们讨论了如何正确地"过洋节"，要抱一种取其精华、去其糟粕的态度，适度了解是可以的，但更应重视的是中国的节日。同学们的课堂表现非常好，沉迷于学习。

周二：同学们在之前的跑操中表现优秀，所以本学期跑操结束，可以用跑操时间写作业。

周三：元旦晚会前夕，同学们积极布置教室，让我们的"家"呈现出一派喜庆的景象。即使在这个时候，同学们依然静下心来学习，得到了老师的表扬，相比其他班，（12）班在冲刺阶段的状态很好、很踏实。

周四：迎来元旦晚会，班级分组布置桌椅，分发食物，打扫卫生等，井然有序，晚会上每个寝室都表演了精心准备的节目。我们印象最深的是小华老师送给大家的一首经典老歌，这首歌将晚会推向了高潮。晚会上罗老师和凌老师也给同学们送来祝福。这次晚会的顺利进行离不开同学们的准备、老师们的支持，也离不开在背后默默付出的家长们，在这里我代表（12）班全体同学向家长们表示由衷的感谢。晚会结束后，教室被快速打扫干净，又恢复成充满学习氛围的环境。狂欢结束了，接下来同学们要静下心来学习。

周五：罗老师提醒同学们回家喝药，老师的关心让同学们心里暖暖的。下午老师们举行了迎新活动，两节自习课后，同学们跑到操场上为老师们加油助威。

这一周，我们有做得好的地方，也有需要改进的地方。以下是本周的班级总结：

（1）绝大部分同学在早读时抓紧时间背诵，但还有小部分同学打瞌睡，希望这部分同学调整好状态，好好利用早读时间。

（2）自习情况有很大的改善，同学们表现很好。

（3）班级卫生水平还需提高，只靠打扫卫生是不够的，每个同学都要做好自己的卫生，不乱扔垃圾，不忽视垃圾，只有这样才能实现真正的干净。

（4）这一周（12）班收获满满，获得了"文明班级"和"文明寝室"的称号，希望同学们再接再厉，特别是女生寝室还能做得更好。

新年新气象，希望同学们带着自己的目标充实快乐地度过2018年，祝各位老师和同学们新年快乐。

日期：2018年1月1—7日　　总结人：戴一坤

下周就开始考试了，在迎接假期的同时，同学们不能松懈，好好复习，考出好成绩。以下是本周的班级总结。

周一：这一天是2018年元旦，所以没有上课。在2018年的第一次晚自习上，大家在罗老师的带领下学习了许多解答历史题目的技巧。

周二：早自习无迟到现象，但估计是元旦后第一天上课的，同学们状态不佳，还需及时调整。

周三：下午进行了历史默写，体现了同学们高超的语文水平，即使没有背，但也能编一段话出来，但这样做是不对的，加上晚自习调换座位不及时，罗老师非常生气，望大家及时改正，不再出现类似的情况。

周四：早自习情况良好。下午的历史默写情况有了明显的改善，但"革命尚未成功，同志仍需努力"。晚自习，化学老师发了很多张卷子，让同学们压力倍增。

周五：同学们准备了几周的音乐考试终于到来了，除一名同学有破音情况外，大家都取得了不错的成绩。班会课时，由于罗老师有事，同学们在教室安静地进行自习，下课前的几分钟，一名同学表演的"原创"舞蹈《全都拐我》给大家留下了深刻的印象。

本周晚自习情况总体良好，大家都沉迷于学习。作业都能按时上交，特别是生物作业上交非常积极，多次受到老师表扬。

以上就是本周的班级总结，希望同学们接下来能够把握好自己的时间。

高一下

日期：2018年2月26日—3月3日　　　总结人：刘骐诚

很高兴能为大家做本学期第一次班级总结，上周是开学后的第一周，我们来聊聊班级情况吧！

总的来说，本周我们班各项学习、常规任务都有条不紊地进行。出勤情况良好，上课铃一响大家就快速地进入学习状态，并且非常安静。早自习时，大家都认真背诵。卫生情况良好，希望再接再厉。两操出勤率也很好。本周班级情况具体如下。

周一：开学第一天，我们认识了许多新老师，同学之间也渐渐熟悉起来。

周二：我们迎来了本学期的第一次跑操，因为我们队伍整齐，口号响亮，赢得了老师的好评。同学们领到了崭新的规划本，强烈建议大家好好对待规划本，它还是很有用的。

周三：参加了一年一度的元宵节猜灯谜活动。在娱乐的同时我们提高了语文素养。我们班在活动中取得了优异的成绩。

周四：下午跑操时，我们班的口号因为体现了社会主义核心价值观，赢得了许多老师的好评。周四晚上的数学作业很难，但大家都没有畏难情绪，努力攻克难题。

周五：我们迎来了本学期的第一节美术课，鉴赏了画作《蒙娜丽莎的微笑》，领略了艺术气息。这天是元宵节，我在此补祝大家元宵节快乐。

新的一周即将到来，让我们一起做好分内之事，过好每一天，共创更好的（12）班。

日期：2018年3月4—11日　　总结人：肖雅文

今天是2018年3月11日，星期日，欢迎收看今天的"旧闻联播"，下面由本播报员肖·帅气·雅文为大家做班级总结。

周一：①数学、英语作业多得令人窒息。为此，我送大家一段话：数英作业很变态，感觉学习不再爱。努力调整自个儿心态，刷题成为灭绝师太。Oh yeah! ②当天的跑操口号很符合文科实验班，希望继续保持。③天气转冷，三角数都被冻成了"三角函（寒）数"，大家注意别感冒。

周二：①生物抽查情况很糟糕。在此，我先做一个自我检讨。②作业较少，但大家不能放松自己，要有自己的时间规划。精耕细作，使刷题技术独立发展、自成体系，为形成我班浓郁的刷题氛围奠定基础。③卫生被扣一分。身为劳动委员，我先跟大家说声抱歉。同时，希望各位"大佬"行使监督权，可通过"信访"形式或舆论监督形式提出批评和建议。

周三：①经历了很混乱的调座位大战。我建议每周只换一次。②鉴于我班高手如云、人才济济、才艺发展均衡，采用等额选举和差额选举相结合的方式，展开了一场别开生面的班干部选举活动。

周四：①感谢"三八节"承包卫生的男同学，也祝你们节日快乐！②我班推出"二六十二，三四十二，三八妇女，节日快乐"这样高端大气上档次、狂拽酷炫的口号，成功博得女老师们的欢心。③下午的班干部竞选2.0版也一如既往的热闹，希望大家以后都能这么积极地参与集体活动。

周五：①班干部竞选升级版3.0如期举行，历时三天终于选出了班干部。希望每个人都恪尽职守、以身作则。②下午班会课外活动，在大家的一致努力下，终于把"老鹰抓小鸡"玩成了"贪吃蛇"，场面一度十分混乱。最终，龙超腾组取得了胜利。我非常期待下一次班会活动的激烈大战（专业吃瓜）。

本周的"旧闻联播"到此结束。如果您对（12）班的旧闻感兴趣，可以加入聊天群或者扫描屏幕右下方并不存在的二维码，我们下期再见。

日期：2018年3月12—18日　　总结人：陈思哲

今天是3月18日，星期天。转眼间开学已经3个星期了，不知道同学们是否已经找回状态准备迎接第一次月考了呢？接下来由我做本周班级总结。

周一：我们拿到了本学期第一次周考的成绩。至于考得怎么样，我想大家心里都有数，希望我们继续努力，下次取得更好的成绩。

周二：我班发生了一起"令人毛骨悚然的惨案"。现在由我来描述一下这起"惨案"的详细情况。早上到班比较早的同学发现春哥的坐垫上躺着一个不明生物，并在周围发现了不少血迹，仔细观察后发现是一条金鱼，身上还有伤口。同学们纷纷猜测到底谁才是杀害金鱼的"凶手"。罗老师经过调查发现这起"凶杀案"的"凶手"竟是两只猫，估计它们看上了春哥的坐垫。在此我代表全班心疼春哥三秒钟，毕竟他损失了一个坐垫。

周三：上午第三节课，我们很荣幸地邀请魏义钧老先生来给我们上一节特殊的物理课。他提到了团队学习，并用自己的亲身经历告诉我们团队学习的重要性，希望同学们互相帮助，共同进步。魏义钧老先生利用最后15分钟为我们梳理了物理运动学的相关公式，这对我们文科生非常有帮助。

中午放学后，男生都参与了黑板报的清除工作，为后期黑板报的绘制打下了基础，在此特别提出表扬，感谢他们为班级做出的贡献。

下午我们被畅哥突如其来的听写搞得一脸懵，尽管畅哥已经很仁慈地降低了过关标准，但还是有很多人没有过关。这需要我们好好反思一下，身为文科生怎么能不背政治呢？

这天是3月14日，伟大的物理学家霍金永远地离开了我们。一颗璀璨的巨星就这样逝去了，但幸运的是，他留下的光芒将永远照耀世界。

周四：这天是3月15日，是消费者权益日。这天我们的跑操口号也十分符合主题——量入为出，适度消费；勤俭节约，理性消费。

周五：英语老师给我们布置了一项特别的作业——写一篇关于霍金的演讲稿。

在美术课上，双江告诉我们只准备在（1）班和我们班开展丝网印刷，同学们都非常兴奋。

第二辑　追梦行路

以上就是本周总结，祝同学们在今晚的周考和即将到来的月考中取得好成绩。谢谢！

日期：2018年3月19—25日　　总结人：左静茹

各位同学，晚上好！以下是本周班级总结。

周一：在经历"周周清"之后，同学们认真订正了错题，疏理了自己各方面的知识点，语文课上，我们共同欣赏了由汪美仑组给我们带来的《高老头》文本赏析，内容十分细致，我们受益匪浅，望下周的语文小组能给我们带来更多惊喜！另外，特别感谢薇姐给我们带来的薯片，非常好吃！

周二：继续传承文实特色，在跑操口号上充满地理特色，获得老师们的一致好评。晚自习氛围良好，值得表扬！

周三：数学课上，李平老师分享了一个关于书生与鸡精的鸡汤故事，龙超腾同学的满嘴俏皮话给全班带来了欢乐。中午，整个观山湖区停水，女同学的生活受到极大挑战。由于停水，对水的需求进一步扩大了小卖部的市场，促进了校园交流，进一步增加了资本积累。晚自习时大家纷纷跑出去抢水，场面一度十分混乱，真是难熬的一天！

周四：跑操纪律良好，"sin cos cos sin，符号相同；cos cos sin sin，符号相反"的口号得到李平老师的高度赞扬。在此，强烈建议将六大学科轮流贯穿跑操口号，彰显班级气质。另外，同学们观看了《红楼梦》与《自由飞翔》《月亮之上》的混合表演，是哪个天才提出了这个绝妙的想法？

周五：各小组有序开展英语活动，同学们积极参加，发掘出许多戏精，其中汪美仑组的《嫦娥奔月》，李星志组的《孔雀东南飞》获得了全班的认可，祝贺他们！也感谢同学们的参与与准备，让我们欣赏到多种多样的表演节目！下午，同学们参加了禁毒宣传活动，提高了对毒品的防范意识。

本周各寝室卫生状况良好，但女生有一寝室得了9分，希望下次改进。本周四、周五是我们第一次月考，请同学们把握好今晚的周考，抓紧时间查缺补漏，及时复习，考出自己的理想成绩。

日期：2018年3月26日—4月1日　　总结人：程艳

各位观众，大家晚上好！欢迎大家收看今晚的"（12）班趣事多"，我是主持人程艳。本节目由"一刷愁眉苦脸，二刷神志不清，三刷走火入魔"的北附月考卷赞助播出。

周一：我班同学与数学相爱相杀，达到"学数学学到易燃易爆炸"的程度，发出"数学之难，难于上青天，使人听此凋朱颜"的感慨。

周二：我班举行了精彩绝伦的"口舌辩变辨"辩论赛，大家就"桑迪亚哥究竟是个成功者还是个失败者"展开了激烈辩论，正反两方的论据都颇具说服力，在此为两方同学点个大大的赞！

周三：我班继续周二的"口舌辩变辨"，正反两方皆以精彩的发言为辩论赛画上了句号。同时，大家开启"认真复习"模式，为周四、周五的月考做足了准备。

周四：月考战打响。大家信心满满地上了"战场"，却为数学"竞折腰"，在此心疼大家三秒钟，同时感谢王明艳老师和杨胜老师送给高一全体同学的卷子！还有，政治果然考出了文科生的味道，不知道大家觉得如何呢？月考期间，（12）班的同学坚持"考完不崩心态，晚自习不吵闹"的原则，让人忍不住给你们比心。其中，班长付滢琦功不可没，特别提出表扬！

周五：大家感受了英语的实力，品尝了地理的美味，观赏了历史的美丽。怎么样？北附月考卷没让你们失望吧？

另外，本周qq也搞出了新花样，"坦白说"功能上线。但我提醒广大观众，"坦白说"虽好，可不要贪玩哦！

好了，本期节目到这里就结束了。感谢大家的收看！

日期：2018年4月2—8日　　　总结人：邹雨孜

大家好，欢迎收看由（12）班全体同学赞助播出的周播节目《班班班班级总结》，我是本次节目的主持人邹雨孜。

周日：虽然罗老师没有在学校，但同学们还是非常自律，有条不紊地按照班委的指挥进行常规活动。晚自习时间，我们观看了电影《奇迹男孩》，受到了很大的鼓励。

周一：今天真是开学以来过得最放纵的一天啦！因为除了第一节语文课和最后一节音乐课以外，其他都是自习课，虽然老师不在，但科代表们依然尽职尽责，组织同学们进行月考卷订正。听着其他班看电影时发出的一阵阵笑声，我们班同学心里很不是滋味，但还是听从了班委的指挥在教室认真自习，彰显了文实班的风范，最终在音乐课上如愿以偿地观看了《美女与野兽》。跑操时间，天气十分炎热，但同学们还是坚持了下来，在这里给大家点赞。晚自习时间，耿梦祺小组为大家带来了"谈美的阅读"讲座，准备得十分充分。

周二：今天老师们完成教研任务回到了学校，虽然回来的路上一波三折，老师们都没有休息好，但还是打起精神为大家讲课，精神可嘉。化学课上我们迎来了一位可爱的新老师——王娟老师，希望同学们能在新老师的带领下更加认真地学习化学。跑操时间我班同学表现良好，口号宣扬了强烈的环保意识。

周三：今天同学们终于知道了牵挂已久的月考分数，几家欢喜几家愁。希望同学们正确看待月考分数，及时做好反思与总结，调整心态，总结经验，吸取教训，继续砥砺前行。下午家长会过后，我们迎来了为期三天的清明节假期，希望同学们在假期里放松心情，欣赏自然美景，为接下来的学习生活调整好状态。

好了，本期节目到此结束，感谢大家的收看，我们下期再见！

日期：2018年4月9—15日　　　总结人：邓锦洁

"清明时节雨纷纷，路上行人欲断魂。"本周是清明小长假结束后第一周，也是忙碌冗长的一周，本周共有6个学习日，希望大家未患上节后综合征。4月作为北附活动最多的月份，每周都有新气象，本周也不例外。

周六：我们返回学校，整顿心绪，踏入知识殿堂。

周日：阳光明媚，骄阳似火。双江老师用最后一节课的时间让我们练习篮球，大家信心倍增。下课铃声响起，意味着篮球赛的开始。第一场，（12）班和（13）班组合在一起的"非同一般"队对阵理实"巨头"（1）班。我方球员身着黑色劲装，与对方的白色球衣形成鲜明对比。随着裁判员的一声令下，一场精彩的篮球比赛开始了。比赛一开始，我们班的实力干将漆泽寒同学奋力一跃，拔得头筹。这是一场文科班和理科班的较量，每一个球员各司其职，抢球、投球、传球，使我们眼花缭乱。球场上的加油呐喊声此起彼伏。"（12）（13），非同一般"的口号震耳欲聋，振奋人心，结果当然是我方势如破竹，比分35∶18，完胜！晚上，大家都沉浸在成功的喜悦中，但周考仍然如约而至。

周一：升旗仪式上听了凌禹老师下达的本周任务，不免心情激动，本周不用跑操，大家积极参与篮球赛。惊喜之余，学习仍然任重道远。

周二：进行篮球第二场比赛，"非同一般"队对阵理科（5）班。我们啦啦队依然气势如虹，球场上的角逐也十分激烈，每个球员都神情专注，鼓足了劲在球场上拼抢，争取进球，为班级争光。这时，就不得不说一下我们的佛系球员春哥廖春明了，他气定神闲的随缘打球方法在激烈的球场上独树一帜。实力是胜者最好的证明，本场比分65：25，我方完胜！喜悦如骄阳一般大绽光芒！

周三：篮球赛暂停，大家休整身心迎接明日的半决赛。与此同时，数学的魅力萦绕在我们周围，让生命感受到升华……

周四：本周最激烈的篮球赛在下午打响。我方对阵理科（7）班，理科（7）班据说是一支如虎的队伍。也许是因为室内篮球馆的闷热，也许是因为大家心中涌动的激情，还没开打，大家就开始全身冒热、汗流浃背了。比赛开始后，我们每一个人都屏息凝神，生怕错过一刻精彩。突然，一声呐喊"球进了"让全场沸腾欢呼，第一分由我方获得！随着比赛的进行，（7）班球员将他们的优势打了出来，让我方球员有些应接不暇。让我们惊讶的是，对方啦啦队竟然搬来了两个大鼓，霎时间鼓声盖过我方啦啦队，可我方毫不示弱，一声声的"（12）（13），非同一般"响彻球场，仿佛在与鼓声抗衡。（7）班球员如老虎一样将我方球员团团围住，我方球员临危不惧，抱着球左冲右撞，冲出包围，像一个个灵活的猴子。赛间，刘骐诚同学一次又一次地送水擦汗，不辞辛劳，这个勤劳的后勤人员值得我们为其点赞。或许是前几场积累的伤痛过多，或许是今天心态紧张，我们最终以51：58的比分落败，但班级的凝聚力与团结未受影响。

周五：篮球赛决赛打响，"非同一般"队对阵理科（3）班。经过与（7）班的比赛，我方球员显得格外轻松，以致前期打得有些"飘"。最后一节中，在与对方相差3分的情况下，我方重整旗鼓，严阵以待，终于追回比分，赢得比赛。这场比赛有惊无险，赛后的合照中同学们笑脸盈盈，喜悦之情溢于言表。

这一周，我们见识了同学们精湛的球技，同时领略了我们投球女将的英姿。每次比赛都有人受伤，在此，我谨代表全班同学向漆泽寒、廖春明和陈思哲同学表示感谢，你们辛苦了。篮球赛增进了班级团结，提升了班级凝聚力，相信我们会越来越优秀。

日期：2018年4月16—22日   总结人：邹欣芮

今天是4月22日（农历三月初七），欢迎收听本期旧闻。在4月中旬的一周，我们迎来了许许多多的活动。

周一：早晨的天空一碧如洗，20个来自台湾金陵女子学校的小姐姐和她们的校长、老师一起访问了我们的学校。我班同学极其热情，在和小姐姐们共同上了一节地理课之后纷纷索要联系方式和合照，仿佛粉丝见面会现场。从这天开始，这个星期的每天下午我们都去音乐教室排练合唱，这要感谢何澄老师的赞助和支持。

周二：这天跑操时我们喊出了"长期共存，互相监督，荣辱与共，肝胆相照"的口号，体现了我国多党合作制度的优越性，我发现这句口号也适合用在同学之间。

周三：同学们期待已久的博物馆半日游终于到来了，尽管当天路途遥远，烈日炎炎，但同学们都把这次短途出游当作春游，玩得不亦乐乎。历经长途跋涉到达博物馆时，大家已是大汗淋漓。"纸上得来终觉浅，绝知此事要躬行。"切身感受历史发展的印记，有益于培养同学们的学习兴趣，开阔大家的眼界，同时可以将大家从学习压力的桎梏中暂时解脱出来。感谢薇姐给我们这次机会。

周四：傍晚，许多同学十分默契地带了鸭血粉丝来教室吃，香味四溢。经过今天的排练，我们班的合唱也大体有了模样，可喜可贺。在此感谢诸位辛苦排练的同学。同时，在今天的晚自习上我们终于确定了闭幕式班服——全员小恐龙T恤+男生限定的充气小恐龙，体现了我班的独特气质。

周五：今天是轻松愉快的一天。体育课和美术课都被用来进行合唱排练，双江老师在听完我们的合唱之后，大为赞赏，说我们不舍本逐末，标新立异，有望获得一个很好的名次。他的一席话鼓舞人心，同学们皆笑逐颜开。

4月是活动丰富的一个月，下周就是艺术周了，在愉快玩耍享受青春的同时，大家别忘了好好学习。正如某一位不知名的朋友说的："学习着快乐，快乐着学习。"

以上就是本期旧闻的全部内容，我们下期再见啦。

日期：2018年4月23—30日　　　总结人：付滢琦

短暂的三天小假期已经结束了，等待我们的是下一轮的试卷轰炸。在此我预祝各位同学平安度过危机，迎接下一次的考试。

本周有漫长的6天。

周一：我们怀着紧张又兴奋的心情迎来了"班班有歌声"大赛。凭借引人入胜的旋律、清新脱俗的形式、优美悦耳的和声，我班一举斩获第一名，一洗篮球场上的失意。

周二：今天看似风平浪静，实则早在生物与数学的双重夹击下暗藏汹涌。是什么迫使文科班的学生在晚自习苦学生物？也是在这一天，仿佛是为了迎合我们的心情，贵阳经历了断崖式的降温，让我们再次体验了一把"春如四季"的独特气候。在此我送大家一句话："吃罢端午粽，才把寒衣送。"所以在端午之前，大家还是让短袖与秋裤共存吧。

周三：在上完投影与视图的数学课之后，我们惊讶地发现信息技术课居然也有同样的内容。在经历了一番关于三视图如何摆放的问题讨论之后，我们终于发现原来两者大相径庭，希望编教材的老师注意一下。

周四：下午我们开了一节关于禁毒的班会，同学们非常积极，整节课气氛很好。另外，上次小组比赛的结果是"全面深化改革领导小组"即郑宇璐小组获得了第一名，大家鼓掌！以后我们要随时准备再夺一顶桂冠。

周五：今天的体育课上我们总算找到了一点跳舞的感觉。感谢欧沛竹和刘骐诚等同学的帮助以及耿姐的组织。下午班会我们了解了两种关系：家人之间的亲情和男女之间的爱情。对此我总结了一句话："珍惜眼前人，勿要尝禁果。"

周六：我们终于结束了漫长的学校六日游，回到家中开启新一轮的复习。

最后，祝愿所有同学都取得满意的成绩，让我们一起乘风破浪！

日期：2018年5月1—6日　　总结人：祝江晗

"月考也该体面，谁都不要说抱歉，没有亏欠，我敢考就敢心碎，我敢错就敢面对。"

本周上课时间较短，月考占了大半时间。劳动节当晚，同学们积极备考。

5月2日，我班33名同学将"识别能力"运用到实际中，在此提出表扬。在数学考试中，监考人员并未对第11题的选项进行更正，致使本班同学大面积失分。同学们敢于质疑，敢于自疑，敢于争取权益，团结协作，一起申诉。希望数学组老师做出令同学们满意的答复。我们是不是该给自己一点掌声啊！

5月3日，同学们渡过理化生的海洋，平安到达海岸。晚修很安静，有的同学有条不紊地进行错题分析，有的同学阅读主旋律、正能量的书籍自我充电，每个人都按自己的计划前进着。

第二辑　追梦行路

5月4日，在下午的美术课上，我班多名同学放飞艺术家之梦，完成了各自的印染作品，其他同学也积极为自己的作品做充分的准备。这天的云走得很快，月考的成绩来得也很快。我们在操场上一起看云卷云舒，在众目睽睽下尬舞。相信回家后同学们都与家长进行了本月分析和下月规划。

5月6日，太阳直射点又到了北回归线上，夏天的烈日、绿叶、蝉鸣伴随我们前进。

你好！5月。

日期：2018年5月7—13日　　　总结人：耿梦祺

今天是母亲节，让我们先祝既不是亲妈又不是后妈的中妈——薇薇节日快乐！也祝各位同学的妈妈们节日快乐！

以下是本周班级总结：

周一：今天是期中考试结束后的第一天，大家似乎还没调整好状态，都有点呆呆的，早晨升旗之前经薇姐再三催促才慢悠悠地出门。今天的校园歌手大赛不是很精彩，但各位同学仍然热情不减地去现场为祝江晗同学加油。数学作业3道题变9道题，数量呈指数增长，真是令人应接不暇。

周二：除了昨日历史思维导图未完成以外，这一天风平浪静。数学作业略酸爽，歌手大赛结束，一切的一切都重归平静，大家的状态也调整过来了。

周三：早读时，毛老师久违地对大家进行了抽背并得出结论：大家背的都是假书。这提醒我们要认真背诵，无论是语文、英语还是文综，都应该不断复习。薇姐下午的讲话令我们收获颇丰。我们一是要学会自控自律、自我管理、自我督促；二是要做个有心人，留意身边的人和事，学会表达自我，懂得感恩。

周四：薇姐花了一节课的时间与我们交流学习，讲了她女儿和她自己的一些故事。我们要成为坚强乐观的人，但也不能什么事都自己扛，要和家长、老师沟通，也要对祖国充满热爱。大家仍执着于找到一张Gary最帅的照片当桌面背景，以勉励自己成为和他一样优秀的人。

周五：语文课开启了苏词的学习。我很欣赏苏词。虽然他受一定的封建礼教思想的影响在《菩萨蛮》中对"三寸金莲"进行赞美，但这并不影响我们学习他"竹杖芒鞋轻胜马，谁怕？一蓑烟雨任平生"的旷达情怀。总之，我希望同学们都找到一个与自己有思想共鸣的文人墨客，不一定非得是苏轼。何澄老师的音乐课很有意思，《复仇者联盟3》更有意思，建议大家有机会去看看。

今天过后我们又将开启新一周的学习旅程，在此，我为大家送上几个字：加油！加油的日语！加油的西班牙语！加油的英语！

日期：2018年5月14—20日　　总结人：钟露

5月14日　星期一

（1）美仑同学做国旗下的讲话。做上周工作小结的老师给我们分享了两则感人至深的故事，一则是有关小布什总统的，另一则叫《我的独眼妈妈》。

（2）罗朝丽老师跟我们分享了她去一中参加海峡两岸职业生涯规划的经历，特别提到了时间管理的必要性和江苏省某学校"把时间还给学生，把方法教给学生"的教学理念。

（3）下午高一全体学生观看了电影《厉害了，我的国》（*Amazing China*），极大地鼓舞了我们的爱国热情，让我们有一种莫大的骄傲与自豪。

5月15日　星期二

这天进行了艺术节闭幕式的彩排，同学们都很认真，我们班还定制了许多老师的"砍照"，还心灵手巧地制作了"身体"。

5月16日　星期三

（1）下午的数学课上，幽默的李老师跟我们分享了一个由"滚滚长江东逝水"引发的笑话，我们都没觉得好笑，可老师却笑得前仰后合。

（2）艺术节闭幕式的内容十分丰富，校长还向我们"表白"道："同学们，校长爱你们。"

5月17号　星期四

罗朝丽老师教导我们不要在背后随便议论他人，有话就当面说。我们一直觉得罗老师对我们极其负责，希望在剩下的日子里尽力留下一个美好的回忆。

5月18日　星期五

在大数据相关知识的讲座上我们学到了很多。"云上贵州，未来已来"，来自中国电信贵州分公司的经理向我们介绍了大数据的核心业态、关联业态、衍生业态等内容，贵州的大数据产业前途无量。

5月19日　星期六

英国哈里王子举行了盛大的皇家婚礼，我们也终于结束了6天的学习生活。

第二辑　追梦行路

日期：2018年5月21—27日　　总结人：郭可婧

王尔德说过，过去的事情唯一可爱之处就在于它已过去。以下是可爱的假期前可爱的一周在可爱的（12）班发生的大事：

周一：停电让我们错过了第一次室内升国旗仪式。下午，明媚的五月天中的合唱，大家还记得吗？

周二：在数学公开课上，我们学习了直线和平面的性质。

周三：消防演习中，同学们欢快得像疯兔子。想必大家都对通用课的工艺印象深刻。虽然没有数学课，但数学作业还是一如既往的多。

周四：历史课上多了两位新晋网红。

5天的假期结束了，大家熬的夜补完了吗？历史书背了吗？同学们，加油啊！

日期：2018年5月28日—6月3日　　总结人：郑宇璐

杏林子说："一粒貌不惊人的种子，往往隐藏着一个花季的灿烂；一条丑陋的毛虫，可能蜕变成一只五彩斑斓的蝴蝶。"

现在就让我们随初夏的风一起拐进那条记忆的小巷，以过来人的身份回忆比此刻年轻了几天的自己，然后对明天老了一点的自己提一个小要求，最后给此刻的自己温柔一笑，毕竟我们能活成此时此刻自己想要的样子还是挺不容易的！

周三：罗薇老师在北附金声音乐厅与同学们进行了亲切的互动。她强调指出，操场翻修没歧义，工人进出不一定；5月、8月搞封闭，各种安全要注意；少壮透支了生命，老来挣扎不容易；准高二我们已当定，在座各位还需努力；出来混就多点和气，别啥事儿都耍脾气；用用大脑学会理性，别以为迟到有底气；人人尊师守纪律，咱们学校才景气；尊重每一个职业存在的意义，毕竟喊你起床、给你做饭、为你提供一个良好的环境不是谁都乐意；大局整体观念要铭记，共筑美好人生，咱们一起。

周四：又是愉快的一天，期待明天的六一儿童节。

周五：我们期待已久的六一儿童节到了。在这个欢快的节日里，几名同学的玩笑引出一个沉重的话题。同学们在一个多小时的时间里，根据如今的社会背景，讨论了现代高中生思想和心灵的困境，发人深省。在此我不得不佩服同学们深刻的思想认识，同时庆幸这只是一个玩笑。但还要友情提醒唐兄、刘兄、马兄、龙兄以及徐兄：这事儿，可万万使不得啊！欢声笑语中，我们（12）班的小孩感情又升温了。

周六：我们很怀念昨天的六一儿童节大概也是因为这个，双江老师与我们分享了一部暗黑系的童话电影《魔法黑森林》。这是迪士尼电影公司出品的一部比较有深度的电影。影片一改迪士尼电影以往浪漫的烛光、完美的助攻及超现实的结局的风格，以4个脍炙人口的童话故事讲述了现实生活中人性的弱点。鉴于我们还没看完这部电影，我就不做过多剧透了。

以上就是本周大事回顾。在过去的一周里，喜忧参半。以下是本周同学们学习和生活中暴露出的问题及需要改进的地方。

问题一：首先我要检讨自己，我多次忘记更新寝室分数。这是极其没有责任心的表现，大家要以我为戒，做一个心有集体、心有责任的人！同时向（12）班的班委和所有默默为这个集体做贡献的人点赞，即使是最平凡的事情，每天坚持也终将成为不平凡的事。

问题二：数学课上精神状态不好。数学的确很难，但作为勇于搏击时代浪潮的有志青年，我们要在学习的这片沃土上精耕细作，用意志告诉自己：胜利就在前方。

离高考仅有短短几天的时间了，祝愿所有的考生：天王盖地虎，全考985；宝塔镇河妖，都上211！

日期：2018年6月25日—7月1日　　总结人：张冰馨

6月25日：进行了室内升国旗仪式。高三学长学姐的高考成绩公布，真心为他们取得的成绩感到骄傲。希望接下来的两年，我们也能好好努力，取得一样优秀的成绩。

6月26日：意外而惊喜地搬到了高三教学楼，接下来的生活让大家满怀期待，同时对下学期的新生活感到些许担忧。周二的排练顺利进行，希望周四的表演再次让人眼前一亮。

6月27日：数学课上的"为什么了"把大家逗笑，新教室的"烂多媒体"让毛老师抱怨不已。下午的排练效果非常好，同学们都很投入，很认真。谢谢何老师的指导，也感谢同学们的认真付出。

6月28日：周四的表演果然很棒！有没有趁机和小哥哥小姐姐们合照呢？尤其是张袭杰和尹玺玮学长。今天很疲惫，希望大家休息好，迎接即将到来的数学考试。

6月29日：下午进行了抽背和默写。班会上公布的下学期作息时间让大家猝不及防，但是希望大家扛住压力，坚持到底！

最后，祝大家本学期的最后一次周测都取得好成绩。最后的最后，大家理化生要好好复习了。最后的最后的最后，谢谢大家！

日期：2018年7月2—8日　　总结人：胡旭鹏

周一：从高二学姐的演讲中我们不难看出一个严肃而深刻的社会问题：100多年过去了，中国人的"看客"思维依旧顽固，新时代的我们，有义务也有责任去改变。目标不是口中动人的话，让我们以梦为马，坚毅如钢，而今伊始，命途自闯。

今天，我们迎来了阔别已久的罗老师。她顶着家庭压力奋战一线的杏坛之风着实令人钦佩，让我们祝罗老师的母亲早日康复！下午，在更新了薇姐"土话数据库"之后，大家一起在音乐厅静听美仑同学分享俄罗斯之行的故事。幽默风趣的美仑台风十足，（12）班的同学就是不一样。

周二：下午，感谢超哥顶着薇姐的火力为我们减轻了历史默写的任务。更感谢薇姐这些日子以来的付出，你的汗水与坚持终将造就我们的不凡。毛老师一堂生动活泼、幽默风趣、妙语连珠、慷慨激昂的语文课让我们印象深刻。

周三：感谢副班长利用中午时间为我们调试了多媒体的对比度，完善了学习环境。我们又上了一节欢乐的语文课，语文老师的"拙作"一词不停地在我脑海中回响。最后，我们像考试一样认真地完成了一套英语卷。真是收获颇丰的一天。

周五：进行了化学和生物考试，试题难度与会考相当，不知大家考得如何。难易与否，大家各自心中有杆秤。学海无涯，锲而不舍，理至易明，知难行易。

插播一则友情提示，前不久本市刚换了语文教研员，新官上任，所出题目可谓剑走偏锋。我校的高二年级三百子弟兵已经初试锋芒，小伙伴们切不可掉以轻心，要做好基础题很难、作文题怪的准备，考出咱文科班学生的气势来。

最后，借用电影《一代宗师》里的一句话送给大家："念念不忘，必有回响，有一口气，点一盏灯，有灯就有人。"只要成功的信念在，终有被回应的一天。

日期：2018年7月9—15日　　　总结人：喻若妍

周一：今早的语文考试给了我们一个大"惊喜"。新的教研员手下毫不留情，刚上任就立了个下马威，出了一些与教材完全无关的题，如"醉卧芍药因"。下午的物理考试一样让人难以捉摸，但总的来说难度不大。

下午短暂的放风引来的却是薇姐的怒吼，搞得我们个个胆战心惊。晚自习时我们的型男平哥穿着凉鞋翩然而至，开始了个人的单口相声表演。

周二、周四：经过两天半的考试，同学们个个像蔫了的小白菜，提不起精神，再加上宛如置身于桑拿房的体验，可谓苦不堪言。就算在如此艰苦的环境下，同学们也能在晚自习时安静学习。自习课上偶有睡觉及看课外书的现象，以后要杜绝。

各科作业已经布置下来了，大家要合理分配时间，最好不要出现临近返校深夜疯狂"飙车"的现象，不要在开学第一天以"仿佛身体被掏空"的状态出现在我们面前。

与此同时，我们要感谢在这个学期不断拼搏的自己、默默付出的各位家长以及辛勤劳苦的老师们。

祝大家暑假快乐！

高二上

日期：2018年8月26日—9月2日　　　总结人：李涛

2018年8月26日，从我们踏入校园的第一步起，我们就开始了"伪高三"的一年。总感觉开学的第一个星期很漫长，但在考试的时候却过得出奇得快，原来连时间也畏惧考试啊。但是考试能让我们查缺补漏，完善自己的知识体系。

我上周状态不好，所以就为大家简单总结一下上周的班级情况。

首先，两位学姐为大家上了一堂看似心灵鸡汤，实为单口相声的心理辅导课，但也让我们收获了许多书本上得不到的知识与经验。其次，两位学长为大家叙述了他们最难忘的高三时光，同样给大家带来了许多收获。但我印象最深的还是颜丽郦学姐。最后，对于令人难忘的一周三考，相信同学们都和我一样感到十分激动，为每周可以比别人多做几张卷子而感动。对此，我们要感谢老师们对大家无悔的付出、辛勤的耕耘，这些换来了我们今天的茁壮成长。

新的一周即将开始，度过今天的周考，我们便可羽化登仙，渡劫成功了。我们要在心里安慰自己，考试的是昨天那个还是凡人的你，而明天的你是将要成为上神的人。革命尚未成功，同志仍需努力。

加油吧，同学们。

日期：2018年9月3—9日　　　总结人：汪美仑

2018年9月3日　星期一

今早，凌禹老师针对我们开学以来遇到的几类问题进行了解答。无论是寝室管理还是食堂就餐，我们都不难看出学校为给大家提供一个安全而舒适的学习生活环境所做的努力。因此我们应该充分体谅，少一些抱怨，多一些理解，毕竟自己觉得很累很烦的时候，老师长辈操的心可能更多。至于周六补课，我们应当多想想其好处，比如，周五晚上的食堂将属于我们；周六放学不会经受堵车带来的困扰。唯有乐观向上，才会更有学习的动力。

2018年9月4日　星期二

数学课上听平兄揭开随机抽样的种种黑幕，张口闭口的活久见令人暗自偷笑。历史课上领略了王守仁口中的聋哑型圣贤与那个小偷发现良知的全过程。周二的英语大礼包来袭，我们在云光如火的天空中发现了美妙的晚霞，紧张的心情顿时轻松不少。

2018年9月5日　星期三

我们期盼已久的选修课于今日正式开启，经过上周末的激烈抢夺，有的同学心满意足，有的同学心有不甘。但不管怎样，在亲身体验之后，总会发现其中的乐趣，有所收获。刚刚经过社团招新的欢乐，晚上便迎来了语文专题考试。这会成为每星期的常态，大家一定要习惯。

2018年9月6日　星期四

早上，同学们一个个强忍饥饿，参加了一年一度的抽血节。眼睁睁地看着浓稠的血液顺着那细细的针管流出，进入一个陌生的世界，从此与自己分道扬镳，再无瓜葛，是否依然有些心心念念、藕断丝连之感呢？下午的体检耽误了一节物理课，想必同学们对自己的身体状况都有了一定的了解。矮的往上蹦，胖的多运动，近视的也别心痛，眼保健操赶紧做。咱们班45个人一定要健健康康的，唯有强健的体魄才能扛住往后如山大的压力。

2018年9月7日　星期五

大家都因周六不用上课而开心无比。这一天过得很充实，英语课后有不少人报名参加英语比赛；出校门后，发现了首次亮相的大黄蜂，家离得远的小伙伴终于不用担心打车贵转车难的问题了。

相信自开学以来，大家都在奋力调整状态，尽力投入到学习中去，但在紧张之余，切莫忘了劳逸结合。上课时注意力高度集中，下了课不妨出去走走；晚自习安静地完成作业，晚自习后早点儿睡觉，别耽误了第二天的课程。保持一个适度的生活节奏，快乐每一天，收获每一天。谢谢大家！

日期：2018年9月10—16日　　总结人：吴毅恒

周一：今天是教师节，在早晨的讲话中，周武主任就秋季卫生及健康问题对我们进行了一次教育。学校对同学们的关心是无微不至的，在这样一个温暖的环境中，我们有何理由不努力？今天是全国第34个教师节，同学们都用自己的方式表达了对老师的感谢。感谢老师，祝愿老师们身体健康，工作顺利。

周二：在乌云密布的一天，同学们迎来了英语风暴和数学连堂，在这种情况下，同学们克制困倦，保持课堂质量，真可谓意志坚强。但愿这种意志引领（12）班走向成功。

周三：数学课上李老师又现"神逻辑"，大侃经商之道。晚自习的考试取消，同学们很开心。为了明日的默写，同学们利用课余时间死啃政治知识点，但愿明日老师手下留情，少画几个大红叉。

周四：今天可以说是本周最辛苦的一天，各科作业如洪流般涌来，奋笔疾书依旧难以完成，回归方程让人头晕眼花，晚自习上一片呜呼哀哉。坚持住，同学们。

周五、周六：经过两次考试，或喜或悲的心情在回家的兴奋中都显得微不足道了。月考越来越近了，同学们要加快步伐，积极备考。

日期：2018年9月17—23日　　总结人：唐文轩

近代民主革命志士秋瑾于《满江红·小住京华》中曾言："小住京华，早又是中秋佳节。"时光荏苒，白驹过隙，一年一度的中秋佳节如期而至。在此，我谨向各位表达最诚挚的祝福和衷心的问候，中秋快乐！

一年前的今天，我们刚踏入校园不久，初来乍到；一年后的今天，我们已成为中流砥柱，蓄势待发。把秋瑾女士这首词中的另一句话送给各位女同胞个人认为再合适不过："身不得，男儿列。心却比，男儿烈！"希望大家都像秋瑾女士一样有巾帼不让须眉的志气，在即将到来的月考中大放异彩。当然，男同胞们也一定要有"黄沙百战穿金甲，不破楼兰终不还"的觉悟，努力备考，力克艰难险阻，赢取胜利。但无论结果如何，我们都应当做到"胜不骄，败不馁"，这才是咱（12）班的同学该有的精神。毕竟胜败乃兵家常事，何况我们还有翻盘的机会。

周日：今天迎来了75题周考初体验。因为是第一次，同学们不免有些紧张，做题时手忙脚乱，担心时间不够用。这个时候，时间的合理分配就显得尤为重要。只要保持正常速度，不在一道题上耽误时间，就能按时完成，并有充分的时间检查。

周一：吴同学和吴主任在国旗下的讲话中都提到了感恩老师，为过去的教师节画上了完美的句号。第五节罗老师的课上，前门"咯吱"一声，一袭白衣的医生顺势而进，掏出了令我不寒而栗的注射器，招呼起了皮试。不知为何，两周前的抽血都没能让牛战士摘下他的面具，区区一个皮试，竟把我吓得全身发软，瘫倒在地。针头抽出后，手臂上顿时鼓起一个小包，至今仍未消去。

周二：地理课上马富老师为给同学解释题目，激动得又一次打起了太极拳，跳起了蒙古舞。马老师独特的东北腔调和丰富的肢体语言总是能让大家捧腹开怀。讲起热带雨林，就忘不了"保持水土"；讲起东北湿地，就忘不了"河流湖泊"；讲起山西煤炭，就忘不了"处理'三废'"。

周三：畅哥又忘记默写世界观、方法论了，侥幸逃过一劫。等他周五想起来时，黄花菜都凉了，没法吃了。下午调换座位时大家依旧秩序井然，望这周继续保持。之后的《国学小名士》成功吸引了大家的眼球，博得一致好评。

周四：白天赶赴荔波上课的平兄，晚上又匆匆忙忙拖着疲惫的身躯回到学校来给我们上晚自习。平兄这种不怕苦不怕累的精神值得我们学习，您辛苦了！下次可以休息一下，不要这么辛苦。晚自习上同学们时不时就会被门外的小小平——睿睿吸引，被迷得神魂颠倒。晚上我们也认认真真地像考试一样完成了今年的高三英语听力真题，但满分的同学比对答案的时候少了五个，大家须引起重视。填涂答题卡的时候一定要仔细仔细再仔细，不能让粗心影响了满分率。

周五：历史课讲到了文艺复兴和宗教改革，薇姐再现久违的"啊"式答法，妙怼超腾。晚上的数学考试成绩很不理想，让平日里淡定的平兄都大呼

"怎么回事嘞"。我们确实需要好好总结，调整状态面对即将到来的数学月考。

周六：平兄巧妙地将两节课融合，上了90分钟，成功讲完一套卷子。历史课上我因为吃三明治被老师妙怼了一番，在这里向各位道歉。

月考即将来临，希望同学们沉着应考，取得好成绩。

日期：2018年9月24—30日　　　总结人：刘昊宇

本周在经历了月考的腥风血雨后，我们迎来了体育课四连堂的超凡体验和国庆7天的愉快假期。希望同学们能在如此超凡脱俗的11天后摆脱月考带来的负面情绪。

本学期，我们班的三好学生、优秀班干部都已选出，我在此表示衷心祝贺。经过国庆假期的休整，同学们对月考的反思应该都已完成。所以，从本周开始，我们应当制订计划准备下个月的月考，不出意外的话下个月月考会考理综，大家要有准备。

周二：今天是月考的第一天。前一晚几名同学以身试法，希望同学们不要效仿。就在我们考试时，学校又默默停水了，相信厕所的味道大家都不想回忆，你辛苦了！

周三：我们可爱憨厚的陈同学要跳起来接"子弹"，结果被罗嬢的观察员一个订书机爆头击倒，学习用品和部分生活用品被路人甲捡走，成功送了一波快递。希望这血淋淋的教训可以让陈同学铭记。

周四：我们等来了月考成绩，送走了罗嬢。为了有更好的师资，出门选拔教师的罗嬢安排好了班上的所有事务，令人感激敬佩。Chory代班，慧师代课，我们（12）班收到了"三罗"所发出的深厚功力。

周五：今天进行了跳远测试，同学们的成绩都很出色。班会上，在班干部的组织下我们有序地进行了运动会入场式表演的计划讨论。

周六：平稳地度过了又一个周四后，晚修时平兄大叹"玩不下去喽！"仿佛说出了我们的心声。

周日：数学课上惹平兄发大火的两名同学，希望你们以此为戒，安心上课。

新的一周已经到来，距寒假还有104天，同学们各自珍重！

日期：2018年10月8—14日　　　总结人：罗雪莲

村上春树的《挪威的森林》中写道："十月的风则撩得芒草左右摇曳，窄窄长长的云又冻僵了似的紧偎着蔚蓝的天空。"本周是10月里我们在学校度过的第一周，也是2018年最后一个假期结束后的第一周。在这不平凡的一周里，我们身边发生了许多事。

周一：升旗仪式上，凌禹老师"残忍"地提醒我们"操场即将修好，我们热爱的课间操、跑操就要回归"，再联想到也不会太远的800米/1000米体育测试，让人不禁心中一凉。早上的数学课在李平老师的一句"非常简单"中拉开了选修1-1学习的帷幕，真是"一波未平一波又起"。生物也提出了背诵任务，一星期过去了，不知道大家的必修1背得如何？毕竟必修2的内容马上就要来了。

周二：今早的英语课在我们与Chory老师的共同努力下，终于实现了有史以来第一次把大本小本周报全部完成的壮举。第五节数学课下课后，李平老师对许多同学着急做英语作业的行为表示抗议，并搬出那句经久不衰的名言："文科高考看数学。"紧接着他开始了"数学在考试中到底有多重要"的单口相声表演。

周三：恍惚中，数学选修1-1第一章的学习结束了，不知道大家的知识点掌握得怎么样。今天下午我们听了饶岸老师关于《三体》的读书分享，感受了科学世界的魅力。周三本该是例行换座的日子，但是因为我们拖到6点20分还没有动静，薇姐十分"冒火"。大家要引以为戒，下次要早点换座位，不然耽误的也是我们自己看片的时间啊！

周四：今天下午，大家期盼的体育课变成了历史课，许多同学"脸上笑嘻嘻，心里好不甘心"。这就意味着下个星期我们将有体育连堂的待遇，我认为极有可能会进行800米/1000米的测试，大家加油。体育课被换让不明真相的罗朝丽老师白白损失了向我们"展示"口语的机会，真是令人扼腕叹息。

周五：今天罗朝丽老师有事没来上课，很可惜，她又失去了展示口语的机会。晚上，经过政治经济生活选择题、历史默写、语文作文三轮考验后，同学们度过了紧凑而疲惫的周五留校时光。语文考完后，少数同学反映没写完，甚至出现了没用规定用笔答题的情况。希望大家对考试予以重视，把每一次小考都当成大考，端正态度。

周六：家长会上的小组展示环节，各小组都使出了浑身解数，将自己小组的精神风采展露无遗。拉票环节同学们更是针锋相对、花样迭出。最后，让我们恭喜"全面深化改革领导小组"在本次活动中斩获头奖！

10月是丰收的季节，希望大家在未来的几个月里刻苦学习。最后，预祝大家在即将到来的学业测评考试中取得理想成绩！

日期：2018年10月15—21日　　　总结人：漆泽寒

周一：在校方第n次的"真香"承诺后，我们迎来了阔别许久的升旗仪式和两操活动。对于许久未进行的体育活动，我们脸上笑嘻嘻，心里更开心。此外，上周的语文测试我班均分再次"干掉"（1）班，相当牛气。虽然我们在作文、默写等方面都稍逊一筹，但依然以成绩说明：文科生取代理科生是历史发展的必然趋势。当然，我们要再接再厉，查漏补缺，让成绩更上一层楼。

周二：语文课上，毛老师教导我们：投资有风险，贷款需谨慎，裸贷要不得，结局很悲惨。虽然不知毛老师是如何由互联网金融联想到裸贷的，但他的谆谆教诲我们会铭记于心。或许是操场修好的原因，平哥兴奋异常，不仅在数学课上说起全家玩抖音一事，更在操场上和童老师比起了跳远。不得不说，平哥虽然因长期高强度工作而毛发稀疏，但他的乐观与认真都值得我们所有人学习。平哥，您辛苦了！

周三：因为操场画线，日常的两操再度暂停，平哥也因此失去激情，平淡安稳地上起数学课，并再次向我们强调笔记和错题本的重要性，希望各位同学认真做笔记。英语课上，汤老师来我们班听课，罗老师一改往日的严厉，更显温柔。我们真是爱极了这甜美又温柔的朝丽妈——罗老师，我们喜欢你的温柔！下午，薇姐为我们准备了美味的（12）班限定版洋芋粑，同学们各展身手，大快朵颐。我们围在讲台旁，品尝着暖心的美食。感谢薇姐为我们带来的不一样的风味。

周四：薇姐、平哥上午双双外出，一上午的课差不多全被畅哥承包了，但仁慈的畅哥没有逼迫我们背政治，而是告诉我们：好好写数学哈！毛老师的语文课讲到了《边城》，他说：每个男人心里都有一个翠翠。而说到不同角色之间的感情时，不知从何处传来的"黄狗与翠翠的感情"让老毛直呼"人狗情未了"！

周五：经过一周的紧张学习，我们迎来了体育连堂与一节排练的小小放松，然后继续做凌老师出的数学试题。平哥在改卷时又隐隐有暴走迹象，幸亏同学们及时送上暖心关怀他才堪堪忍住。在此，我想对平哥说：莫生气，

第二辑　追梦行路

人生就像一场戏，别人生气我不气。

周六：2+2课堂上，同学们虽然很累但仍认真上课，薇姐更是为了学校和同学们彻夜未归，这种坚持和自律值得我们尊敬和学习！

以上就是本周的班级总结，希望大家抓紧复习，应对即将到来的月考和学测。谢谢大家！

日期：2018年10月22—28日　　总结人：李星志

周一：经过了长达半年的维修，我们的操场终于重见光明，我们以后可以在操场升旗了。在今天的大会上凌主任发表了关于认真冲厕所的重要讲话。在今天朝丽老师的课上，自觉起立听讲的人数达到历史新高，使两侧重要交通要道全线堵塞，可见同学们对英语的热情与日俱增。下午，化学结束了新课，老师发了卷子让同学们一展身手，大家为终于有机会让化学老师看到自己的成绩喜极而泣，实在是可喜可贺。今天的三道题尤为难做，使同学们一个个焦头烂额，叫苦不迭，泪流满面，同学们期待三道题早日离开。

周二：平兄在今天再次强调了做笔记的重要性，并为我们归纳了圆锥曲线联立求解的重要方法。凌主任强调了领导视察包括体育课和毒品教育。令人心痛的是，听说体育课今年抽查高二，明年抽查高三，这使同学们对教育局领导的生活经验有了全新的认识。在第三节老毛的课上，我们被抽去听了一节茅海建先生讲的历史课，对"海"和"永"有了深刻印象。

周三：今天是畅哥本周的最后一节课，说起政治，我想到了还未翻开的必修3。做着学测绿本，大家心里都别有一番滋味，都困惑于自己是不是假的文科生。但在化学课上，对完答案后大家就都懵了，觉得自己应该是个假的学生。王老师也终于知道了我们班的化学水平。时隔几周的选修课又回到我们的视线，虽然姑妈妙招很火爆，但大家仍因选错了课而暗暗后悔。

周四：今天小华老师结束了物理课，又引发了台下关于我们一个学期都学了什么的热议，小华老师还给我们讲起了物理学史，不仅让我们知道了诸如波粒二象性等高级知识，还让我们记住了好多位伟大的物理学家。体育课上，我们进行了坐位体前屈测试，同学们能屈能伸的柔韧性终于在此刻展示得淋漓尽致。下午的跑操硬是拖到了6：00多，高三的学长学姐也对此痛恨不已。

周五：对于教育局的检查还是应当辩证地看待。由于排练，朝丽老师的课被占去了一半，但她表示无所谓，反正下午还有课。今天的班会课是跟

（13）班一起上的，下课后，我们在家长的注视下排练了运动会表演，场面一度十分尴尬。

周六：久违的阳光终于照进了班级，在2+2课堂结束后，同学们迫不及待地做完了地理卷子，思乡之情溢于言表。马宝宝在课上不断告诫我们小组合作的重要性，但这似乎并没有起到太大的作用。

日期：2018年10月29日—11月4日　　　总结人：王思颖

周一：升旗仪式上，梁杰副校长通过一系列排比句向我们展示了他深厚的语文功底，同时教导我们不要谈恋爱、不要抽烟、不要上课捣乱、不要自习乱跑，强调了守规矩的重要性。上午，同学们昏昏欲睡了三节课，终于在不用做操的课间清醒了。下午化学卷子的答案让人怀疑人生。离会考越来越近了，同学们要好好复习。

周二：每周一次的魔鬼连堂，数学课上虽然只讲了几道题但一串字母就让人眼花缭乱，然而这只是平兄口中的简单。下午为了迎接体质检测再次进行了排练，同学们虽然口中怨声载道但依然保质保量地完成了任务，为周四体质检测做好了充分准备。

周三：今天跑操的圈数达到历史最高，仿佛一下回到中考前。同学们一边在夕阳下奔跑一边怀念逝去的青春，到最后精疲力竭，终于得到凌老师几句夸赞。《傩面》的读书分享会上同学们积极参与，让我们看到了许多精彩表演，但下一次要注意控制时间。

周四：今天的跑操和广播操都表现优异，赢得了一致好评。跑操过后大部分女生进行了体质检测，结束后仿佛身体被掏空，与教室内男生的气定神闲、泰然自若形成了鲜明对比。下午前一天的读书分享全部完成，光宗耀组的方言演讲让人眼前一亮。由于效果喜人，薇姐和朝丽都决定让我们准备历史和英语的演讲。运动会报名进行得异常艰难，我们班虽然女生多但很多项目没人愿意报，看来同学们对运动的热情并不高。

周五：学校特意请了刑警队的博士给我们讲解校园暴力，虽然博士先生语速过慢且讲解内容没什么吸引点，但我们还是要牢记不能成为欺凌者也不能在被欺凌时不敢向他人求助，学校和家长是我们最坚实的后盾。英语课上，朝丽妈的"访问学者"学习方法让我们收获颇丰，以后可以多利用这样的方法学习。

周六：对于连堂大家早已习惯，但很有难度的政治卷子让人差点变成暴躁老哥。下周就要期中考试了，希望同学们好好复习，都取得满意的成绩。

日期：2018年11月5—11日　　总结人：李朕烜

11月5日　周一

早上因为下雨我们没能听到薇姐的倾情讲话，颇为可惜。希望下个星期有机会。我们有条不紊地进行了早读，为月考蓄力。一早上我们就受到了两位语言大师的批评。对语文周考中出现的不及格现象，毛老师感到很生气，我们班的平均分又一次在与（1）班势均力敌的比拼中稍处下风。希望类似作文没写完、默写不过关等问题不再出现。大家要认真对待每一次周考，提升自己。关于惨兮兮的英语周考，罗老师对我们进行了严厉的批评。希望大家静下心来复习Chory老师反复强调的知识点。

11月6日　周二

今天大家终于迎来了期中考试。上午的语文与历史非常有挑战性。但到了下午，我们才发现，数学才是从来没有饶过我们的那一个，甚至出卷老师都不敢署名。平哥教育我们，平时一定要好好学，才不会被折磨，希望大家都好好发挥。明天还有三场考试，革命尚未成功，同志仍需努力。

11月7日　周三

终于到了期中考试的最后一天，英语考试没我们想的那么善良，政治显然不愿意放我们一马，地理就像马富老师的笑容一样，稍微温暖了我们的心窝。在动员大会之后，我们更应该明确下个阶段的学习目标与责任，规范自己的行为，理性做事，切忌冲动。突如其来的语数英政史地答案是我们还来不及欢愉的悲怆，气氛陷入沉默。

11月8日　周四

我们迎来了典型的北附考试季后综合征。

对于北附速度的质量分析，几家欢喜几家愁，希望大家以平常心对待。

排练的进度一直卡在自律这道坎上，望同学们积极配合，拿出最好的状态努力排练。

11月9日　周五

出人意料的是，我们迎来了周五的解放，同学们很激动。开放日前来的家长们为课堂增添了不少色彩，令人不敢打瞌睡。订正卷子固然痛苦，但是终究会过去的，虽然不能成为美好的回忆。今天我们迎来了认真严肃的家长会，薇姐的月考总结值得我们深刻反思。

接下来，我们更要继续奋斗在北附。

最后，下一周的不下雨祈祷正式开始。

日期：2018年11月19—25日　　总结人：刘骏超

周一：经过了昨天周考化学试卷的轰炸，不知道同学们对化学的热爱是否依旧存在？

为了迎接即将到来的学考，大家都将接受考试的洗礼。但是梅花香自苦寒来，忍一忍吧，反正就一个月而已。

周二：昨天的历史考试成绩已经出来了，虽然只是测试性考试，但是同学们仍需要查缺补漏，就像马老师说的那样，咱们（12）班的学生是奔着满分去的！今天马老师不在，想他。

周三：今天第一节物理课上做的试题，大家感觉怎么样呢？阔别已久的选修课又再次回到了我们的视野，不知道姑妈又做了什么好吃的呢？

周四：历史课上猝不及防的听写令人颤抖。希望薇姐下次记得我们班是周五听写。但是同学们注意要将知识点细化，不要背过就忘。英语课上Chory老师告诉我们"今天是感恩节！"班上的各位同学在各个科代表的温馨提醒下积极踊跃地给各位老师写了感恩节祝福。我在这里再次感谢各位老师对我们的付出，你们辛苦了。

最后，最重要的是，体育课上同学们坚持跑完了800米以及1000米，可喜可贺。

周五：英语课上，罗老师又讲起了她在振华的光辉岁月，占用了大部分课堂时间，同学们不禁感叹：欢乐的时光总是短暂的！今天下午的阳光格外暖和，我们在音乐教室里重温了我们的成名金曲"我喜欢，嗯，虽然，有那么一丢丢的黄了。"

周六：今天历史考试，哪些同学没有按照要求做啊？我先做自我批评与自我反省，因为我是其中一个。希望同学们下次按照老师的要求，做到与人方便和与己方便，考虑到自己与他人的感受，重视规则，不再犯同样的错误。

日期：2018年11月26日—12月2日　　总结人：龙超腾
从"堂堂文科生"到堂堂文科生

本周我们第一轮会考的理综考试已经结束。大家是不是突然燃起重新学理科的想法？抑或感叹高一所学的标准比会考标准高很多？古语云："求其上，得其中；求其中，得其下。"就像你想考贵州大学，结果考上了贵阳学院！咱们还是应该以稍高于会考标准的要求来复习。当然文综考试成绩也有很大的提升，尤其是咱们班的地理成绩，均分上了140分，这才是咱们（12）班的小孩儿！

从北京到贵阳

Chory老师从北京匆匆赶回来，为大家讲授了一堂别开生面的课。她告诉我们如何对待数学，要我们一定要有自信。本周，五位学长悄然而至，我们一起观看了关于一只苍蝇的视频。罗老师为我们阐述了"扼住命运的咽喉"的重要性，五位学长也以自己的亲身经历告诉我们：好好学，莫后悔。

从高二（12）班到"黑作坊"

下周将举行"爱心义卖"活动，我们班的洋芋粑和手抓饼品牌将开始运营。（12）班以"北附罗姑妈"为商标的洋芋粑纷纷刷屏，成为继"南明老干妈"之后的又一本土重磅品牌。（12）班手抓饼也异军突起，叫板其他班的商品。奶茶也将以焕然一新的面貌重现江湖。文科小卖部也可以搞搞"资本垄断"。

从贵阳到重庆

今天我们班四位老师都不在，少了很多笑声。他们不在，大家应该以更好的面貌迎接备考，不让他们担心。

从无地铁到有地铁

贵州省第一条地铁正式开通，咱们班的静雯与骐诚成为大时代变迁的见证者。这也是大时代在我们班的缩影。

日期：2018年12月3—9日　　总结人：龙婷美慧

十年过去了，花长成了草，草长成了树，斗转星移之间，我终于等到班级总结本了。

由于这个机会来得有点突然，又因为一些个人问题，我的记忆可能有点混乱，如有史实性错误，还请大家谅解。

周日：今天同学们第一次感受了星期天下午6：10准时换座位的滋味，不知道会不会比周三换好一点。我是很不愉快的，与手机交流的脑力活动变成了与拥挤人流和沉重箱子交涉的体力活动，我和手机都有些许不快乐，不过整个过程秩序井然，真是太棒了。

晚自习没人来上地理课，哎，想富贵老师的第一天。

周一：下午第三节课一下，我班公开交涉了总共不超30分钟，工作便秩序井然地展开了，公开出售的货品有洋芋粑、手抓饼、奶茶、胶带等。

纵观全场，我班生意十分火爆，高一、高二、高三的同学们蠢蠢欲动，欲罢不能，整个过程看似混乱，实则秩序井然。最初说好的卖不出去就内销也变成了梦想，只剩下几条奶茶，做了一块一包的内部大促销。最终我班获得了800多元的利润，得了第一名，实在叫人感激涕零。（小声念叨我们价格定位过分良心，不然1500元不是梦）

在此对所有参与活动的"黑作坊"成员和背后的销售人员以及满场跑宣传的人员给予高度的评价和热烈的掌声。

周二：我们亲爱的老毛去出题了，大家都十分痛心，但毛大哥老师的出现为大家重新带来了快乐——从他身上，我感受到了血缘的力量。那纯正的金沙味道、那潇洒的背影、那哈哈的笑声让我们印象深刻。虽然毛大哥老师有些许害羞，但我们还是能感受到他灵魂深处的幽默。唯一让我遗憾的是没有听见毛式"腊酒"，希望下周有此荣幸。

周三：本周我们有四个老师不在，除了毛老师的课有兄弟代言，其余的地理、英语、政治全为自习。

在自习课上，还是有同学没有自觉完成课堂任务。我还发现了调整姿势选择最佳区位冬眠的同学。这实在是太没有秩序了，希望下次改正。

周四：原谅我忘了这天发生了什么，就说说考试的情况吧。最近考试的频率很高，但我坚信同学们的成绩会呈螺旋式上升。还想提醒大家一点，做人要低调，快乐心中藏，你若藏不住，也要找对人，大家压力大，都想把你打，为了好班风，快乐的懊恼，少出现比较好。

周五：这天发生了什么我也记不清了，总之我们终于放长假了——从周五晚上到周日下午的长假，这真的让人很快乐。毕竟我们谁都不知道下一次是多久以后了。

本周总结到此结束。然后呢，下周有会考，真心祝愿大家超常发挥。文科也要加油，但不用紧张，我们可以争取在下次考试时全班全科150。

日期：2018年12月10—16日　　总结人：廖春明

西西伯利亚寒潮涌起，在它南去途经的地方，人们高兴不起来——2018年，贵阳成功入冬。

周一　冬月初四

不知大家是否记得那个睡到头昏的午觉。一天一夜六场考试，不知大家是否睡饱。夜晚，久别的畅哥带来了温馨小故事。听完我们相信，多年以后年逾古稀的畅爷爷可能不会记得（12）班的小孩儿，不会记得相伴多年的文科铁三角，但一定不会忘记那个细雨飘飘的夜晚，在重庆郊外的小山村，那只粗大的、温暖的、厚实的手。

周二　冬月初五

今天我们迎接了凯旋的马老师和朝丽，浴火重生的马老师依旧略显娇羞，不愿分享牵了怎样一只手。毛老师坚守岗位，这是毛老师去出题的第九天，想他。愿他吃好喝好，别太想我们。下午，我们班的生物结课，小艳一人带六个班的苦日子总算到头了，掉头发和黑眼圈的问题得到解决。小艳也该歇歇了。

周三　冬月初六

班级已然进入会考备战状态。念念不忘，必有回响。大家都为会考努力了一个多月，收获一定不会差。今天化学也结课了，王娟老师在同学们依依不舍的问题中挥手告别。不知大伙是否有几分惆怅，以后一周少了六节休养生息的课，日子越发难过了。

周四　冬月初七

会考前的最后一天，相信大家都复习得差不多了，决定听天由命的同学也可以去拜拜孔夫子了。最后一节物理课，小华悄然化身清甜少女，引得全班同学尖叫连连——太萌了！在同学们的连连央求下，小华许诺均分上140分元旦就过来开演唱会。转念一想成绩要明年三月才出来，那这演唱会小华是不想唱也得唱了。明天便是会考，祝大家成功。

周五　冬月初八—周六　冬月初九（决战日）

会考细节不便多提，考试结果自然是几家欢喜几家愁。高兴的同学别扔资料，收拾收拾可以拿到高一去卖钱，失落的同学也别扔资料，毕竟明年还得用。会考结束后，我们就是真正的文科生了，但希望大伙别把理科知识弃而不顾，好歹是学了三四年的东西，扔了怪可惜的。用理科思维学文科，可能别有成效。

日期：2018年12月16—23日　　总结人：杨歆骐

经历了两天的会考，咱（12）班的同学终于蜕变成了正宗的文科生，真是叫人悲喜交加——喜的是可以集中精力学习文科，悲的是三位理科老师的离开以及课程表上如雨后春笋般冒出来的连堂课。

至于会考，相信大家都考出了自己的水平，化学更是成了2018感动文科生最佳提名科目。引用耿姐的一句话："我已经不担心能不能上A了，我担心的是能考几个满分。"

周日：你也许没见过凌晨4：00的洛杉矶，但今晚你一定见到了全校停电的北附。薇姐在黑暗中点亮烛光营造气氛，全班在今晚享受黑暗。各位同学的倾情献唱及舞蹈都令人难忘，热情更是席卷了整间教室。

周一：在迎接了畅哥、马老师和Chory后，离开我们300多个小时，在"集中营"里患难与共的凌禹主任和毛老师终于回归校园了！毛老师又给语文课带来了生机与欢声笑语，而凌禹主任的经典语录上又添了新的一笔："凌禹不在，自由自在。"下午的体育课上我们终于如愿以偿地进入了驾驶室，各位老司机们纷纷轻车熟路地驾车上了秋名山，而我因事务繁忙回来踩了一脚油门就下课了，真是莫大的遗憾。

周二：我们终于迎来了有史以来第一次奇迹般的语数英大连堂，各位同学在语数英的轮番轰炸下奋斗不止，凭借顽强的意志挺过了这一天。语文课上，毛老师再一次展现了深厚的汉语拼音功底，大伙儿听得如痴如醉，毛老师刻苦钻研的精神令全班感动，这是我们毛家军的典范。

周三：继语数英大连堂后，政治终于也带来了连堂。看来畅哥的洗脑学习卓有成效，他直言"不想教书了"，也许是想被一只粗大有力的手领向外面的世界。奈何"世界那么大，荷包那么小"，不知畅哥还要在岗位上坚守多久才能获得自由。在同学们"40人血书"的恳求下，学校终于取消了高二月考。

周四：那个让我们做了好几次禁毒测试，背了许久禁毒单的神秘检查组终于来到了学校。本来大家都做好准备了，结果连人影都没见到他们就抽查完走了！真是太不给面子了。在同学们的优秀表现下，学校终于暂停了跑操。晚自习同学们开始着手录制祝福视频，敬请期待最终成品。

周五：派出所的民警于今天展开对男生寝室管制刀具的搜查，而薇姐的大驾光临更让大家吃了一惊，甚至影响到了酣睡的罗垚鑫同学。下午开展的"家书寄真情"活动让同学们有机会道出心中的万千思绪，但若不是薇姐及时纠正，恐怕有大半的真情会被邮递员小哥扔回来。

周六：除了政治卷子我啥都不记得了。

最后，既然大家已成为正宗的文科生了，那就要有文科生的样子，多背多记，希望大家在今后的学习生活中披荆斩棘，砥砺前行！

日期：2018年12月24—30日　　总结人：罗垚鑫

12月24日　平安夜

周一：雾气非常多的一天，学校附近某单位的标志性大厦在雾气中消失了一整天。也是由于天气，升旗仪式与课间操纷纷取消，加上正式取消的跑操与意外多出的信息等课，一天多出的自习课多达五节，不知这些时间各位有没有好好利用呢？（无论是文综还是语文都存在大量背诵任务，文科之路任重道远。）

12月25日　圣诞节

周二：经历了一周的语数大连堂后，大家都已习惯了，本来是不用做操的，但因凌主任没看到通知，大家只好在寒风里尽力震颤自己的骨骼肌来维持体温。地理课上马老师介绍非洲知识的同时坚持同"湖泊"的"泊"的正确发音作斗争，不确定到底是"bǒ"还是"pō"，大家一致认为是"bǒ"。25日是圣诞节，学校明确表示不提倡过洋节，在学习和借鉴其他民族优秀文化成果时要以我为主，为我所用，保持我国文化的民族特色。

12月26日

周三：很遗憾畅哥这次想起了再一次被延到周三的听写。不管是准备得胸有成竹还是临阵磨枪，在此都真诚地祝愿各位平安度过。畅哥下达了往死里抠的标准，愿各位不要手下留情，现在的仁慈就是对他的残忍。换完座位后薇姐为我们科普了贵阳的七大神兽（虽然只讲了六个），神兽中蕴含的精神让我们认识到了贵阳语言文化的独特魅力。同时，天气渐冷，同学们要注意保暖，健康第一。晚自习大家又不得不与美丽的数学斗智斗勇，仅仅两道题也能让大家体会到初恋般的甜蜜。

12月27日

周四：我实在是扯不下去了，只能说一切如常。唯一值得一提的就是信息上官老师竟难得地要了节体育课，记得这学期期末是要考信息和通用的。总之还是那三个字，"多保重！"晚上薇姐对得知今天只上半天课就放假而兴奋得忘乎所以的我们进行了严厉的教育批评。身为文科重点班的学生，岂能因此失态。望各位牢记教诲，在家也要抢抓学习，临近期末，不远即高考，都需要我们认真备战。宁可备而不用，也不要用而不备。

12月28日

我们怀着激动的心情迎来了4天的小长假与11张卷子。2018年的作业不知大家都能在2019年到来前做完吗？

这次的总结做于2019年1月1日，在此谨祝各位元旦快乐，新年快乐！

日期：2019年1月1—6日　　总结人：王梓宁

周二返校，见到了同学们满是欢喜。人们害怕时间流逝，于是创造了节日，假装一切可以重新开始。我们以不同的姿态开始了新的一年，但马上要结束的一学期却不能重新开始。

本学期马宝宝的地理学习方法分享听一次少一次了，"运气不好，运气再不好一点"的情况却越来越接近了。睿总再次来到高二（12）班视察工作，不管薇姐怎么输密码，都没有解锁睿总那句"好好学习"。也许是天气太冷，出现了暂时卡顿的现象。

变化总来得猝不及防，天一下就晴了，雪一下就化了，周六回家的计划一下就破产了。我们看着化掉的雪人，心中无限感慨。美好的事物总是短暂的，不切实际的幻想也是。

我们自以为做好了周五加课的准备，但和数学比起来我们还是太天真。睿总没说出口的"好好学习"由平哥用行动传达给了我们。如平哥所说，考试的目的只是让你发现你还有这么多点不明白，只是让你发现你虽然还有这么多点不明白，至少你坚守了那五分的尊严。

当你把每一天都尽力过到最好时，就不必期望在节日时重新开始，每一天都存在着无限可能。祝大家新年新气象，旧学期不留遗憾。

日期：2019年1月7—13日　　总结人：马浚珲

周一：今天薇姐在每周一次的固定小发言中讲到了时间管理与规划的问题，强调同学们在假期一定要坚持做时间规划。以"两头紧，中间松"的方式规划自己一天的时间在我看来是值得尝试的。同时薇姐强调了规划的重要性，正如她所说的，相信大家翻开自己的规划本时一定能够在一年的计划中找到令自己感到惊喜与欣慰的进步。毋庸置疑，规划在潜移默化中引领我们走在独属于自己的成长之路上。就我而言，回顾自己做时间规划的这一年，我学会了在有限的时间内取舍，学会了如何在每一阶段规划自己的下一步，学会了向老师、同学倾诉心中真实的想法，学会了对自己的未来做全面的分析，敢于承认自己的梦想，并大胆地迈向它，这令我受益匪浅。在这里我一定要感谢薇姐的精心培养，这是使我们受益无穷的习惯，我们一定会坚持下去，同时希望同学们在新的一年里把握时间。过去属于死神，未来属于自

第二辑　追梦行路

己，相信大家的未来一定会大放异彩。

今天在云雾缭绕中醒来，迎来了本学期的倒数第二个周一。历史课上薇姐利用考题向我们讲述了评析题的具体答法，六组各抒己见，回答得非常精彩。经过反复思考，我总结了以下几点：①要认真审题，从问题主体的两面性方面进行论述。②注意答题模板的规范性与完整性，"总分总"的体系是拿分关键，切勿出现史实错误。在英语课上进行了终于被揭开神秘面纱的口语测试，同学们想法新颖，而且口语技巧也非常熟练，着实是一次听觉享受。不过却被大罗老师直接否认，因为我们没有真正遵守口语测试的规则。规则是几人为一组，由考官给出一个主题，组员就此讨论，最终以一定形式进行论述，从头到尾都会被记分。随后，大罗老师请了五名同学进行模拟。从测试中可以看出同学们的语言组织能力和应变能力很强，但短剧方面的表现并不是很出色，同学们要加强训练。

晚上数学和英语作业占据了不少时间，特别是数学的圆锥曲线，但请大家一定要认真对待，平哥在期末把这种难度的复习题给我们，一定是不希望我们掉以轻心，所以大家务必掌握那张卷子的要点，查缺补漏。

周二：今天是悲伤的一天，也是感动的一天。悲伤的是今天是大罗老师在本学期任教的最后一天，之后她即将去往英国，进行为期四个月的学习，大罗老师在课堂的最后为我们送上了真诚的祝福与期望。在这里，我们也祝大罗老师学习愉快，旅途愉快。知道大罗老师要离开，我们心中有些舍不得，不得不说大罗老师系统而新颖的教学方法让我们的英语，特别是语法方面有了不小的进步。大罗老师阳光开朗的性格也时刻感染着我们，以后英语课上再也听不到大罗老师忽高忽低的颤音了，也看不到中间大组空荡荡，走廊过道人慌慌的场景了，更体会不到大罗老师进行瓮中捉鳖式提问时的心跳加速了，所以请同学们珍惜当下，珍惜所拥有的一切。同时，我们也向大罗老师保证，我们一定会好好学习，坚持良好的学习习惯，等待她的凯旋。感动的是大家为大罗老师录完了一场高质量的公开课，也学习了一篇高水平的英语课文。从课文中，我们不仅学到了许多高级词汇，也懂得了一些做人做事的道理。就我个人而言，我明白了如下道理：第一，进入大学生活后，在适应学习的同时要学会改变生活的规律与心态。比如，懂得为自己而活，不可盲目地随大流或太在意别人的看法，做自己想做的事，走独属于自己的路。第二，在实现自己的梦想与目标的路上，不要让旁人的想法或顾虑影响自己前行。你的就是你的，别人无法影响你，更无法代替你，只要自己认定了一条最好的、最正确的路，就要拼尽全力去闯。另外，今晚的《国家宝藏》让我们领略了仅见过三次面的杜甫和李白别具一格的同居日常。正所谓缘，妙不可言。

周三：今天政治最后一次默写的内容也是本学期最难背的一个单元，早在周一大家就被这繁重的内容吓了一跳，好在就默写情况来看，大家都表现得很好，优良率也很高，看来没有什么困难能够阻挡我们。大家一定要继续保持背书的劲头，切勿怠慢，也要时常复习，避免遗忘。下午，学校的教师照片墙上也历史性地为老师们更新了照片，不愧是"教师风采榜"，老师们的体态、姿态让我们一览无遗，赏心悦目。榜上有刘畅老师和何马玲老师的青葱岁月一去不复返回忆照，有马富老师、毛永健老师笑到五官开了花的生活照，有令人刷新三观的李平欧巴学院级校草大白牙亮瞎双眼的少女屏保自拍照，有饶岸老师"我是谁，我在哪儿，我在干什么"的谜之角度自拍照，有谢小艳老师"众人皆正我独歪"45度仰望星空葬爱飙车女的单膝跪地模范照；有全校唯一一张带有本人亲笔书写的文字说明的充分诠释面部表情文艺到模糊的上官老师生活照，有令人猝不及防的薇姐女王霸气欧美风游轮照，有莫大玮老师脸尖到当针用的高P结婚照，有大罗老师"看天看地就是不看你"的网红书店打卡照，最后的最后还有连李双江老师自己都不知道有这张照片的上海到此一游死亡凝视偷拍照。如此种种，风格各异，阅尽北附教师千年奇观。看到这些虽搞笑但充满真实感的老师们的照片，我们不禁让为生活在这样一个充满人情味与烟火气息的北附大家庭而感到温暖与自豪。我爱北附，更爱那些用青春与汗水书写北附传奇的老师们，你们辛苦了。当天的英语课是大罗老师不在的第一节课，不知道大家适不适应那位新来的老师呢？前面的路还很长，大家一定要尽快适应哦。

周四：今天许多小组的规划本"联名上书了"关于不想换组的意见，薇姐也统一回复了"等我想一下"来稳定军心，相信薇姐也能充分理解我们的心情。之所以不想换组，尤其是组长，是因为经过一年的磨合，大家已经互相熟悉了彼此的性格、习惯及学习方式，这有助于组长制定正确的小组方案，规划小组未来发展方向，也有助于组员之间互相帮助、学习。况且，每个组都已经形成了本组的人文情怀与特色，如果强行换组，再形成新的特色未免有些困难。想换组的同学一定也是想感受新的学习环境，这也有助于同学们的身心发展。所以我建议薇姐不用大动干戈地整体重组，只进行局部的调整，想换的同学在双方小组同意的情况下进行更换，既不会强人所难，又能雨露均沾，望薇姐采纳。

今天薇姐向我们展示了两个人与动物"和谐"相处的故事。第一个是薇姐捕鼠记。在薇姐"一不小心的"仿佛36计实战演练的捕鼠战斗中老鼠一个个被绳之以法，走到生命的终点。其中最精彩的便属老鼠吃药兴奋致死与薇姐算准捕鼠风水宝地使郭荣老师一招制敌这两件事情了。不知道郭荣老师看到粘在粘鼠板上的老鼠性感而诱惑、想挣脱而又欲罢不能的姿态会做何感想。薇姐之英勇使"老鼠过街，人人喊打"活生生地变成了"薇薇过街，鼠鼠皆死"，直教人拍手叫好。

第二个故事是（12）班班宠小猫咪被薇姐看出怀孕了。呼吁寻找在某个角落让这位花季少猫沦为猫母的渣男履行自己的职责，对各位爷爷奶奶及小猫咪都有所交代，也祝愿那对猫咪母子一切安好，等待我们下学期到来。

当天晚上我们结束了本学期最后一次听力，请同学们在假期中也要坚持做听力，质变取决于量变，只要肯下决心，我们一定可以成功。

周五：今天是本学期最后一个周五，也是近期最累的一天，身体不但要负担十节课的压力，还要在晚上饱受三加三加三英语联考的折磨。好在薇姐用《国家宝藏》安抚了我们躁动的身心，让我们体会了金项饰、木雕金漆神龛等数件中国宝藏的魅力，得知了故宫的新年特展"我在故宫过大年"的活动，欣赏了一些演员的高颜值，观看了一个相声演员极具个人特色的表演，既缓解了我们的疲惫，也在无形之中激发了我们学习的动力。

每逢周五都要经历心灵的折磨，看着高一、高二的同学们的欢乐模样，畅聊着今晚的手机之夜，自己只能脸上笑嘻嘻，心里……装作什么也没看见。不过薇姐说得好，今天的努力以后一定会有发挥作用的一天，而且学校的氛围也更能控制我们的欲望，让我们更高效地学习。今天也是胡旭鹏同学的生日，在这里祝胡旭鹏同学生日快乐，心想事成，万事如意，越长越帅。

本周是本学期的最后一周，回顾这一学期，乃至整个2018年，我们收获得太多太多，但也有一些小小的遗憾。进入新班级后，我们努力适应高二学生的身份，懂得为他人着想，清楚自己在集体中的定位，不太计较得失，渐渐地有了对大人的憧憬。

本学期要感谢的人很多很多：感谢薇姐对我们班耐心、细心的管理；感谢每位任课老师尽心尽力的付出；感谢家委会周全的后援服务；感谢杨歆骐同学为每次班级活动所进行的拍摄与剪辑；感谢耿梦祺同学每次班级活动的细心策划与管理；感谢毛远翔、龙婷美慧、刘骏超、邹雨孜等同学一期又一期精美黑板报的制作；感谢全班男同学承担搬水的责任；感谢肖雅文、李涛同学对班级卫生的服务与管理，每次打扫卫生走得最晚的都是你们，辛苦了；感谢汪美仑同学在世界杯期间代表北附、贵州乃至中国在世界杯期间展现的独特风采；感谢李星志同学每日及时上交规划本，及时发放规划本；感谢刘骐诚同学每日提供的新闻影像资料；感谢龙超腾热心班级事务的善良，虽然有时候会帮倒忙，但总的来说还是为我们提供了很多方便；感谢付滢琦同学对班级尽心尽责的管理；感谢唐文轩、徐文璐同学为班级带来的欢乐；感谢每一位科代表对各科课后任务的传达及整改；感谢全班同学对"人人有事做，事事有人管"所尽的职责；感谢你们在活动上的出色表现；感谢你们组成了（12）班这个大家庭；感谢你们活出了（12）班的精彩。

这一年也有些许遗憾：没有因为寒冷的天气而多得一天的假期，没有体会元旦晚会的美食盛宴，没有在所有的理科课上认真听讲，没有在新概念作文比赛上勇夺桂冠，没对自己所爱的人说一句感谢，等等。虽然有些可惜，但也为我们新的一年指明了方向，我们还年轻，不正是需要在一次又一次的弥补遗憾中逐渐成长吗？

活在困境里不可怕，活在回忆里才可怕。鼓起勇气朝着梦想的远方前进，我们的未来一定很美好。

新年将至，在这里预祝大家新年快乐，万事如意，阖家幸福，事业有成，我给大家拜年了！

日期：2019年1月14—20日　　总结人：左静茹

首先，感谢马浚珲同学为我们班做了如此认真的班级总结，马浚珲同学代表全班感谢了身边每一名为班级付出的同学，认真地做了本学期的历程回顾，满满几页的笔记和精心准备的视频令我们十分感动！在此，特别感谢马浚珲同学和为班级奉献的每一名同学！

沈从文曾说："有些路看起来很近走去却很远的，缺少耐心永远走不到头。"

本周是高二上学期的最后一周，也是我们迎来期末考试的一周，希望各位同学放宽心态，努力为本学期画上一个满意的句号。下面是本周的班级总结报告。

周日：晚自习上，同学们积极备考，纪律出奇地好，同学们认真复习的样子足以体现我们期末的良好状态，值得鼓励。

第二辑　追梦行路

周一：在经历了一天的课堂轰炸后，同学们顺利进入备考冲刺的最后一天，希望每个同学都努力为自己的美好假期奋斗到最后一刻，考出自己的理想水平。

周二：经历了上午语文、下午政治地理的考试后，几家欢喜几家愁，希望同学们调整好心态，查缺补漏。晚自习虽然小部分人有马上要回家了的小激动，但大部分同学仍然保持了最好的复习状态。在此，祝大家期末考试旗开得胜，圆满成功。

周三：今天居然下雪了，同学们兴奋地打起雪仗。虽然雪很快就融化了，但也让我们为这为数不多的雪感到惊奇。上午的数学让有些同学很苦恼，恨自己太粗心了，虽然我也是这样，但毕竟已经过去了，我们还是要调整好心态为下午的两科奋斗。下午的英语、通用技术考试结束后，同学们遵守规则回到教室，在认真聆听薇姐讲话后才开始踏上回家之旅，这足以彰显我们（12）班同学遵守纪律的优秀品质，特此点赞。

期末考试结束了，我衷心祝大家假期愉快，春节快乐，给大家拜个早年！

这一年，我们走过了太多的时光，从陌生到熟悉。每一次规划本翻页都代表新的一天，每一次拖起行李箱都代表新的一周。回顾走过的风景，有同学们为会考备战的深夜苦读，有为薇姐洋芋粑点赞的欢声笑语，有为义卖会辛勤努力的忙碌身影，有因为寒潮来临而放假的兴奋激动，有元旦为老师们精心准备的视频和礼物，有不幸错过的元旦晚会，有在期末见到雪的幸运，有偶然遇到的一只怀孕的小猫，有同学们每一次认真的班级总结，有令我们无比怀念的出国的Chory老师，等等。本学期的点点滴滴汇集了太多美好的回忆。我们在慢慢前进中逐渐成长，在彼此相处的过程中收获感动、温暖和团结。2019年悄然到来，期末的结束又是一个新的开始，正如苏格拉底所说的："每个人身上都有太阳，主要是如何让它发光。"希望大家在自己的道路上坚持前行，为梦想迈出坚定的步伐，让我们在不久的未来聆听梦想落地的声音，到达理想的远方。

在此，送给大家一首小诗。

青春是属于我的

青春是属于我的

标记着我激情的一月一年

人说青春是红波浪

那就翻滚着绘出最美的一线

眼前只有柄孤独的桨
握在手中就是把战斗的剑

我在这里，写着刚有开头的小说
每过完一天就翻过一页
每翻过一页又是新的一天

为什么我依然热爱考验
因为，别人让天空主宰自己的颜色
我用自己的颜色画天

学期班级总结　　班长：付滢琦

　　又一年过去了，不知道有多少人可以一身轻松地说这一年所有的事都做完了，来年是全新的开始，又有多少人永远给自己欠下了债。今天的自己痛恨昨天的自己什么都没有做，而今天的自己却依然给明天的自己欠下债。希望大家在新的一年调整心态，做一个不一样的自己。

　　在这个班里每天都有事情发生，只是不知道同学们注意到了多少。在我们班"人人有事做，事事有人管"，因此很多事都在我们看不见的地方井然有序地完成了。有人填写晨检表，有人会在你生病的时候帮你找药，有人一张张整理公告栏上杂乱的单子，没水的时候有人抬，水喝完了有人换……

　　还有很多事是在同学们的无私帮助中完成的：抬箱子的时候是谁给你搭了把手？是谁顺手把接完水的饮水机关了？是谁把教室脏乱的角落清理干净？谁在同学生病的时候给予了关怀和帮助？

　　但我不得不说还有很多事情我们做得不够好。多少次我们在晚自习时忍不住讲话，多少次我们忍不住在默写时偷偷看一眼书……谁打碎了花瓶却没有收拾？谁在教室里打雪仗把地弄湿？

　　回顾过去的一年，让我们为自己做的每一件好事鼓掌，同时希望大家好好反思：是不是每一件事情都做好了？明年可不可以做得更好一点？

　　薇姐有一个观念我非常认同：我们大家生活在一个集体中，我们要体谅别人的难处，要考虑别人的需求。当然，这不是要求你没有底线地去满足别人的需求，而是要考虑别人的感受，想想自己的所作所为有没有对别人造成影响。每个人都值得做更好的自己，都应该成为更成熟的自己。

高二下

日期：2019年2月25日—3月3日　　总结人：吴毅恒

周一：今天是开学的第一天，同学们迅速调整状态以迎接新的挑战。数学课上，平兄跟我们分享了他的假期体验以及本学期的规划安排。历史课上，薇姐再次强调我校的申示事宜。今日下午，我们迎来了英语代课老师张老师，对她的词根记忆法惊叹不已，同时对道家的上善若水也有了更为深刻的理解。在同学们的积极配合下，畅哥在政治晚自习上完成了一节优质的数学课。今日作业任务不多，同学们可借此机会充分调整，更好地面对明天的学习。

周二：今天早上的英语课格外新鲜，我终于有机会拿出许久不用的听写本。久别重逢，同学们对听写有些生疏。几名同学因听写格式不规范被老师疯狂吐槽。同时，随缘抽查法再临课堂，使课堂既生动愉悦又胆战心惊。接下来的数学课，平兄以迅雷不及掩耳之势结束新课，着实令人惊叹。今日任务依然灵活，同学们大可充分温习功课。

周三：今日是稍微辛苦的一天，下午的选修课上自习的消息无疑给同学们泼了盆冷水。晚上面对两科作文连攻，同学们依然坚持着。明日又是听写日，希望同学们全数通过。

周四：原定于今日的英语听写取消，让同学舒了一口气，然而下午得知明天有历史听写时，刚刚放松的心一下子又收紧了。政治课上，畅哥再次拿出自己"深厚"的数学功底，三下五除二便将汇率问题解决。讲得同学们一头雾水，好在畅哥的讲解很详细，否则考试遇到时可就难以交差了。

周五：今天是劳累的一天，两次听写加语文一模试题如同巨石压在同学们的肩上。但毕竟先苦后甜，明天中午考试结束就能回家享受轻松的周末时光了，所以一定要坚持。

周六：考试完就可以回家了，同学们不免兴奋，但即使如此，周末的时间也不可浪费。开学虽然仅仅一周，但月考已经近在咫尺。祝愿同学们度过一个充实的周末。

日期：2019年3月4—10日　　总结人：汪美仑

周一：体育课上的机能恢复训练大家可还满意？我自初中毕业后就再也没有玩过大渔网了。这一次，相信每个人都很过瘾吧。我们忘情地奔跑于绿色草地上，一张张红润的脸上堆满了疲惫而释然的笑容；手拉着手锁定目标，一双双前后来回快速切换的大长腿强忍酸痛，努力逃脱死亡追击。虽然很累，但至少身心都变得通透起来。在每日的学习压力下，我们需要体育锻炼来调节身心，长期坐着不动，四肢退化了都不知道。所以像这样的活动我们一定要多多参加，缓解头脑紧绷状态之余，还能提升团队协作能力，何乐而不为呢？

持续了将近一个晚上的停电并未让我们乱了阵脚。我们从容地拿出台灯，继续按原计划完成一项项任务，用来照明的小蜡烛也发挥了它制作小橘灯和烤面包的作用。

周二：平哥的反证法讲解令人唏嘘，上官的信息课令人头皮发麻，限时在电脑上进行考试操作，确实新鲜感十足。下午我们迎来第一组的专业介绍，不难看出其准备之充分，不但有分板块的详细阐述，还有三段趣味与实力兼具的视频呈现。短短几十分钟，便可让我们感知外交学的风光与艰辛。台上之人为观众带来精彩的赏析内容，台下之人应耐心聆听，尊重他人，不论此专业是否在个人兴趣范围之内。细细感受其对自己或大或小的帮助，就算仅仅当作一种知识普及，也同样是一种收获。

周三：英语课上，由喻宝推荐的歌曲 *Sound of Silence* 获得一致好评。和声中的悠扬旋律配上Joy的可爱语调，增添了不少趣味。在此，也欢迎大家积极推荐动听又有意义的英文歌曲。选修课时间，关东组带来中文系专业介绍，使同学们与汉语言文学、现当代文学、中国古典文献学等生疏名词拉近了距离；光宗耀组则呈现了内涵颇深的社会学探究课题，从中我们得知了外国语言文学的奥妙之处，看到钟露同学一口气展示多国语言的功底，不由得心生敬佩；余科锦同学讲述了历史学中的"继往开来"四个字，告诉大家应如何站在今天的立场上对往事进行客观评析。

跑操时段迎来一年一度的猜灯谜活动，尽管自认为非常有道理的答案最终都是错的，但只要参与其中并能收获快乐就可以了。不知道大家猜中了多少，也不知谁是那个抽到概率仅为1/200的锦鲤奖的幸运儿。

周四：光宗耀组再次上台，继续分析有关政治学、心理学专业的就业前景。前者有可观的薪水，似乎受到多数人的支持与赞同，后者则以"吊桥效应"和"黑暗效应"成功吸引全班人的注意力，最后盛上一碗于你我皆有莫大帮助的鸡汤：做情绪的主人。确实，一颗强大的内心总能让人有办法越过千沟万壑，度过千难万险。与此同时，我们应谨记薇姐在被突然提前的班会课上说的话：有一种工作叫被需要，即使有再多的不情愿，却依然要将其做到最好。有时我们并没有太多选择的余地，因为社会就是这样，将来也是这样，地球不会因为某个人的离去而停转，太阳也不会因为某个人的低落而不再升起，我们能做的就是不断去适应、去接受，在坚守初心的前提下去改变自己。每天争取积极一点，给周边的人营造一种愉悦的氛围，这样便能自然而然地融入大环境，享受每分每秒的喜怒哀乐。最终这些情绪都会被时间化为回忆，被你珍藏。

周五：世有数学，然后有考试；考试常有，而正确率不常有。正如世有历史政治，然后有突击默写；默写常有，而喜爱者不常有。但无论正确与否，喜爱与否，该来的总会来，躲不过也避不开。既然是学生，就得做好任务在不经意间降临的准备。虽然嘴上可以说"不"，但心里却该少些抵触。无止境的抱怨不过是在和自己过不去。若把分内的事当作眼中钉，将现阶段的工作视为肉中刺，就什么也完成不了，毕竟同现在的高三学长学姐相比，我们似乎还少了些痛苦到整日唉声叹气的资本。当然，在此还要感谢全面深化改革小组带来的金融学专业介绍，让我们对其难度有所了解，以后在做选择时定会三思而后行。后援组的传媒专业介绍，在让大家发现新路径的同时，融合了不少趣味性元素，让大家沉浸在幽默诙谐的氛围中，大脑神经得到了有效放松。

第三周的学习旅程即将开启，听了每周一次的天学网，做了心理测评，报了选修课……一切都已基本进入正轨，假期的点点滴滴早已成为过往，不应留恋，而应展望，共同努力，一起加油，恢宏志士之气，创造属于我们的不平凡！

日期：2019年4月7—14日　　　总结人：郭可婧

周日：拿到《我和我的祖国》这首歌，同学们都跃跃欲试，纷纷拿起歌单，用深情而庄重的语气演唱，表达对祖国深沉的爱。这不禁让我想到英语改错中的一件事……然而两者并无什么关系。为了凑字数表达对（12）班的爱，我充分发挥了主观能动性，联系有关知识，做到系统优化。

周一：今天平哥走进教室，立马被吸引了眼球，两眼放光，然而他为了保持一贯高冷的形象而掩饰自己。是什么呢？好的，我们都懂。历史课上薇姐用生动的语言重现了铁杵磨成针的故事。

英语课完成了练习，嗯，果然大家都是吃货属性，不负众望选择了吃。

周二：英语听写被取消了，但默写规则却照常，让同学们在经历文综的痛压之后再受一击。Joy的动词不规则，希望同学们牢记。今天跑操被罚加跑了一圈。平哥在数学课上因为有同学做英语作业发火了，希望大家好好学数学，给三道题放个假。

日期：2019年4月15—21日　　　总结人：刘昊宇

三天清明小长假已清零，扫墓上坟的同学尽了孝心，没扫墓的同学一定是将所有的爱倾注在学习上了。《沙赞》看了的有几个？回学校后扑面而来的英语测验感觉可还行？

周一："羁绊"从姐己口中说出来甜得无数直男少女心觉醒，但在老毛口中总觉得怪怪的。畅哥贵阳话越来越熟练，背书不熟练的同学要好好学习畅哥的精神。晚自习数学测验祝大家渡劫成功！今天是停水的第二天。

周二：又是愉快的停水日，重灾区的味道实在太大，以致教室都受到了影响，于是英语课我们看了一次有味道的视频，希望大家劫后健康。

周三：今天是停水的第四天，咱们班大多数同学都梳着油亮的秀发，实属不易，学校也终于唤来消防队的救援，一定是老凌捡到了信号枪召唤来了帅气的官兵救星。

周四：数学一轮复习已经开启，咱们要更加认真地学数学了，千万不能辜负了带娃授课的超级奶爸！晚自习期间终于来水了，虽然是最后一晚了，但同学们还是尽量体面一点回家吧！

周五：练了一周的歌大家辛苦了，咱们进度挺快，看来同学们对一等奖志在必得呀！工训周继续加油！

下周就是工训周，尽管环境不怎么好，但是心中还是有点小激动，驱蚊水、防晒霜、湿巾非常重要，预祝我们工训快乐。

日期：2019年4月22—30日　　　总结人：唐文轩

经历了为期一周的工训，同学们晒黑的晒黑，感冒的感冒。不过，我们收获更多的应该是快乐和团结，这是我们一生中永远的回忆。在工训基地，我们领略了教官们铁一般的纪律，也感受到了他们水一样的柔情；我们学会了《一支钢枪》《强军战歌》等军歌，也学会了《闯码头》等歪歌。在信任背摔课上，我们了解了"信任"的含义，学会了信任彼此，互帮互助；在越障课上，我们懂得了集中力量办大事，齐心协力，共渡难关。通过这次工训，我们体验到社会生活的艰苦，明白了幸福生活来之不易。随着大巴车缓缓到校，难忘的工训课画上了圆满的句号。

工训后第一周，同学们不免有些松懈，一场周考令各位连连叫苦，成绩惨不忍睹。在这里，希望同学们及时回归良好的学习状态，迎接即将来临的半期考试。上周，气温延续工训后半段的炎热势头，我们班因此也受到诸多飞蛾和蝴蝶的青睐。鉴于它们碍手碍眼还吓人，咱（12）班的小孩儿于本班教室展开了一场"扫飞除蛾"的专项斗争。

学校利用周三选修课的时间，召集高二年级全体同学于金声音乐厅集合，组织学习了由陈老师主讲的五四精神。陈老师从近代和现代两个角度，分别分析了五四精神的意义和影响，让我们受益匪浅。凌老师和罗老师也先后阐述了自己对五四精神的理解，总结出"家国情怀应该从小事做起"的观点。

本周我们观看了电影《窈窕淑女》，被电影中操着一口纯正乡音的漂亮卖花女和择偶标准奇特的帅气绅士迷得神魂颠倒，在紧张的备考之余身心得到放松。此外，耶鲁大学幽默生动的宣传片让我们感受到世界一流高等学府的文化底蕴和专业实力。

周五的班会课，我们来到了音乐教室，排练"班班有歌声"合唱曲目《我和我的祖国》。在受到何老师的悉心指点之后，我们的歌唱水平得到了明显提升，个个满怀激情，爱国之情溢于言表。预祝咱（12）班的小孩儿在比赛中斩获头名。

周六的公开课同学们表现优秀，向听课的老师们展示了北附学子勤学好思的风采。最后，祝同学们在半期考试中取得好成绩。

日期：2019年5月1—12日　　总结人：罗雪莲

在享受了四天五一小长假后，同学们再度相聚一堂，与高三学生一起体验考试的快乐。两天的考试紧张中夹杂着悠闲，压力与动力并存。同学们既体验了一把高考模拟试题的味道，又喜获两天补觉良机，可以说生理和心理都收获颇丰。

周一：下午我们班四名同学参加了本年度的十佳歌手复赛，彼时气氛高涨，四方喝彩，歌声如潮，掌声阵阵。云四方组合两位美女身穿礼服，歌声动人，情感迸发如阵阵海水拍打岩石，荡涤着我们的心灵，每一个高音都像燃烧的篝火，最后变为熊熊大火，让我们心中涌动着渴望。四分之一组合的两位同学嗓门震天，气势磅礴，一首小清新歌曲唱出了炸碉堡的味道。你们在台上的自信歌唱让我不禁为你们挥动手臂，大力鼓掌。

周二：我们的生活回归正轨，语语英英数史史的轮番轰炸又横亘眼前。Chory在原来的基础上融入英伦味道，给我们带来了两节既熟悉又似新非新的讲卷课，同时引领我们再度领略拖堂的美妙。平哥开堂即冷脸，冷酷地念着分数，我们在紧张与期待的冰火两重天中喜提可婧以129分勇夺"校第14名"的好消息，恭喜！随后我们也明白，此次数学分数看似凄凉，实则恰恰体现了未来还有很大的提升空间，更激励同学们投注心血，努力拔高。还有一年就高考了，正所谓前途似锦来日方长，在此预祝各位明年的今日130分以上成串串，120分以上成堆堆，投之以桃，报之以李！

周三：十佳歌手决赛是一场精彩纷呈的视听盛宴，我班美仑、思颖两名同学大展歌喉，以一曲动人的《山楂树》艳惊四座，拔得头筹，就连Chory在听了她们的演唱后都发出了一声惊天赞叹：这才叫唱歌！太震撼了！

周四：在一上午并无二致的课程过后仅一个中午，同学们就都变了模样。女生都变成了闪亮的小仙女，而男生纷纷宛若加入了德云社，大家热情高涨、自信十足地第一个登上舞台给"班班有歌声"比赛开了个好头，虽然惜败但过程中同学们团结一致，共同为其付出心血与努力，也算给自己交了份满意的答卷。

周五：北师大平台的公开课上，在老师的引领下，同学们火热地参与讨论、辩证思考，展开了一场激烈的辩论赛，最终龙超腾以一己之力引发"地图炮效果"。遗憾的是，大伙被他激起的满腔话语因为时间关系没能爆发出来，错失了良机。可喜可贺的是我班的这堂课得到了专家的一致好评，喜获"这群小孩以后不得了"的评价。下午，我们观赏了由龙婷的爸爸专业拍摄的活动照片，其中美照侃照齐聚，笑点不断，龙婷因出镜率最高喜获C位。

这是歌声与考试并存的一个星期，个中精彩难以详尽道明。而下星期就是信息的学业水平考试了。借用一句工训基地教官的话：世界上最偷懒的方法就是一次性成功。所以，为了考出好成绩，大家加油！在此预祝大家会考全A！

日期：2019年5月13—19日　　　总结人：王思颖

周一：虽然上周上了七天的课使同学们疲惫不堪，但也无法掩盖在家睡一个晚上就要返校的事实。返校后同学们精神不济，导致早上第一节数学课许多同学昏昏欲睡，睡眼蒙眬，遭到平哥的大范围攻击。下午的英语课Chory秉持着自主学习、独立讨论的原则，给了我们较多的自由时间，使我们度过了一个快乐的下午。晚上作业一如既往的多，然而会考逼近，复习也要抓紧。

周二：依然是熟悉的连堂，但同学们的精神状态似乎好了许多。下午跑操音乐没有及时响起，让人心中窃喜，最终却在人差不多进入休息状态时来了个晴天霹雳，让人猝不及防。今日没有什么重大事件发生，但离信息会考又近了一天，不知道同学们准备得怎么样。

周三：英语课上，朝丽用独特的方式向我们介绍了美国文化，让我们在增长见识的同时，提高了英语听力能力，也了解了同学们千奇百怪的热爱家乡的理由，有猴子、大树等让人摸不着头脑型，也有气候、环境等官方回应型，更有朋友回忆等感人肺腑型，让我们感受到大家对家乡真切的情感。

周四：虽然明天就会考了，但各科老师仿佛约定好了一般布置作业，只有历史和语文老师心地善良，放了我们一马。然而，作业再多也没能阻挡不平静的夜晚的到来，一场积蓄已久的大雨如期而至，刺激着我们的耳膜，同时带来了许久不见的虫灾。一时间，杀虫剂与花露水齐飞，作业本拍打墙壁声与跺脚、尖叫声不绝于耳。场面鸡飞狗跳，混乱不已。然而，再努力也无法消灭赶不尽杀不绝的蚊虫，作业还是要做，日子还是要过，最多放下衣袖和裤脚，在闷热的天气里建立一道防护壁垒，将蚊虫隔绝在视觉、听觉之外。第二天就会考了，相信同学们都已准备充分，信心满满。

周五：虽然在家的时间不到一天，但好歹得到了要放假这个振奋人心的好消息。信息会考圆满结束，相信同学们一定都考得很不错。但之后又要迎接这学期又多又密的各类考试了，仍然一刻都松懈不得。只要我们都按照薇姐和凌主任所说的要求做，相信会有不错的结果。

日期：2019年5月20—28日　　　总结人：邓锦洁

这是平平淡淡而又不乏小惊喜的一周，充满躁动与期许。

周六：我们顶着似火骄阳，汗流浃背地返回学校，无比兴奋地规划自己下一周的幸福生活，在飞蛾翩翩的晚自习中淡定学习，在漆黑的回寝道路上摸索前进。

周日：对于在校时间仅剩十几天的高三学长学姐们来说，这一天弥足珍贵，无数酷男靓女换上新装，焕然一新。长发飘飘的红衣学姐巧笑嫣然，拖着行李箱满口英文的rapper蜘蛛侠也许要去拯救世界，cos巴啦啦小魔仙的初音未来或许会念叨日语版的"乌卡拉卡"，头戴蚊帐的晴明也需要去捕蜂，暗藏玄机的腰带是否能召唤铠甲勇士……四处充盈着欢声笑语，每一张定格在照片中的笑脸都是他们昨日青空下的回忆。时光荏苒，高三只余下十几日，于我们而言，还剩多少呢？夜晚，成群结队的巨型幺蛾子带领一众蛾兵虫将侵略我们的教室，在龙超腾大慈大悲的感怀下，幺蛾子们得到了超度，羽化登仙。

周一：美妙的520，到处充满着甜蜜的芳香。Chory运用全方位教学使我们深入了解了一系列特殊数字的含义，收获颇丰。政治课上，畅哥的连环夺命抽问，使我们应接不暇，漆泽寒与龙超腾的擂台赛相当激烈，期待二人再次PK。

周二：奇妙的521，据说今天干大事成功的概率会更大。平哥的平移函数课使人晕头转向，深感自己所想与平哥所期待的回答就像一对双曲线，毫无交叉。或许，平哥真的该备一盒速效救心丸了。

周三、周四：贵阳多变的天气就像婴儿的脸，阴晴无常。在一日之间的春夏秋冬中，我们要保护好自己的身体呀！这一周的地理课甚是有趣，马宝宝带领我们乘坐选修3号航班环游世界，三山五岳，中外文明，美不胜收。日子一天天过去，假期一天天临近，那颗躁动不安的心越发激烈。

周五：感谢大数据！在假期中，劳逸结合是根本。每日三省吾身：数学学会了吗？单词背完了吗？哲学听懂了吗？

日期：2019年5月29日—6月2日　　　总结人：韩嘉芯

先把张爱玲的一句话送给大家："要做的事情总找得出时间和机会；不要做的事情总找得出借口。"

5月29日　星期三　六一儿童节倒数三天

作业补完了吗？任务完成了吗？单词篇目背完了吗？知识复习完了吗？规划写完了吗？没有？行吧……心疼自己一秒钟。

5月30日　星期四　六一儿童节倒数二天

早晨语文课面对毛老师久违的义愤填膺式讲卷，你还犯困吗？体育课寒气逼人，运动还是学习？地理课上的旅游知识检测题希望没有让你丧失对旅游的热爱。数学课习题讲解是否打开了你新世界的大门？关于政治复习，心疼保洁的同学三秒钟。英语课Chory打破纪录，一节课上一道改错、知识点细化加薄弱点巩固。

5月30日　星期五　六一儿童节倒数一天

早晨地理连堂的快乐，天气变化莫测、不测、不会测、不敢测。倒下的一片人头甚是壮观。雨点的洗礼预示着课间操的取消。政治课上畅哥点亮了作文写作的技能，喜提语文、地理、历史学霸头衔，可喜可贺。"心动不如行动"的广告语搭配一系列施展魔力的手势，让人深陷摸仙堡的美丽之中。历史一周一度的知识听写大会如期举行，走过路过不要错过！

日期：2009年6月3—9日　　　总结人：李星志

恭喜各位结束了本学期最后一个假期，今日起终于正式升级了！本周是波澜起伏的一周。

周日：刚喜提完大数据假期的同学都拖着疲惫不堪的身躯上起了令人睡眼惺忪的课，即便大家努力从中作梗，但也未能使上下眼皮这对老夫老妻彻底分开，反而更加亲密，正所谓患难见真情啊。不过好在下午的选修课挽救了大家的劳苦，奈何还有英语考试，然而一个寻常的考试却成了风雨来临的前奏。这里提醒大家，贵阳地处山谷，晚上的上升流和风雨更配哦，建议雨季常在教室备伞以备不时之需。

周一：距月考还有两天，同学们努力切换成备考状态，但终究还是被谣言所破，切换失败。班级前几日"大跃进"的余波未远，体育课充斥着认真学习的好孩子们。下午罗老师在一节极其需要忍耐力的课中度过，但最终罗老师袒露心声，直言不讳。个中原因不再加以赘述，望同学们引以为鉴，痛改前非，特别是注意认真审题，以安老师之心，慰老师之苦，解老师之忧。

周二：一年一度的高三学子大迁徙与高一、高二寻宝记拉开帷幕。在新一轮"淘金热"的吸引下一批批先行者涌向五楼，奈何天时不如地利，有用之物早已被挖走大半，但是，我们仍收获颇丰，同学们战果丰硕，喜提复读机、魔仙棒与珍贵复习资料。据本人保守估计，本次"掠夺"了总价值约300元的资源，其中不包括小说、杂志等稀缺资源。高三（2）班的学长学姐本着传宗接代，哦，不对，传承精神的原则赠予计时牌，我班也回赠贺卡感谢学长学姐，也祝他们高考成功。

周三、周四：我们在担心高考之余迎来了喜闻乐见的月考。对于本次月考，同学们都表现出了不愿考，但也不怕考，简单，坐下来慢慢考，难，奉陪到底的大无畏精神，书写了可歌可泣的月考乐章。本次月考的结束标志着我们班完全踏入高考的泥潭。当然假还是要放的，题是可以不做的。一考完，大家就涌出教室拥抱崭新的假期。

前路任重道远，本次三卷的奇绝考题从语文的漫画到数学的那坨云，无奇不有，希望各位努力拥抱新生活。

日期：2019年6月10—16日　　　总结人：毛远影

周一：今日是心平气和、波澜不惊的一天，唯一的波澜便是从讲台散发出来的阵阵芬芳。于是充满冒险精神的（12）班斗士们勇于探索，打开了讲台这个新世界的大门。只见男生摩拳擦掌使出一招力举千斤将讲台抬起，一脸懵的母老鼠看着他们帅气的脸庞不由得拔腿就跑，期间响起了女生一声又一声充满了羞涩与爱怜的尖叫，共同奏响了（12）班爱的乐章。晚上开完班主任会的薇姐带来了月考成绩并敲响了高考警钟。面对高三，我们要以更严格的要求规范约束自己，须知高三之路任重而道远。

周二：今日畅哥抽背情况不佳，小发雷霆，咱们（12）班的孩子作为北附文科的希望、未来政治界的红太阳，一定要向张宸同学学习，将背书任务认真贯彻落实。今日没有老鼠再犯，希望同学们保持卫生，牢记（12）班灭鼠日血的教训，为共建共创文明班级添砖加瓦。今日由薇姐主持了李星志和龙超腾的加冕礼，望着头戴皇冠手拿魔法棒的他们，相信男生一定知道了心动的感觉。

周三：今天又是埋头苦读的一天，晚自习时同学们一边奋笔疾书，一边听着楼上水城中学的孩子们欢乐蹦迪，心中百味杂陈，只得感叹一句：青春真好。

周四：阔别已久的读书分享会终于在今天拉开了序幕，我们在品析鲁迅犀利的文笔的同时感受了同学们对《呐喊》的独特见解，其中不乏精品，而几位点评员也深入浅出地分析了同学们见解的优劣之处，希望同学们通过这次活动不断提升自己读书、评书的能力。

周五：今天的班会课薇姐语重心长地与我们交谈了许久，从平时的小行为到今后的大目标，我们都不能忽视，在这里我郑重地为自己没有交月考反思的行为道歉，希望同学们以我为戒，牢记高三学子的使命。晚上我们迎来了2019年英语高考三卷的真题，同学们丝毫没有受到2.3级地震的影响，镇定自若地完成考试，颇有泰山崩于前而岿然不动的大将之风。

本周是六月的第二周，我们离八月份模考又近了一步，现在我们要做的是确立目标，为之奋斗并坚持下去。高三的征途才刚刚开始，希望我们都胜利而归。

日期：2019年6月24—30日　　　总结人：胡旭鹏

大家好，今天是2019年6月30日，农历五月廿十八，星期日。欢迎打开《旧闻周刊》。风云际会，沧海横流，嬉笑怒骂中，我们可爱的高三已经悄然划过了2/3。今天距学业水平考试还有5天，距支离破碎、惨绝人寰的暑假还有13天，距2020年高考还有341天。话不多说，让我们一起来看上周都发生了哪些事。

6月24日　周一

从升旗仪式的发言中畅哥的"坚毅"，再到最后一节课Chory的日常鸡汤，这一切的一切都与今天的主题不谋而合。数学课上，平哥就高考改卷"快""狠""严"的趋势发展精讲精练；历史课上，薇姐就高考状元花落谁家的问题暗自惆怅；英语课上，Chory因难度提升、习惯不当暗自神伤；政治课上，畅哥为别省状元太过强大、竞争太大感叹时伤……

往前数300来天，再往后倒20来天即咱们策马扬鞭，手握长剑，大杀四方的战场。望诸君从今日起，像Chory说的一样："今日奋发，放掉幻想，明年今日，当我们所爱在现实中回响，不再碰撞坠亡。"身披铁甲，坚毅如钢，不负众望。

下午托澳门访问团的福，大家得以齐聚音乐厅，共观学校的卧虎藏龙、发展与现状。气势恢宏的管弦乐团，朝气蓬勃的足球小子，激情四射的啦啦操，创意满分和政治正确的高一、高二合唱，翻转腾挪、蛟龙升空、令人目眩神迷的小戏曲演员以及独具黔东南风情的《木鼓声声》舞蹈都惊艳全场。不得不说沛竹同学对节奏和动作的把控力着实令人叹为观止，也期待她代表中国到日本的访问活动一切顺利。

6月25日　周二

连续写了两节课数学卷子，我们有些疲惫，整个一周数学卷子都很多，希望大家调整心态，抱着"每天都做不完，做不完也得做，能做多少算多少"的心态，把这一伟大的革命坚持下去，我们即将迎来一个阶段性的胜利。历史课上薇姐为我们展示了历史高考评析题的答题样板，总结下来，即以下三点：三段格式条理清晰；时代特征，熟识强记；史论结合，事例支撑。希望我们一起养成答题规范的习惯，不因格式硬伤丢分。

6月26日　周三

今天是充满bug的一天，语文课上，老毛连批试卷出题不规范；通用课上，惊现"先锯手，再锯木"的血腥操作步骤，有《电锯惊魂》的即视感；地理课上，订正答案到匪夷所思，怀疑人生，幸得超腾出言提醒，原来真是马宝宝读错题了，超腾格尔无疑是今天全场的MVP。上午第四节课，我们很高兴与澳门同胞一同上课，小哥哥虽有口音，但难掩才华，准高中生能有如此见地，着实令人赞叹，催促我们好好学习。下午，我们迎来了本学期，也是高中三年最后一节选修课，这曾经缺席了一个学期并不断诱惑我们犯罪的每周40分钟，无论无聊还是挚爱，它都是我们高中生活逝去却不可分割的一部分，等待我们去回忆、去捡取。

6月27日　周四

早读时薇姐正式通知大家换教室的事宜，在一片低声唏嘘中，我们接受了现实，虽然上下麻烦，抬水不易，抢饭困难，与世隔绝，但人生需要自我安慰。转念一想，五楼天朗气清，上可摘星辰明月，下可看学弟学妹；横向可以四处串班，呼朋引伴，岂不快哉？最后，所谓学习，在哪儿都是学习，对吧？

接下来镜头切到马老师身上，可爱的马宝宝致敬经典，自己当起了地球和太阳，为我们生动形象、身体力行、深入浅出地讲解了地球自转的知识。我高一虽不曾拜在他的麾下，但想起超腾格尔的神还原，时光似乎回到了一年前，感叹韶华易逝，我们都长大了。

语文课上老毛请代表浅谈了高考作文"信""演讲稿"的满分篇。同学们深受感触，妙语连连，字字珠玑。思想的火花在教室上空碰撞，留下了一段难忘的学术讨论记忆。

（PS：这两天为了准备下周二毕业典礼的合唱，咱们班同学都在下午上完课后进行了排练，虽有些辛苦与不情愿，但细想下来，这或许是我们高中生涯最后一次集体合唱，大家努把力，让我们的最后一个小节充满无悔与传奇。）

6月28日　周五

这一天我们迎来了会考模拟考试。真正领教了会考数学的难度，这无疑给大家吃了一剂定心丹，还是那句话，"心态最重要"。下周五就会考了，请大家务必带上身份证、考试通知书及文具，提前踩点，摸清考场周围情况，安排好多种行动路线，避免堵车。下周五气温为20～27℃，晴转小雨，大家可以带上雨具。咱们（12）班的小孩儿都是最棒的，我坚信我们一定能取得好成绩。

2019注定是告别之年，《驯龙高手3》《复仇者联盟4》《权力的游戏》最终季，因为迪士尼收购福克斯而可能大换血的《X战警》系列……而我们将告别选修课，告别老教室，告别12点半再吃饭，告别即将过去的高二生活，短暂告别我们亲爱的上官老师，短暂告别即将远赴京城追逐艺术梦想的三名朝夕相处的同学，永远告别匆匆那年，告别往事如烟，告别那嫩得挤得出奶油来的青葱岁月！我们已不是我们，我们还是我们。看前方，固若金汤，饱受惊慌，持续成长。改掉以前的莽撞和固执抵抗，不忘初心，依然坚信理想。把每一天都当作新开始，让我们一起改变现有格局！

最后一句话送给大家："好好学习，帅到极点。"

日期：2019年7月1—7日　　总结人：左静茹

终于轮到我给大家做本学期倒数第二次班级总结了，本周同学们经历了会考大轰炸，心灵疲惫的同时要为即将来临的虽然只有三个星期多一点、带着14张英语周报、1本语文、10套政治、120道历史选择题加10个大题、7张数学卷和其他待定作业的暑假而奋斗，咱（12）班的小孩作业都要加点料的是不是？大家依然要保持良好心态，沉着复习，安安静静地度过接下来的假期倒计时五天，在此提前祝大家暑假快乐，完成作业，该玩就玩，该学就学，追番B站图书馆，电影作业两不误。

周一：早上经历了周测和会考模拟考卷讲解，大家心中对会考也有了大致了解，下午毛老师为我们介绍了一个来自北大的学长，学长以理科生的视角为我们介绍了语、数、外三科的学习方法。以学长为例，哪怕现在英语再渣，掌握套路也一样能提高分数，感谢学长为我们介绍学习心得。

周二：早上Chory老师赞扬咱班英语会考成绩平均分在140分以上，感叹高考也能有这个分数该多好。下午，同学们为高三学长学姐们献上精彩演出，顺带看了一下午的表演，令同学们心情愉快。晚自习虫子依旧很多，但我们在Chory的晚自习上看到了一名事业有成的学长为我们做的小视频，建议我们学好语言，多学语言对我们将来往更高层次发展很重要。

周三：度过了自习乘2的数学课，畅哥夸奖我们默写有进步，同学们要牢牢把握咱们文科的默写基础，再接再厉。薇姐的评分细则已出，大家可以据此规范自己的行为，为良好的学习状态打下行为基础。

周四：一年一度的北附大迁徙开始了，大家连爬五楼，来回反复，在此特别感谢所有组织和帮忙抬箱子的男生，以及留下来整理东西和打扫卫生的女生。我们班顺利占据了北附的制高点——虽然很多同学抱怨要跟7个班一起抢厕所，但一想到还可以爬楼锻炼身体，每天厕所高峰还能练习短跑顺便减肥，我们不禁含着泪点头微笑。

新教室采光良好，蚊虫很少，云雾缥缈，高高在上，实乃俯瞰遥望之佳处，既然已经搬到这里，希望大家还是尽快适应，面带微笑。

周五、周六：会考开始，浏览了观一中的大致布局后，相信同学们高考时也能顺利找到路。

会考已过，不知大家是否考出了自己的水平？不怕，考不好今年12月再战。

最后，在马上来临的期末面前，不管结果如何，不管假期如何，都要把握现在，为正式迈入高三做好准备，好好复习，祝大家假期愉快。

日期：2019年7月8—14日　　总结人：龙超腾

本学期已经告一段落，但学习的脚步没有停歇。本学期以来，大家都取得了一定的成绩或成效，晚自习纪律有很大改善，并成为全年级乃至全校的典范，但优秀是没有止境的。

1. 抓住命运的尾巴，再趁它不注意，扼住它的咽喉

"苦不苦，想想长征二万五；累不累，想想雷锋董存瑞。"我们大多数同学肯定都感受到了吃力，放弃的叹息声此起彼伏，但是我能观察到的是，同学们虽然叫苦连天，但都没有放弃。大家喊出来发泄一下无可厚非，但我们现在是在抓着命运的尾巴，它在前面狂奔，而我们要做到的就是"牢牢"二字。做到"一以贯之"不是要大家感到满满的压力，而是要有完成任务的充实感。所谓"矫情屁事多，空虚寂寞冷"，负面情绪都是闲出来的。积攒力气，才能趁命运不注意，扼住它的咽喉，一招制敌。

2. 取法乎上，仅得其中；取法乎中，仅得其下

我们的学习，不是闭门造车，而是博学。宋神宗变法前召王安石讨论向哪位君主学习，宋神宗认为应该学唐太宗，而王安石认为应该学尧舜，因为他们是唐太宗等贤明皇帝学习的对象，岂不是更值得学习吗？这启示我们需要向某一方面优秀的人学习他的这一方面，博采众长！

3. 班无常强、无常弱，奉法者强则班强，奉法者弱则班弱

班级的规则形成后，就成为全班共同的意识，你可以在它形成之前或者你触犯它之前提出意见和建议，而不是在你触犯它时再寻找借口。

规则是为了更好地要求自己，不允许你不优秀！规则面前人人平等，不管是谁都必须严格遵守，上至薇姐，下至班委都必须遵守！"政者，正也。其身正，不令而行；其身不正，虽令不从。"

最后送大家一句话："天下难事，必作于易；天下大事，必作于细。"

高三上

日期：2019年8月5—11日　　　总结人：喻若妍

8月5日　周一

开学第一天，伴随着慷慨激昂、直击宇宙的军歌，我们在朦胧的睡意中开始了文综的早读。马富老师精神饱满地开始讲解昨晚的试卷。可总被楼上的"钻孔机"乐队打扰，大家都变成十级唇语大师。也许是被"带枪出巡"的平哥震慑到了，乐队停止了他们的freestyle创作。我们也仔细聆听了平哥对高三一年的大致安排，并为即将到来的许多节数学课流下了激动的泪水。下午和晚上的三节英语课，朝丽妈通过ted视频和自己干儿子的事例告诉我们自律和时间管理的重要性，并为我们布置了说是40分钟，实则3小时的英语作业。希望大家理解Chory的良苦用心，争取为高考赢得更多时间。

8月6日　周二

今天没有什么特别的事情发生，除了听到平哥说周四要考数学的消息。俗话说得好：高三打基础，高四985。相信我们经过一年名为高二，实为高三的磨炼，都能挺过剩下的10个月。新闻时间，当无数藕饼的少数饼渣还没流完激动的泪水时老毛就带着他的U盘从天而降，一对只会吹自己彩虹屁的母女便使大家流泪到天明。相信继《父与子》后，《母与女》又会成为一本经典畅销书。

8月7日　周三

今天是七夕。肌肉boy何马玲老师成功结束爱情长跑，步入了民政局的大门。而我们却在学校避免了一个人看电影时天降狗头的意外惊喜。早上，Chory用自己女儿的亲身经历说明了就算英语再好，在不说英语的国家也白费的道理。哈哈哈，开玩笑。

鲁迅说："不在沉默中爆发，就在沉默中灭亡。"而我们则在沉默中等待明天的数学考试。希望大家全力以赴，增加平哥的工作量。

8月8日　周四

早上语文课时，沉默的老毛终于爆发了。他不仅大胆猜测吴起与楚棹王之间的关系，更对"嘤咛"一词做出详细解释。他让我们更真实地了解了言情小白女主的无助、纯洁，而那突如其来的一声销魂的"嗯"更是震惊全小区，让今天的语文课重焕生机。数学考试结束后，平哥无愧于他"钢铁"的外号，改卷速度也真的很"钢"。分数让几家欢喜几家愁。我们不应该沉湎于一时的成功或失败，这毕竟只是一次诊断性考试，更应找出错因，认真分析，避免下次考试时犯同样的错误。

8月9日　周五

在结束一天的课程之后，我们终于不用再到别的教室上课了。大课间时班主任看到原本空荡荡的教室充满了欢声笑语，不禁瞪大双眼，误以为自己走进了恐怖片场。希望实验楼的教室尽快修好，早日结束我们"颠沛流离"的生存现状。晚上在经历项伯、刘邦曾有婚约的惊悚选项之后，繁重的作业又把我们拍死在岸边的岩石上，预祝大家周末快乐，我也快乐。

日期：2019年8月12—18日　　总结人：程艳

周一：平平无奇的一天。依旧是带着朦胧的睡意站在一楼阶梯前，看着"难于上青天"的百级天梯，拿出"红军长征"的顽强意志，从一楼爬到五楼。还没来得及感慨自己取得的登梯成就，就被紧张严肃的课堂拉回了现实。随着教室内老师慷慨激昂的讲话响起的，还有窗外穿着红色冲锋衣的钢铁人的嘶哑的嗓音。然而同学们早就磨炼出"两耳不闻窗外事，一心只读圣贤书"的钢铁意志，无论是窗外钢铁人的搔首弄姿、激情热舞，还是他那让地板虎躯一震的海豚音，都未曾让咱班同学变色分毫。在此，对咱班同学"高度专注学习"的表现提出表扬。

周二：今天天气热到爆炸，每一步都仿佛是在烤箱中挣扎，玩儿的就是汗水。我特地关注了气温，呵，贵阳温度勇攀新高，达到了36℃！然而，即使在这样的高温炙烤下，畅哥依然面不改色地喝着冒着热气的水，大太阳当前还能贯彻"一年四季猛喝热水"的方针，畅哥真乃奇人也！除此之外，基于第一排的优势，我有幸见证了（12）班的一大奇迹——在课间短短的10分钟内，重达10千克、体积为9.45升的矿泉水在众多同学的努力下灰飞烟灭。

（其实也就是半桶水啦，只是为了体现我认真观察并充分利用了第一排的优势，才这样说的——真的，同学们，一排无限好，只是……）

周三：除了为了迎接周四、周五的考试大家都在认真复习值得一提外，下午薇姐的回归也值得关注。阔别两天后，（12）班领导核心终于回归，实在是可喜可贺。总之，周三生活高度浓缩下来就这两件事，所以……让我们愉快地进入下一part吧！

周四："语文不起眼的'发言稿'三个字有没有被同学们遗漏？""数学平兄口中的'比起理科，文科出卷还是过于仁慈'引起大家的共鸣了吗？""政治翻来覆去考还在英语卷中友情客串的'塞罕坝'同学们烂熟于心了吗？"

考试三问令人窒息，但这并未影响平兄弯成抛物线的嘴角。晚上，怀着忐忑复杂的心情，我们迎来了数学死亡课。本以为平兄会像以往一样在一番长吁短叹、语重心长的嘱咐后，开始数学镇魂曲的演奏，没想到今天的平哥却有着不一样的开场白和异常灿烂的笑容。到底是谁有这么大的魅力让平兄在一场数学考试后绽放真诚笑颜，化身褶子精？又是谁让平兄心怀愧疚深深忏悔？没错，就是让咱班终于在数学平均分上可以与一班相媲美的理科数学卷！不知道被平兄辣手摧花的理科生可还安好。他们安不安好我是不知道，但我却因为平兄绽放的恶魔笑容不安好了。他实在是一个口是心非的男人啊—— 一面嘴里念着"给理科班出的卷太残忍了，让自己深深忏悔"，一面却又抑制不住疯狂上扬的嘴角，对自己想出的绝妙主意做出最最真实的生理反应。平兄，你怕是忘了我们可是学过"意识对人体的生理活动具有调节和控制作用"的人啊，你的口是心非实在是无所遁形。不过，碍于他的"带枪出巡"，我也只敢在班级总结里过过嘴瘾了。

周五：随着地理"考试结束"铃声的响起，摸底考落下帷幕。同学们脸上重现生机，（12）班再次荡漾起欢声笑语，北附校园恢复和平。而下午"先斩后奏，让同学们下周放大周末"的义举，更是令人雀跃。在此，我衷心感谢薇姐为（12）班人民解放运动做出的贡献。（PS：周五总结大量使用夸张手法，事实并没有我写得这么浮夸，如有质疑，请你闭嘴。）

上一周的结束意味着这一周的开始。在接下来的一周里，同学们还将面临一场摸底考，祝愿同学们都取得理想成绩。我的总结到此结束，谢谢大家！

日期：2019年8月19—25日　　总结人：吴毅恒

8月19日　周一

平凡的一天因其特殊的位置而不平凡——距离起点考试只有一天时间。

刚刚搬进新教室，一切都显得有些陌生，诸多不便穿插在日常的作息中，但毕竟万事开头难，相信一切都会有所好转。起点考的钟声已然临近，希望各位同学保持沉着冷静的优良作风认真备考。

8月20日　周二

考试前夕，半是兴奋半是紧张。高三第一次统考统改的考试即将来临，诚然是到了不可松懈的时候了。预祝各位明天的考试迎来开门红。

8月23日　周五

三天的起点考试落下帷幕，我们也如期迎来大周末。在假期中，我们也不能随心所欲，毕竟高三的路还长，任重而道远。最后希望各位同学拥有一个充实的大周末。

日期：2019年8月26日—9月1日　　总结人：邓锦洁

秋风送爽，丹桂飘香，在开学将近一个月后我们迎来了开学典礼。在开学典礼上，胡校的"聚是一团火，散是满天星"重出江湖，对我们高三学子寄予厚望。Chory连续用多个四字词语为我们生动介绍了我校教职人员，并且用振奋人心的声音向我们喊出"Yes，I can！Yes，You can！Yes，We can！"的话语，让我们充满信心：是的，我们能！

周一下午，我们迎来了本学期的第一次跑操，人数众多造成的交通拥堵情况为我们跑跑停停创造了良好契机。

对于吃饭这一主要矛盾问题，高三的我们大致掌握了灵动巧妙地吃饭的技能，但仍不可避免在一定的时间点陷入学弟学妹热情包围的层层恐惧中。真切渴望楼上食堂早日开放，缓解拥挤，将吃饭这一主要矛盾转化为次要矛盾。

周三至周五，1991年的平哥承受了其28岁年龄不该承受之重，呕心沥血地为我们精心准备了三连数学考试大礼包，让我们十分感动，泪流满面。在此，还要感谢凌禹老师对我班数学的深切关怀，在一场数学考试后的晚自习上给我们送来了温暖热乎的三道题。

本周，我们有幸得到魏义钧老先生在我班讲话的机会，他提出"名次不重要，档次才重要"的观念，并以其物理学习方法给予我们提高文科学习层次的新途径，希望我们不负众望。

会考成绩新鲜出炉，期待与同学们在四个月后的考场上再次相聚。

本周英语与数学仍在暗自较量，平哥发起的连续考试攻击使Chory暂时让步。文科高考看数学，英语也得一起抓。

本周，陪伴了我们一年多的饮水机光荣退伍，实现了其机生价值，祝它一路走好。

日期：2019年9月2—8日　　总结人：刘昊宇

高三开学近一月，终于迎来了全市正式开学，高三这一关中枪林弹雨般砸下的考试大家一定要扛住！既然无法反抗，那就躺下来享受吧。

周一：升旗仪式上梁校豪迈大气的演讲为一周的学习注入了强劲动力，课上老马和平哥分别强调了书写和答题策略的重要性，晚自习上老朋友来班对同学们进行了思想洗礼。

周二：入门考试成绩出炉后，平哥表达了他的高度满意，希望大家再接再厉，高考达到平哥140分的预期。

周三：20天寒假的风声带给人以希望的火苗，但政治默写和无限的考试将那初生的火苗灭得彻彻底底，剩余的200余天靠的是毅力与信仰。

周四："我为题狂"，一定要在平哥的领导下坚持每日刷题啊同学们！

周五：随着高一、高二的离去，这周的食堂抢滩突击战暂告和平。为了咱们吃饭问题当众牺牲的晓明御用手机并没有发挥多大作用。对于这场战役同学们要多多包涵，学校也很无奈。

模拟考已然成为过去，高考才是压轴大戏，理性看待成绩，以"不服就干"的决心迎接剩下来不多的时日，愿所有梦想都化作录取通知书来到我们身边。

日期：2019年9月15—22日　　总结人：韩嘉芯

电影《生活万岁》最后有这样一句结束语："活着特别好，特别有趣，可以体会苦，然后特别甜，有爱和被爱的滋味。人只能活一次，死了就什么都没有了，所以要特别珍惜地活，你比每个人都幸福。"欢迎来到韩·芯不定时更新的"吐槽大会"。

9月15日

周日沉浸在梦乡中，裹紧小被子的我们，今天起了个大早，为的是朝着理想、向着希望、向着远方迈出前进的步伐，在珍贵的睡眠时间来到教室这个神圣的地点。畅哥消失的政治课，咱（12）班喜提，哦，不，是喜迎周郭老师上了一节题目讲解课，获得答题新方向、新思路。4节历史课，薇姐辛苦了！《伟大的转折》荣获"演技尬、穿帮多、槽点广"三大称号，得到来自专业人士不夹杂私人情感的犀利点评及"看完这段再上课"的褒奖。突如其来的倾盆大雨把校园装饰成了水帘洞般的幻境，同学们一边喜悦地想着不用跑操了，一边打了自己一巴掌——清醒一点！今天是周日！

9月16日

面对突如其来的降温，希望大家添好衣物，切勿感冒。平哥的摇滚打击乐搭配数学答案的韵律歌词，仿佛惊蛰天的一声雷响，把课间睡着的眼惊醒。高歌唱响，鞭炮声起，张灯结彩，今天，是畅哥回归（12）班的日子，是政治复习回归的日子，我们在此欢呼，举班欢庆。跑操时间，天公十分讲义气地没有下雨，为我们燃起了升温的太阳，可喜可贺的是终于把高三这群"老年人"换到了内道，年纪大了，体力比不起高一、高二的年轻人了，还是要服老啊！

9月17日

畅哥第$n+10086$次被抓走，心疼他三秒，自习课让咱（12）班的小孩儿飞一会儿，代课实习老师辛苦了！历史课除去做笔记的环节，简直像一场故事会。薇姐就像是早时候的说书先生一般侃侃而谈那个年代的故事。晚自习老毛布置的作文题目愈加BT，我们真真是好欢喜，嗯，打引号的那种。

9月18日

听力模拟考结束了，不知道大家有没有年纪大了导致耳背的紧张感，两节被各类题型、各类向量支配的数学课过后，感觉看什么都像是箭头，直插我们的心窝，在座的各位有没有吐血就不知道了。今日是我们亲爱的老毛的生日，龙超腾的一句"起立"，全班整齐划一的贺词希望没有吓到老毛。畅哥第$n+1008611$次被抓走，让我们再在自习的殿堂里飞一会儿，实习老师，谢谢您！白日里伴随一股奇异的芬芳——打灯学习已然成为（12）班的班级文化。晚自习畅哥终于回归，而我们一门心思却在电影上。一部《横空出世》拉着我们进入了那个时代，一步步见证中国国防站起，矗立世界，其中凝聚的爱国之情、自立自强之精神在剧场的顶空炸响。林大大的总结严肃中不乏幽默，最后在笑声中结束，而薇姐的总结则被评为"意识流大作"，可喜可贺×2。

9月19日

数学课变成推理课，面对逻辑推理能力连"赌鬼"都不如的我们，平哥化身"平尔摩斯"教我们怎样赢钱，不对，是怎样做题。英语课的十分钟飞行棋游戏，大家玩得可还开心？感谢学校的复印机放了我们一马，使得数学大考缩水为限时训练。向量题的各种难关真的只有beasts（野兽）才能get通关密码，就是无论多难的卷，总能考高分的beasts。

9月20日

Chory不在的英语课，因为考试，我们错失了飞一会儿的机会。历史课薇姐因我们不合格的思维导图而大发雷霆，让我们周末回家，百度百科"思维导图"并认真完成。突如其来的政治任务"给祖国母亲的一封信"，一张张红纸陈于面前，我们的心更红于纸，满满一腔爱意抒于纸上，化作一个个炙热的字符。祝大家听力顺利！

日期：2019年9月23—30日　　总结人：郭可婧

在这漫长的9天里，随着国庆假期进入最后阶段，亲爱的同学们继续秉持着坚信革命胜利指日可待的莫大热情万年如一日地奋斗在消灭作业的战斗前线。

然而作业的战争形势依旧严峻，并突出表现在数学战场上：不论是贴心送到的3道题还是平哥的"带枪出巡"都令一线浴血奋战的同学们，嗯，更加振作，甚至病入膏肓，不，精神面貌焕然一新，然后继续奋战在一线，与五三殊死搏斗，并且最终还是没能取得胜利。

在这对于广大高三学子来说无比伟大的五天小长假的前夜，同学们的精神可嘉，继续与学习这个看了小学初中高一高二还相看两不厌的亲密伙伴继续携手并进，同学们的活力与激情得到了各科老师的一众赞扬，于是，终于在革命即将胜利之际得到了各科老师的友情专业认证，有言曰，亲亲吾友，如山之作业，假期为伴，情比金坚。俗语云，国庆回家多做做作业，有利于巩固学习与你的真挚友谊。

于是乎，祝愿同学们国庆快乐，早日达到学习与我二者为一之境界。方我将无我，不负学习，大者，方不负人民，成为社会主义核心价值观的自觉实践者，积极促进社会文明和谐，维护社会公平正义……（以下省略政治生活一万字，好好背书，自行脑补，加油！）

太白曾赞"孟原春陵信"四公子"堂中各有三千士，明日报恩知是谁"，得与诸君共勉。相聚于挪威的森林，乃吾人生之幸，张良遇黄石而志乘青云，高三之征程尚远，且行且珍惜。

日期：2019年10月5—10日　　总结人：陈思哲

10月5日　周六

今天是返校的第一天，不知各位在短暂的假期中玩得是否开心，6点就开始的两节数学连堂将还沉浸在假期中的我们拉回了现实。

10月6日　周日

早上Chory进班后发现班内睡倒一片，立刻变身为"北附第一教主"，开始了国庆后的新一轮教育。同学们产生了"骈死于槽枥之间"的想法。在此也希望各位晚上好好休息。

班会课上薇姐给我们上了一道开胃菜——《舌尖上的中国》。视频中那一大锅红油使同学们垂涎三尺（除了我）。

10月7日　周一

数学课上平总引用"今日头条"上的一句话来形容数学学习状况"me哗啦哗啦you滴滴答答"，平总多次抛出金句如"The god is a girl"。若干年后我们也许能够在"今日头条"上发现"震惊，某高中数学教师沉迷抖音无法自拔"。

语文课上老毛和Lct的"月色真美"不禁让人浮想联翩。

体育课上相信大家都感受到了来自马玲的关爱，尤其是男同学。

最后祝大家重阳节快乐。

10月8日　周二

今天是平淡的一天。

10月9日　周三

从不拖堂的老毛今天在饭点上拖了1分钟，导致我们只能看着别的班同学的尾灯，个别同学心里有一万句吐槽却不敢说出来。实名羡慕隔壁班明天能提前30秒下课。当然我们要理解老毛，谁都不容易。

下午5：30交卷，5：35出门，5：42到食堂，5：55吃完饭，6：00上课。过得很充实我好开心！

10月10日　周四

今天又考了一次数学。

10月11日　周五

经过同学们的努力劝说，畅哥同意下个星期默写，也就是明天。

10月12日　周六

今天的语文作文题有点神奇，不知各位发挥得怎么样。

最后祝大家迷你周末快乐！

日期：2019年10月13—20日　　　总结人：付滢琦

10月13日　周日

13真是个"吉利"的数字，淡淡泛黄的数学试卷兵不血刃就杀我们个片甲不留，动弹不得。

10月14日　周一

根据周一政史地一家人就是要整整齐齐的原则，畅哥在历史默写本的提醒下开始了政治默写。

"惊！高二年级同学为何半夜失踪？夜半寝室大门为何吱呀作响？草地上惊现体育器材"。这到底是人性的泯灭还是道德的沦丧？周一晚8点高三年级（12）班班主任已为我们揭晓。据本人暗自走访，对于这件事同学们表示，"寡人与诸卿皆惊"。联想到本日中午午休还在打篮球的同学，不由得大呼："确认过眼神，年轻一代是我们惹不起的狠人。"

10月15日　周二

体检的一天，原来我们真的是龙的传人。

10月16日　周三

与畅哥深入探讨"哪一科是枯燥无味，远离生活的"。恭喜数学勇夺桂冠。李老师暗自呵呵一笑："这，不重要！重要的是数学高考150分。"有本事，别要啊！

10月17日　周四

北京师范大学贵阳附属中学第八届运动会"如期"举行。食堂和教学楼来往的路上不论年级高低，不论高矮胖瘦，不论男女，我们都奋力奔跑着、拼搏着，人与秋雨竞风流，今天不是我湿就是雨死！下午花队、彩旗队彩排。没有数学考试的周四是不完整的！

10月18日　周五

运动会真的如期举行。高三年级唯一的项目——拔河，总计大约3秒，我班完成比赛，挥泪告别赛场！同时恭喜（13）班担起文科班的尊严！另外，中午时我们感受到了深深的恶意。高一、高二又打了一中午篮球，虽然我睡得很好，但是我很气！教官打铃也打晚了！高三的宝宝很生气！

10月19日　周六

看到考试40题第（2）问"结合所学知识"联想到我们和畅哥的讨论，所学，即毕生所学，那我用政治的思路答薇姐一定会理解吧？

日期：2019年10月21—27日　　总结人：左静茹

周一：没有升旗的一周是不完整的。身为高三的我们羡慕地看着高一、高二的学弟学妹们今天才返校，仔细想想他们只用上4天就回家了，真好，让高三的我们无语凝噎！早上Chory狂怒为哪般？原来是作文跑题和不规范甚多，大家期中考试要多加注意，避免再次丢分。另外，下午《碟中谍》真好看，期待后续。

周二：夺命第一节的地理课文综选择题让我们昏昏欲睡的大脑彻底清醒。下午跑操良好，在此真心希望校领导落实高三先吃饭原则，毕竟大家时间真的很紧张。感谢学校理解，否则落得"大楚兴，陈胜王"的局面，"后人而复哀后人也"！

周三：中午跑操不仅锻炼了我们的体质，而且顺利地让为我们班呕心沥血、操心尽力的"我真的教不动了"的平哥休息了一节课，关爱数学老师人人有责，感谢学习。下午文综卷终于讲完，在薇姐不在的一天里，想她。大家晚自习十分乖巧，尽管今天是跑操乘以2加吃饭与高一、高二一起放施工噪声假一天，为咱班保持优秀状态点赞。

周四：今天的Chory无比善良，让我们看到了印度的教育体制：作为一个印度教和种姓制度的国家，教育和经济发展的严重不平衡、女性的歧视等都让我们对其感悟更深了一层。今天没有跑操，没有数学考试，真是太高兴了！

周五：早上听到39人死亡的消息不禁令我们心情沉重。此次案件也让我们想到2000年的多佛惨案，和其背后涉及的巨大人蛇集团和非法巨额偷渡产业链。近年来，英国脱欧造成的入境紧缩、发达国家劳工水平的提高以及根深蒂固的移民文化等都是惨案发生的原因之一，目前中国大使馆与英国警方尚不确定遇害者的国籍和背景，生命可贵，愿逝者安息。

下午，逃得过早上躲不过下午的政治默写让我们哀鸿遍野，"肉食者谋之，又何间焉"的马宝宝轻轻离去，不带走一片云彩。

周六：上午畅哥和平哥联手佛系讲课，下午语文考试顺利结束，本周暂告一段落。

这周是期中考试前的一周，希望大家查漏补缺，及时复习，祝大家考出自己的理想水平。

日期：2019年10月28日—11月3日　　总结人：李涛

每一周的开始都伴随着周一升旗仪式上的袅袅清风和不大不小的太阳。

每一个没有惺忪睡眼的周一早晨都是没有灵魂的，伴随着马老师那极具地域特色的口音，我缓缓地坠入梦乡，在那一刻我仿佛体会到了蒙古大草原的精神与真谛，那是一种肉体的暂歇、灵魂的升华。下午艳阳高照，跑操活动火热进行中，高一小朋友的"移步幻影"大法终究没有逃过凌老师的法眼。

从周二到周四，都是没有跑操的快乐日子，也是一段不用与高一、高二抢饭的惬意时光。我们高三的同学吃完饭，走出食堂，看着操场上奋力拼搏的学弟学妹们扭曲、快乐又痛苦的表情，嘴里回味着刚才的饭菜，心里不禁发出一阵感叹：生活多么美好。

经过周四的数学考试，周五迎接我们的还有800米/1000米，幸好高一、高二的学弟学妹们都回家了，看不到高三的我们垂死挣扎的模样。我觉得欧沛竹同学有一句话形容高三特别到位：干啥啥不行，吃饭第一名。

跑完了周五的800米/1000米，迎接我们的还有周六的轮考，但还好，早上的课都偏老年风，特别适合高三学子休养生息。下午考完文综，大家都快乐地回家了，忙碌的一周结束了。

日期：2019年11月4—10日　　总结人：邹雨孜

周一：清晨的国歌和凛冽的寒风将我们从梦中唤醒。地理课上，跟随着马老师的讲解，我们仿佛看见了呼伦贝尔大草原上跑青的羊群。下午体育课50米短跑大家各显风采，脸上扭曲而幸福的表情令人回味无穷。下午英语课后，我从沉睡魔咒中缓慢苏醒，缓步走向操场，跑操真的好累。

周二、周三：当距离考试结束还有15分钟的提示音在我耳畔回响时，我才猛然发觉，我的数学答题卡还没有写翻面。考完数学之后一股"狐裘不暖锦衾薄"之感在我心中荡漾。依稀间，我仿佛听见了平哥讲卷子时无奈的叹息，窥见他暗自神伤的背影。从东澳大利亚的温带雨林，到加拿大的山谷，从山西悬空寺到祁连山地，世界那么大、那么美，可惜我们每走一步都错一步。晚自习愉快的电影时光让我们深刻感受到人不如猫的真理。

周四：月考落下帷幕，新的一天，太阳照常升起。试卷评讲陆续展开。英语课上，语法填空对答案步步惊心，答案一出，哀鸿遍野，民不聊生。下午北附速度名不虚传，成绩单在不经意间以迅雷不及掩耳之势出现在宣传栏上。几家欢喜几家愁。愿同学们不骄不馁，平心静气，继续前行。

周五：今天是迎接大周末的快乐日子，一整天班里都洋溢着幸福愉快的气氛。班会课上，高考报名表发到我们手中，拿表的手微微颤抖，高考离我们又近了一步。"时间顺流而下，生活逆水行舟"。前路漫漫，眼下过好大周末最重要。

日期：2019年11月11—17日　　　总结人：李星志

周一：今天是一年一度的双十一，不少同学强烈憧憬着快递的早日到来，激烈地讨论着自己周末的购物车是如何被一扫而光的。今天的升旗仪式惊现硬伤。董存瑞在炸完碉堡以后又被烈火烧死，实在是令人痛心。

周二：今天薇姐完成了历史与课堂的高度集中，但失算的是，在高度集中的课堂体制下，竟又被文综考试占据了大半江山。这直接导致了默写大业的无法正常开展以及无限期被遗忘。壮哉，悲哉。夜晚我们又目睹了一个个更加神奇的语文作文题目，叫苦不迭。

周三：随着双十一的落幕，很多同学都陆陆续续地收到了自己心仪的快递，并将它们全都纳入自己的"后宫"。而对于一些没有需求的同学，就只有看着这些人拆包裹的快乐了。今晚的数学考试让所有人体会到了计算机的快乐，在那一刻，整个人都升华了。

周四：今日无大事。

周五：上午的英语课，我们欣赏了港独头目的人间迷惑行为，他打着和平的口号却做着不和平的事，且妄图以"纯真优雅"的笑容来掩饰自己的无能为力，甚至一度令字幕君崩溃。在长达20分钟的视频中，随时出现的"和平的方式"令人唏嘘感慨。

周六：终于迎来了回家的日子，也是薇姐即将离开的日子，让我们祝薇姐一路顺风。

日期：2019年11月18—24日　　　总结人：邹欣芮

欢迎大家收听本周的旧闻联播。

据"欣华社"11月18日电，当天上午，高三（12）班的同学在没有班主任的早读之中开启了本周的序幕；两节快乐语文连堂一如既往地给（12）班同学带来了欢乐，饶妈突然到访给同学们带来了一节主题为"接受不完美的自己"的课，快乐却又发人深省。下午始料未及的推板测验让不少直男直女痛得嗷嗷直叫。

11月18日夜，第一届中华对联大赛在高三（12）班开幕，不少同学大展拳脚、锋芒毕露，留下了以"银铃轻歌唤学子，佳肴曼舞勾饥人"为代表的现实主义作品和"斑鸠食桑女爱男，杜鹃啼血人咳痰"为代表的浪漫主义作品。有观众感慨：（12）班个个都是人才。而本次大赛首席评委、中华对联专家毛永健老师晒出的对联范例也让大家频频赞叹，他表示："本届对联大赛优秀对联频出，堪称一场大俗与大雅的盛宴。"

11月20日下午，一场数学大题练空降（12）班，众多同学在今日过瘾地cos了一把人形计算器。

11月21日是薇姐不在的第四天。今日天降异象，有占卜大师掐指一算算出今日的数学课数量竟多达6节。原来是某数学老师趁原主不在，鸠占鹊巢，私自将历史课纳为己有。这般行径遭到不少同学的口诛笔伐，大家纷纷为薇姐打抱不平。夜里，一张产自长春的数学试卷带来了东北的寒意，大家纷纷又扮演了一次人形计算器。

11月22日，某数学老师再下毒手强占历史课，底下一片哀鸿遍野。不过这份不平很快被下午的班会驱散了。当天下午，由美国拍摄的迪拜纪录片在高三（12）班试映。片中，伏在迪拜塔玻璃外墙上的美国建筑工人让人印象深刻，而迪拜人民在沙尘暴中仍然奋力前行的精神更让人感动不已，堪称阿联酋民族精神的集中展示。

11月23日，罗朝丽老师宣布了自己将学习一周的消息，不少同学十分惋惜。这让我不禁遐想：什么时候（12）班才能再次迎来全员大团聚呢？但我想，不管是谁暂时离开了我们身边，我们都应该秉持一贯的自律精神，高效利用时间，向着196天后的终点前行。

本周旧闻联播播报完了，感谢大家的收看。

日期：2019年11月25日—12月1日　　总结人：郑宇璐

周一：这是薇姐不在的一天，早读时不见那低头认真做"学习强国"的身影，大家心里都空落落的。周一的沉睡魔咒被语文课和数学课上的一阵阵惊呼打破，平哥再次宣读了自己的"失业宣言"，毛老师则在短短40分钟内对龙某说了9次"保留意见"和10次"再商量吧"，足见德阳月考卷的杀伤力。

周二：今天下午的元旦晚会是一周的亮点。闲不住的小组从中午就开始乒乒乓乓。复杂考究的用料，凝结了家委会的温馨体贴。随心所欲的饺子褶皱多至12道饱满丰富，少至1道，捏成传承百年的山东德州大饼。或煎或煮，形态各异的饺子汇入一锅，烹至鲜香四溢。正如我们自己，每个人身高不一，长相不同，思想各异，却相聚在（12）班，彼此求同存异，在时光中相互打磨，给予彼此最小份的温暖与善意。饺子有荤有素，有咸有甜，端上桌后，都是热气腾腾的，紧紧依偎。如果说饺子体现了（12）班大家庭的整整齐齐，那么饭后的视频与表演则体现了奇妙的生物多样性。大背头，BB机，舞池里的零零七，当红的野狼disco为我们送来了霸气而狂野的新年祝福；为平哥代言的"吴彦祖"顺便捎来了大眼萌娃旺仔的美好祝愿；超腾格尔一曲《从头再来》火遍大江南北，令多少为梦想而漂泊的追梦人潸然泪下；品尝了芥末味饺子的马老师禁不住想起了家乡的绿过芥末的青青草原，眼中泛起了闪闪泪光。都说到了高三可以为了学习不顾形象，但跪求班长一定要在熬过这最后半年后坚持留起你的长头发，并且最好染成太阳一样灿烂的金色，因为那样的你真的是太美了，眼波流转，楚楚动人，想当年倾国倾城的紫霞仙子也不过如此。想必要是来一场轰轰烈烈的穿越，那一定不是什么病入膏肓、插翅难逃的玛丽苏言情剧，而是一场步步为营、舍我其谁的烧脑职场升职记，眼神犀利、感情到位，三个月拿下内务府不是问题。两位同学半推半就，用极其青涩的演技为我们表演了洪世贤与艾莉的那些事儿，重现名场面，对于这种局面，流星花园剧组集体表示道歉："有用的话，要警察干吗？"短短两个多小时的元旦晚会虽然没有薇姐的洋芋粑了，但一个个鲜美丰满的饺子依然是（12）班共同记忆中的美好瞬间，也许不是最好看的，也许不是最好吃的，但一定是最有趣、最温馨、最无法泯灭的。

　　周三：今天是返校的一天，骐诚在别开生面的班级总结中一人分饰多角，上演了一场"一个人的独秀，一群人的狂欢"，不得不说咱（12）班真是人才济济。骐诚的班级总结不仅是大家的欢乐源泉，哦不，是欢乐瀑布，也为后一期班级总结的同学带来了的巨大压力。其后的三层蛋糕为我们开启了甜甜蜜蜜的新一年。不得不说这样的返校方式真是令人幸福得头晕目眩。蛋糕上那个可爱的小天使因不是小妹妹遭到了无端指责，并被无情迫害。唉！女人是老虎！

　　周五：当被问及女厕所何时再装修时，北附发言人薇姐表示："还在等材料，下星期吧！"震惊！装修叔叔也太敬业了吧，提前一星期就把厕所拆了，这激动的！大家似乎也都挺不好意思的。我还亲眼见证了某理科班慕名而来的女同学，在抢一间无人的厕所时磕在了湿滑的台阶上，膝盖儿都磕秃噜皮了。盼望这周尽快完成厕所改造。作为一群地地道道的北附籍土著，只能说我们的生活经历太过丰富了。

新的一周开启，期末进入倒计时，望同学们调整状态，活力满满地迎接每一天！

日期：2019年12月2—8日　　总结人：祝江晗

周一：升旗仪式上，北附学子共同学习宪法，争做守法好公民。凛冽的风开启了活力一周。《围城》里说："约着见一面，就能使见面的前后几天都沾着光，变成好日子。"大周末的消息传来，这一周都沾着光明亮起来。

周二：无大事。晚自习大家认真复习，为第二次月考做充分准备。希望同学们在明后天的考试中诚信应考，认真面对高考前所剩无几的大型诊断性考试。

周三：X同学义愤填膺地向平哥吐槽出题不仔细，却得到"我出的"的精彩答复，X同学落荒而逃。月考后，L同学更是走出"萨其马"的老梗，投入到"外公给你冰糖"之中，欲认众同学为外孙，称众同学为"丹泊"。

周四：这一天以初雪的浪漫开始，以文综错错错做结。

周五：晚间下的雪凝在操场的草地上，白茫茫的一片，面对这罗曼蒂克的一幕，不知同学们有没有去操场上写下自己的心愿，留下自己的名字。关于试题的评讲，畅哥更是首创一节课讲不完12道选择题的新纪录，令人感动。

本周是围绕第二次月考认真备考的一周，希望同学们及时反思不足与明确优势，继续为了梦想前进。

周日：我班9名同学将前往省实验中学参加英语竞赛复赛，希望他们都取得优异成绩。

日期：2019年12月9—15日　　总结人：刘骏超

周一：学校最终还是没有放过我们，把我们堪比车祸现场的大头照放到了教师办公室门前的走廊上。晚自习第一节课后，同学们大都围到了自己班的那块展板前，要么看着自己被拉长加宽的脸（哈哈哈哈哈），要么看着别人仿佛老了10岁的脸（哈哈哈哈哈）。其中，有几个抖机灵的同学妄图用白板笔把自己的脸画得让人看不出，结果下一节课间再去看时，都米汤泡饭了。正当同学们摩拳擦掌地想要感谢这位做好事不留名的好心人的时候，薇姐自告奋勇地讲出了她的好人好事。这个故事告诉我们，以后画脸记得用油性马克笔，速干型。下午开了年级大会，听到了来自同学、老师、校长的经验传授和鼓励教育，希望同学们在170多天后的高考考场上下笔如有神，考的都会，蒙的都对，干啥啥不行，考试第一名，做啥啥不对，考试科科会。

周二：晚自习上，老毛让我们写关于主持稿的文章，大家编出了诸如"王二麻""我是你们亲爱的坝坝"这般惊为天人的名字。其实我想给语文科代表提个建议，以后语文的范文能不能不要贴太高，照顾一下我们班个子比较矮的同学，咳，比如……你懂得。虽然仰着头看卷子能锻炼颈椎，但是也容易痴呆。

周三：今天照例是要考数学的，参数方程、函数计算、三角函数、立体几何成功地挑战了同学们日益后移的发际线，为大家的秃头事业做出了巨大贡献。唯一想感谢的就是这次计算题终于不用耗费大半张草稿纸了，感谢出题老师。

周四：我强烈建议我们班可以多一个"平兄饲养员"的职位。周四晚自习的上课铃响起后，平兄迈着放荡不羁的步伐，仿若踏着《乱世巨星》的bgm走进了教室。只见他眼神四处搜寻，然后似乎下了什么决心似的喊了一声："漆泽寒嘞？快，把吃的拿出来。"然后我们就看见平兄和小小平抱着两个面包开始了被投喂之旅，只不过小小平啃得像仓鼠，腮帮子一股一股，平兄，呵呵，堪比大嘴吃播，三口解决一个面包，真想用他那半杯菊花的菊花茶给他润润喉，大家可以脑补一下王大陆同款的大嘴咀嚼。

周五：陆陆续续有同学开始进行会考的补考了，其中最让人叹为观止的是"老骥伏枥""破船还有三斤钉"的龙同学，感谢他为我国经济做出的贡献。他这种仿佛敢死队的精神大家最好还是不要学习了。平兄说，你们数学要是多做对一道选择题就不用去补考啦。抱歉，我们就是做不对才去考的。

周六：今天早上某个不愿透露姓名的龙姓女子去考了物理和化学，你可以的，龙小葵，加油，今天也会是呵呵呵的一天。下午，看着班上走了一半的补考英语的同学，留在教室坚守阵地的同学纷纷感叹。啊，其实我英语也没过，但最终还是乖乖在教室考完了文综。

最后，希望大家的会考一切顺利，也希望大家吃得饱饱的，长得憨憨的。哦，最后一句，其实我们班的人文主义情结还挺浓厚的，我们就不再要那么多人味儿了，你们懂吧？

日期：2019年12月23—29日   总结人：刘骐诚

各位观众晚上好，今天是12月29日，星期日，农历十二月初四，欢迎收看《北附联播》节目。今天节目的主要内容有：高三年级主任、高三（12）班班主任罗薇出席元旦晚会筹备工作委员会，并发表重要指示；高三（11）班班主任、地理老师马老师就课堂精神状态问题与考试相关工作发表重要指示；高三（8）班班主任、数学老师平哥就数学试题发表评论；高三（10）班班主任、语文老师毛老师就考试相关工作发表重要讲话；家书寄真情，视频传祝福，各小组祝福视频录制工作圆满完成；著名歌手超腾格尔发布新单曲《从头再来》，走红全班；2019年已接近尾声，对即将到来的2020年，大家有哪些希望，想对谁说呢？下面请收看详细内容。

高三年级主任、高三（12）班班主任罗薇出席元旦晚会筹备工作委员会，并发表重要指示。她强调，要深入研究民意，合理把控经费，切实办好本次元旦晚会。生活委员、团委书记也出席了本次会议，感谢家委会成员提供的大力支持。本次晚会包括包饺子、文艺表演等丰富活动，敬请期待。

针对即将到来的数学考试，罗薇发表重要讲话：你们不要被（13）班超了哈，到时候你们还让不让李平活！

周一：马老师就上课精神状态问题发表重要指示，详情请收看前方记者我自己发回的报道："吁吁吁！不要睡觉哟！我们有的同学啊，有点困，是吧？！没跟着我走的，损失可就大了哟。"

看来这周一精神状态的魔咒还是没能打破，希望大家周末少学一点，不要熬得太晚，保证良好的精神状态。

周二：地理考试前夕，马老师再次就考试相关工作发表重要指示："谈两点，咱这考前还是要看些有用的东西哟，把我之前发给大家的那些单子、考点都拿出来看看，上面涉及的答题术语，你们还是要知道哟。答题的准确性、答题的规范度还是要把握好。我给同学们讲过，高考文综可是看地理的哟……"

期待大家地理考试捷报频传。

周三：语文考试前夕，毛老师就语文考试注意事项发表重要讲话："我们这个考试，学校还是蛮重视的，你们考的时候要小心了，不要把（1）班甩开太远。因为我最近发现，饶妈妈有点松懈了，不要给她带来太大的压力。还有高二的两个班，也是跟我们一起考的，（13）班是梁校教是不是，也不要把他甩开太远……大家今天晚自习把文化常识拿出来看一看，争取还是拿到那三分吧！"

周四：平哥就数学试题发表重要评论，下面我们再次连线前方记者我自己。

（平哥抓耳挠腮中）

平哥：我刚刚做了一下16题，要不要讲一下呀？

平哥：不不不！

平哥：还是看一下吧，这个无所谓啊！反正我跟全年级其他数学老师探讨过，他们用了分离参数，构造新函数这些都没做出来，全年级应该没有人能完成，我就讲一下思路！我也没拿到答案！我做的也有可能是错的。

（同学们做题中）

平哥：这个计算可能有些问题，但方法绝对没错！

龙超腾：老师，老师，这个能不能用穿根法？

平哥：不能！很明确地告诉你，穿不了。

龙超腾：哎，老师，老师啊！

平哥：你穿一个给我看看嘞！

知名歌手超腾格尔再发新单曲，一曲《从头再来》深入人心，走红全班，堪称2019年文艺界一股清流，旋律朗朗上口，演唱大气豪迈，为社会主义大众文化注入了新鲜血液。

再苦再难也要坚强

只为那些期待眼神

心若在 梦就在

天地之间还有真爱

看成败 人生豪迈

只不过是从头再来

好一个"心若在，梦就在"，超腾格尔那如怨如慕、如泣如诉的歌声，多少个日夜都萦绕在我们的脑海里。还记得白岩松在2012年伦敦奥运会上采访时，我已忘记姓名和头衔的那位受访者给我留下了深刻印象，他大概说的是：奥运会不只教我们如何去赢，更教我们如何去输。人生沉浮成败都是必须经历的，哪怕失败，只要战胜了自己的内心，就没有真正的失败。虽然人生没有几次能够从头再来，但只要心不死，梦依旧在。只要人还没到坟墓里，在此之前，都是开始。

著名歌唱家超腾格尔，又名龙超腾，翻唱有众多一流艺术作品，包括

第二辑 追梦行路

《在希望的田野上》《一剪梅》《从头再来》《七子之歌》《日不落》；多部原创作品，包括《钾钠铵》；数部舞蹈作品，包括《扭秧歌》《木鼓声声》等。他多次获得（12）班"格莱美"终身成就奖。

本周，"家书寄真情，视频传祝福"工作圆满完成，小组的寄语各具特色，各有千秋。我在感动之余惊讶于同学们大开的脑洞与丰富的创造力。感谢杨歆骐与廖春明的鼎力支持，你们用专业精神与无私奉献完成了这部杰作。

21世纪初即将成为历史，面对未来，各位老师有什么想对我们说的呢？有请我们的前方记者我自己。

老毛：哎呀，新年（第四声）了，是新年（第四声）还是新年（第二声）？n-i-a-n-年！你们暂时不要甩其他班太远，不然最后几个月压力真的蛮大……但是，我们高考的时候要当仁不让！我们的目标是包揽贵阳市前40名！

平哥：我想先表达一个观点，大家也不要往心里去，我明着说，这是我带过最有挫败感的一届。其实高三真的没有什么好讲的，我都给你们铺垫过，我本来想让学校把数学课停了，但是看今天这个效果……大家还是要下去落实啊。文科数学真的不难啊，大家下去落实，搞不好高考我们一半同学的数学都是满分。下去落实啊！

Chory：罗老师陪伴大家将近三年了，大家也应该很清楚罗老师的风格。大家下去还是要按照罗老师的要求去做，框画谓语，认定从句。罗老师还有很多视频跟大家分享哦！

畅哥：新年了，接下来的日子可能很苦，但大家要学会望梅止渴、苦中作乐。但我说没用，我只是一个旁观者，大家还要下去落实啊！

马宝宝：噫！时间紧迫，我就谈几点：第一，大家还是要下去把该整的很多东西整明白了。咱（12）班的小孩儿瞄准的应该是清华、北大、北师大、人大、复旦这样的学校哟！地理至少要90分以上哟！如果只想考普通大学，那60分足矣！大家要继续保持！这地理是理科性的思维……

越来越薄的日历让人想起在经意或不经意间流走的岁月。孔子曾有"逝者如斯，不舍昼夜"的感叹，单调递减的高考160天倒计数也总让人伤感。我们控制不了时间，更留不下岁月，转眼2019年就要成为过去。如果你的规划本碰巧在你身边，那么大家可以看看2019年的点点滴滴：义卖时的薇姐洋芋粑，曾在一楼教室陪伴我们现在逍遥校外四海为家的那只小猫，工训，运动会……（欢迎大家补充）

普鲁斯特吃了姨妈做的玛德琳蛋糕，追忆起儿时的点点滴滴，文思泉涌，提笔写就《追忆似水年华》。还记得义卖那天，我和好朋友逛了很久，吃了很多东西，买了几本书，花了不少钱，但我总觉得少了些什么，心里空落落的。我在那天的规划本上写道：没有薇姐洋芋粑的义卖是不完整的。薇姐回我：20年后的聚会，这会是我们津津乐道的话题。我想，或许洋芋粑就是我们（12）班人的玛德琳蛋糕，无论身在何方，它都是记忆中闪闪发光的一部分。

在这彼此陪伴的两年多里，我们都成长了不少。虽然有方方面面的困难，但在（12）班这个大家庭中，我能感悟到苦中作乐的真谛。我想感谢在座的每一个你！我常常想，我不是在最好的时光里遇见你们，而是遇见你们才有了我这段最好的时光。

所谓的人生，就是一场场相聚和一场场别离交织成一片璀璨的光影，交织成一片灿烂的回忆。160天后，无论有没有杨柳依依，有没有雨雪霏霏，有没有孤帆远影碧空尽，有没有劝君更尽一杯酒，无论你愿意还是不愿意，在北附的所有生活场景都会被告别，宛然已是"人成各，今非昨"。我们就像一株株蒲公英，在这里相聚，但终究会被一阵微风吹到四方。所谓的高中生活，就是一重重山水的经过，就是一番番岁月的流转，就是一场场风雨的磨砺。薇姐说："有时候，前进比后退更容易。"这句话送给今天的我们再合适不过。谁无暴风劲雨时？守得云开见月明。160天，难吗？当然难，这甚至是我们每一个人的危机。但"危机"拆开来就是危险和机遇。《基督山伯爵》里面有一句话："人的行为在暴风雨来临时方能彰显其本性。"不是现实支撑了梦想，而是梦想支撑了现实。在纪伯伦的《沙与沫》里也有一句："我宁可做人类中有梦想和有完成梦想愿望的、最渺小的人，而不愿做一个最伟大的无梦想、无愿望的人。"我们都是平凡人，只要我们心里仍然有梦想，就算怀抱月光，我们也会迎来自己的光芒万丈。坚持自己的理想，不顾一切，我们总能踏平磨难，站在自己的人生巅峰。160天后，愿我们都有环顾四周，舍我其谁的无愧与豪情。请让我用《从头再来》的歌词来结束今天的节目：再苦再难，也要坚强，只为那些期待眼神。心若在，梦就在！

今天的北附联播节目播送完了，感谢您的收看。您还可以登录QQ群获取更多内容，我们下期节目再见，如果还有下期的话。

日期：2019年12月31日—2020年1月8日　　总结人：龙超腾

1. 鼓足干劲，力争上游，多快好省地建设社会主义

——畅哥（八届二中全会）

当周一政治课悄然临近的时候，犹在梦中的（12）班掀起了广泛而热烈的讨论，政治是不是上周五没听写成啊？完了完了！但突然想起周六的文综卷，那只想伸出去拿课本的手又缩了回来。一边蓝白相间的肖德好先生劝我趴下小憩，一边身着紫衫的曲一线先生唤我呼呼大睡。不一会儿，上课了，选择题训练、文综卷、期末卷一股脑儿地上了课桌，眼前的畅哥似乎穿上了绿军装，长出了红脸蛋，胖了一圈，眼细唇厚，眉浓脸黑，高喊着"鼓足干劲，力争上游，多快好省地建设社会主义！"但是为了保证在质量上也"超英赶美"，畅哥又提出了"调整、巩固、充实、提高"的八字方针。

2. 中国医药学是一座伟大的宝库，我们一定能够有所发现，有所创新

——Chory（屠呦呦）

抱恙的罗老师坚持带病上课，多亏了中医诊疗，减轻了罗老师的痛楚。仁心仁术，治病救人。社会上还是好人多，如果Chory不信任老板，如果老板不为Chory着想，那么这件事将不会发生，这是一个巧合。

3. 顷之，三遗矢

——众矢之的（《廉颇蔺相如列传》）

由于施工方的操之过急，总务的协调不当，商汤网开三面的典故成功运用到了厕所当中，家徒四壁已经成了厕徒四壁，我们不禁吟诵起"相看两不厌，唯有厕所壁"的诗句，真是"知屋漏者在宇下，知政失者在草野"，知屁凉者在厕所。当薇姐动容地讲起小时候的厕所逸事时，我们恍然大悟，这样是为了让我们在如今这个人与人之间充满着可悲的厚障壁的社会中打破冷漠，在厕所这一社交场所发展友谊。同时我们还意识到厕所是可以外带酒水食品的，当我们当中的大多数人还没有认识到的时候，刘昊宇已经敏锐地察觉到了。当保洁阿姨看着刘昊宇嚼着食物从容步入厕所，欣赏厕所行为艺术家留下的杰作时，当阿姨脸上绽开微笑询问刘昊宇吃着东西步入厕所的感受时，我就意识到他领略了这一真谛。同时我们旁边的男厕也成了众矢之的。矢有二意，一者箭矢，意为目的；二者即为《史记》中所写，通屎。……但总体来说事情已得到圆满的解决。

4. 不折不从，亦慈亦让。星斗其文，赤子其人

——马老师（张充和评沈从文）

本来这四句话要改成"星斗其文"的，因为大家都知道，马老师是太阳系八大行星之一——地球的化身，时而指向北极星，时而指向太阳，以区分恒星日与太阳日的区别。然而最近马老师化身耶稣，指示日出日落。往往马老师在课堂上的"湖泊""当"（第四声）等标志性语言引得哄堂大笑之时，他还一脸天真、单纯、无邪地望着大伙儿。有时马老师突然微笑，大家没有get到他的点，此时与他代沟较小的我领悟了这个点，也开始笑，而大家一开始呆住，接着不明就里配合我笑，为马老师捧场。马老师有时果断不布置作业，有时细心整理大量资料，有时坚持进行考试训练，有时考试结束前反复地提醒。在我看来他是众多副班主任中最出色的一个，是文综铁三角中坚实的底角，因为他比较大（或者是重），是薇姐管理班上事务的左膀右臂。最令我感动的事情便是我托无晚自习的马老师帮我买一瓶药，我特别注明如无这种药，可以买任意的除云南白药（因为我对其过敏）外的药，本以为我第二天才能用上药，没想到马老师特意跑了四家药店，为我买药。在第一节英语晚自习下了之后，马老师便在楼道口等我，我问他为什么不明天再拿过来，多麻烦啊！他说"早点用，这多好！"还细细向我介绍了药的情况以及不会过敏的事情云云，之后还连着几天向我询问效果如何。这可以说是我到北附以来受到的除薇姐、小华外的第三位班主任的关怀，所以我认为马老师是当得起这四个字的。

5. 退一步，进两步

——薇姐（列宁）

薇姐这周宣布，学校将于周六中午放学，以及这个期末的一系列利好政策，但是也提出下学期相应的要求，希望大家适应薇大林模式的到来。

高三下

假期总结　　总结人：龙超腾

年轻的朋友们今天来相会，没有小船儿，没有暖风吹，但是有00年代的新一辈。疫情使我们的相会足足晚了一个半月，这可能是有史以来最长的寒假，在这个非常时期，我们也推行了非常之法。

空中黔课欢乐多

自2020年2月3日起，省教育厅和贵阳市教育局联合推出了"停课不停学"的空中黔课，帮助大家学习。空中黔课给我们带来了不少欢乐。例如，高中文数课上惊现没有剪辑完的视频：老师在讲课时，一个画外音给他指出错误，两个人用贵阳话深入地交流这个函数问题，实在令人感动。这是继清朝李善兰引进函数以来，函数中国化到函数贵阳化的一个重要里程碑。但是空中黔课确实给我们带来了不少补充技能，如罗朝丽老师就经常援引空中黔课的课程进行辩证性的传播。除此之外，空中黔课还给我带来了别样的快乐，早上我在家上直播课时耳畔经常会响起小学一年级的课程和广播操。听了一些老师的普通话，我顿时觉得毛大帅的普通话更加标准。总的来说，我们还是要感谢空中黔课，其中的阅读技巧、专题知识都对我们大有裨益，可能有些同学没有观看，大家可以开2倍速播放并选取其中自己需要的部分！

电脑、手机两手播

今年一款免费的办公软件迅速走红，大家都知道，就是钉钉。钉钉的功能较为全面，有多种形式的会话，可以满足各科老师的需求。当听说小艳开始了生物直播课，我们年级和我们班的决策层联合确定了"一个中心，两个基本点"的疫情期间的基本路线。"一个中心"是以钉钉直播为中心，"两个基本点"是坚持空中黔课，坚持考试星周测。主播平哥不仅是一名数学老师，还是知名魔尺大师、猎头、网红、音乐鉴赏家。这个假期，我们见证了薪火相传的魔尺世家的兴起。平哥每天给小小平布置学习魔尺的任务，传承发展魔尺文化。不仅如此，平哥还让邻近幼儿园低薪聘请小小平，为大家表演魔尺、展示绘画，给幼儿园增添了不少欢乐。作为一名网红，平哥在说到妙处的时候，总会问"大家听懂了没有？听懂的回复1，来来来，刷一波，走一波，走一波，你看我这个直播的术语还是蛮熟练的，怎么没有人回复呢？徐文璐、姚佳宏两位科代表带领大家积极回复，好好好，看到了，111。哎，怎么有人回复2嘞？1+1=2，是懂了又懂是吧，好的，下一个板块……"平哥将一系列知识方法进行细致的讲述，我感觉有些似懂非懂的东西变通透了，而且隔着屏幕多了一种安全感。（心情较为放松，因为即使答错了，也不会有任何难堪，有时候我会端碗羊肉粉听课，搞得我筷子和笔来回换，忙得不亦乐乎。）与平哥不同，马老师自己开辟了第二条战线——腾讯课堂，马老师跟同学们没有什么互动，只是忘情讲题，一般来说有两次固定的互动，即开头第一次"大家看看声音、图像有没有什么问题，没问题回复1"，结尾第二次"好好好，再讲十分钟，马上，还有两道题，大家使劲献花就是在提醒我该下课了，好好，马上"。其实我认为太投入也不是好事，不知怎的，我感觉地理选择题的错误变多了。我们在评论区提出的问题经常被马老师忽略，当马老师看评论区时，评论区已满是鲜花。顺便补充一句，马老师是唯一没有露过脸的主播，其他主播可以联合起来"讨伐"之。畅哥和薇姐的台风一如既往，畅哥仍然十分稳健，高指标的"大跃进"习气长存，每次畅哥问有什么疑问时，评论区就会刷爆。薇姐经常说："陈毅元帅说过：'淮海战役的胜利是人民群众用小推车推出来的'。"看来畅哥的现代化机械兵团是陷入人民群众的汪洋大海了，遇到越难的专题，这种情况就越明显，所以畅哥只有摆脱时间的束缚才能完成政治使命与任务，"光明不灭，畅哥永存"。薇姐作为一名"足疗"大师，"足疗"功夫炉火纯青，已经到了出口前毫无征兆，出口时自然流畅，响遏行云，最后余音绕梁，三日不绝的境界。这个假期我听到薇姐频率最高的一句话就是"你们还是不是我教的学生，这个都搞不清楚"。每次这句话一出，我都忙翻大本和大事年表，发现书本上还是有些细微处没有领会，只是有了躯干，还没有完整的形体。Chory老师开辟了第二专业——日语，每天教两句日语，但我还是没记住，倒是对照其他版本的课印证了阅读、完形、七选五等词。毛大帅疫情期间除上课、发疫情文件和私下讲作文外跟同学们基本没什么互动，他委任毛丫丫作为他的全权代表，可以看出毛大帅是在培养少帅接班。

往者不谏来者追

当得知假期延长时，我开始是略微欣喜，随之而来的是焦虑、不安和对未知事物的恐惧。假期我忙里偷闲看了《中国式家长》和两部《将夜》。从《中国式家长》中我感受到了高考的紧张，也感受到了高考的松缓。开始的时候，你的精力可能分散在各种事物上，而且没有计算成本，就是盲目去做，达不到顺势而为、因势利导、四两拨千斤的效果，就会感到紧张。之后你精打细算，用尽可能高的效率和巧劲来学习，就会感到较为松缓。《中国式家长》中说，没有人能够真正学会高考，但不必惊慌。《将夜》中，人间第一强者夫子面对未知的昊天和永夜，他犹豫了，甚至恐惧了，但是他在外奔波多年，寻找上个永夜存活下来的酒徒与屠夫。他试着去了解未知的事物，虽然没有真正弄清楚，但似乎感受到了"天在吃人"的秘密。之后，昊天的代表冥王之子降临，举世追杀，夫子却犹豫不决，悬空寺讲经首座请人传话给夫子说"世间的未来很可能就在他如今的犹豫之中"，一向懦弱的夫子最终做出了选择，他说："这个选择很可能被证明是错误的，但是至少现在我想这样选！"夫子与昊天大战后最终登天化月，阻断昊天回路，注入人间的力量。剑圣柳白在夫子登天，观主被废，酒徒、屠夫苟且偷安之后，毅然放弃隐忍，用他多年练成的"人间之剑"与昊天一战，在永恒的昊天面前他迅速衰老，但他最后突破了昊天的屏障，摸到了昊天的额头，化为飞灰而去。面对昊天的质问，他说"我于人间全无敌，不与天战与谁战！"而酒徒与屠夫虽然活了两千年，修为极高，但却不愿、不敢直面现实，东躲西藏，浑浑噩噩，实在不堪，下场也令人唏嘘。最后送给大家一段话，希望对你们有所帮助。吴子曰："凡兵有四机：一曰气机，二曰地机，三曰事机，四曰力机。三军之众，百万之师，张设轻重，在于一人，是谓气机。路狭道险，名山大塞，十夫所守，千夫不过，是谓地机。善行间谍，轻兵往来，分散其众，使其君臣相怨，上下相咎，是谓事机。车坚管辖，舟利橹楫，士习战陈，马闲驰逐，是谓力机。知此四者，乃可为将。"

日期：2020年3月15—22日　　　总结人：郑巧怡

3月15日：这一天，怀着兴奋又忐忑的心情，我们终于回到北附校园。同学们久别重逢，很想谈天说地，聊聊假期趣事和微博热搜，奈何在"战疫情"的背景下，只得纷纷戴好口罩，保持一米安全距离，等待着行李消毒。随后，薇姐带领我们拉开了接下来几周一些规定动作和规定路线的序幕。不得不说，为了我们安全回校上课，领导和老师们不辞辛苦地做了一系列工作，正是因为这样，我们才能成为全国首先开学的学校之一。晚自习上，我们学习了预防新冠病毒的相关知识，观看了前几届学长学姐的加油视频以及珍贵的三封信，我们能感受到这些关心我们的人带给我们的支持鼓励，且把它放在心间，冷静应战高考。

3月16日：终于回到熟悉的实地课堂授课模式，还是原来的味道，还是原来的配方。如此，平哥再也不用担心我们出现抱着手机睡大觉的情形，同时也远离了电子产品的辐射。当然，一些网课遗迹，诸如"111111""声音图像正常"的话语仍可听见，为课堂增添了不少趣味。

3月17、18日：终于到了网课中多次提到的关键日期，这两日进行了一模考试。话说，每日送餐人员推来的推车中，包子、牛奶、鸡蛋几乎是"常到嘉宾"，而鸡蛋总惨遭冷落，常常在口袋中"故步自封"。最后，在凌老师"强势"的提醒下，一人一蛋的政策才算落实，老师着实为我们的健康而深思熟虑呀。

3月19日：各科答案水落石出，真相层层浮出水面，平哥"押题大王"提到的数学思想方法在试卷中呈现；英语单词"wise"从未有过之名词形式"wisement"被创造；秘鲁寒流在a，b之间的流动凉了同学心；历史选修最宽松的标准竟最终降临在"孤立无援"的超腾同学身上。

3月20日：政治新概念的讲解又开始了"大跃进"，在一堂课讲完100题的目标陨落后，又发现一次40题的标准也难以完成，最终选择踏实地"走一步，看一步"。果然，实践才是检验认识的真理性的唯一标准。数学课上，平哥夸张的口形使口罩多次从鼻梁滑下，关于假期课堂的成效问题是他"心中的痛"，唯有通过一次次提高分贝加出其不意地敲击直尺才能有所缓解。

3月21、22日：春天的气息愈发浓厚了。蓝天、阳光、樱花、校服，青春的味道持续酝酿。周六下午和特别的周日进行了周测考试。虽然疲惫枯燥，但也愿意去奋斗。况且"出来混，迟早是要还的"，毕竟拥有过春节之后突然多出来的一个月假期。夜幕降临了，我们一个班整整齐齐地回寝室了。遇到偶尔造访的猫咪问候一声，然后继续上路。

日期：2020年3月23—29日　　　总结人：龙婷美慧

某位诗人曾经说过，独在异乡为异客，我没有回家也不寂寞。每逢佳节倍思亲，我没碰手机也很开心。

本周我们继续每天一鸡蛋，病毒全滚蛋的留校生活，开心。

周一：新的一周开始了，一大早我们就进入对北京的探索，前门大栅栏的定位是活力时尚、高端引领和跨界融合，就是寻不到正宗的古都风貌，实惨。同时，愿意透露姓名的毛永健老师饱含深情地指出这次的语文卷满篇"渣题"，引得台下同学纷纷点头。

下午，某龙姓男性公然于顺风口使用云南白药喷雾，引出众怒，其人不悔不改，满口诡辩，后甚至寻得李姓男子翩翩共舞，维持了十几秒的下腰相拥对视姿势，实在有一点世风日下。

周二：在一片对京师套卷的质疑声中，马富老师发出了赞赏，随后强调了棒的是地理部分，叫同学们与之开展心脏与大脑的沟通，产生灵魂的共振，领会出题人的用心，实现地理大圆满。

周三：我们继续快乐的教室进食，惊喜地发现阿姨出了新菜色，青椒炒红椒，配之以些许短小的肉丝点缀，视之心动，尝之流泪。还有一件令人痛心的事，我校的优秀教师畅哥频频说话破音，同学们在失笑后陷入了对新冠的谴责，若不是它，不会有口罩；若不是口罩，畅哥还是那个声线优雅的畅哥。

周四：今天的Chory就像山丹丹开花红艳艳个鲜，光彩夺人。下午的运动时间，同学们有点拖拉，薇姐频频催促。突然，爆出惊人消息，我们周五中午就放学了。一瞬间，笑容重挂在脸上仿若春回大地，太阳的温度如此窝心，就连那张即将要考的数学卷都变得如此可爱。

周五：这一天终究还是来了。畅哥上完一节课的大题摸索，惊喜接手薇姐因事让出的下一节课。电话响起，同学们已经做好了套娃落给马富老师的准备，但最后，还是讲完了政治大题。12点到，放学了，我归心似箭，对其他事没有什么记忆了。

总算写完了。下周请同学们必须沉醉于学习，加油！

日期：2020年3月30日—4月5日　　总结人：喻若妍

凛冬将至，不知道从哪个方向来的风席卷了北纬34度以南的大部分地区。一面是现实中大风呼啸而过，一面是空间里身着华服、反弹琵琶的罗老师笑颜如花，让人不禁感叹今年真是魔幻现实主义元年。

周一：珍贵的体育课像冬天里的一把火，点燃了他人，熄灭了自己。联想到某中学取消体育课，改为一节课90分钟的学习，让我们不由自主地感谢学校的英明决定。

周二、周三：人生真是大起大落，不管是高考延期还是一模成绩，每个人的看法和心态都不同，但已经成了既定的事实，只有接受它才能做到积极正能量。平哥新推出的数学课政策真是666，不愧是学校和平推广大使。幸好周五回家的消息让我们快乐。

周四、周五：肉包与发糕齐飞，考试共试卷一色。经历两天的生死搏击，大家终于可以回家改善伙食，避免天天吃辣椒吃到口腔溃疡了，哈哈哈哈。4月4日不仅是缅怀先祖的清明节，更是全国各族人民对抗击疫情斗争中牺牲的烈士和去世同胞的哀悼之日，为停留在寒冬与烈火里的人默哀。

"清明时节雨纷纷，路上行人欲断魂。"祝大家清明节安康。

日期：2020年4月6—12日　　总结人：罗雪莲

昨夜西风凋碧树，冻得你我穿秋裤。这个4月开局不利，仿佛过了3月，日历又倒着翻篇。幸好有同学们一路沙雕相伴，在寒风中学习的日子虽然痛苦，但想想有人和你一样痛苦，瞬间感觉好受了许多。

周一：今天，许久不见的雅文重新回到了（12）班的集体，同学们都表示了热烈的欢迎，希望雅文尽快找回状态，和大家共同进步，迎战高考。今天的Chory再度和五三封皮遥相呼应，成为教室里最亮眼的一抹色彩。她的到来不仅使我们惨然面对滑铁卢一般的英语阅读，也为我们带来了高考作文字数要适度的忠告，希望同学们引以为戒，控制住自己蠢蠢欲动的右手和脱缰野马般的思维。

周二：今日，家住贵阳市的罗女士在从教室回到办公室的过程中发现自己的手机遗失，在回教室寻找的途中，热心市民李某告知罗女士手机被藏在书架上，在罗女士谴责背后的主谋者时，（12）班围观群众耿某、李某、刘某表示主谋者即为李某本人，深感受骗的罗女士在与李某争辩无果后，在围观群众的帮助下，历经千难万险终于找到了近在眼前的手机。在此，我们诚恳建议：慎重保管财物，好好爱惜视力，从你我做起。

周三：是夜，北附著名豪放派诗人毛永健老师正在（12）班教室激情讲卷时，不料一阵腹痛使他弃卷出门，右拐复右拐而去，徒留42名同学在寒风中笑得瑟瑟发抖。原来，这一场课堂事故的罪魁祸首竟是午饭时食堂里的一盆青椒肉末。该青椒肉末邪恶非常，不仅超辣，而且拌饭超香，在它的诱惑下，毛老师禁不住豪放一舀，干完一碗美丽拌饭。"吃时只有辣么爽，吃完一品火葬场。"对此，老毛不禁感叹道："年纪大了！哈哈，胃不太行。"

周四：从隔壁教室自习归来的一批同学吃惊地得知省模考试猝不及防就定在下个星期，同学们一阵惊呼"什么！？要省模？"彼时，教室里"千人大呼，百千儿哭，百千犬吠。中间力拉崩倒之声，火爆声，呼呼风声，百千齐作；又夹百千求救声，曳屋许许声，抢夺声，泼水声。凡所应有，无所不有。"很是壮观。但是，该来的总会来，有一句话说得好："与其哭着忍受，不如笑着享受。"

周五：一场历时四节课的地理风暴刚刚摧残完我们这群脆弱的小花朵，Chory带着一阵香风又至。9：10，我们端坐在教室里，眼前是三张渐变色的英语卷子，耳边是Chory不绝于耳的讲题声，脑中不禁想着还没做完的1、2、3、4、5、6份作业。10：10，我们匍匐在教室里，牙关紧咬，目露凶光。同学们纷纷使出漂移笔法，以眼花缭乱之速狂写作业。然而，还是没有写完……又是一个无眠之夜，家家户户亮着灯，为赶作业的孩子们照亮了眼前的字。

周六：震惊！理科数学答题卡竟被发到文科班，错误的时间，遇到了错误的题号，同学们茫然失措，在时间的催促中匆匆下笔。赶来的李老师提出1号方案，有同学惊呼"啥？我已经写了！"2号方案提出后，同学们更加凌乱。最终李老师一锤定音，霸气地让我们原来咋写还接着咋写。这种"有人顶锅"的feeling让同学们放下心来，幸好幸好，差点以为自己写了个寂寞。

一周匆匆而逝，省模翩然而至。凄风冷雨也悄然离去，没啥温度的阳光照耀着北附校园。好天气指日可待，好成绩也必然会来。祝同学们吃嘛嘛香，省模顺利！

日期：2020年4月13—19日　　　　总结人：杨歆骐

周一：本周从马老师的地理课开始。当马老师从激光笔中拉出长长的教鞭时，我不禁想到了前几日罗垚鑫的奇妙梦境：梦中的马老师化作一脸正气的绝地武士，手握七彩光剑，在操场上与恶势力打得难舍难分。据罗垚鑫描述，梦中的马老师技艺极其高超，斩出道道剑气毁灭北附校园；身姿极其灵巧，连肚子上的肉都在灵活地抖动。再看看讲台上挥舞教鞭的马老师，不禁感慨：意识是对客观事物的主观反映。

周二：今天不知道为什么，老师们纷纷要讲省模，但同学们不知道要讲什么，纷纷询问老师要讲什么，老师重申要讲省模，同学们才明白要讲省模。下午自习时分，惊闻教室旁"雷霆乍惊，宫车过也"，还伴有"高猿长啸，属引凄异"，惹得薇姐亲自出动，但还是没能阻止"猩球崛起"。今日喜闻人大招生额史无前例地提高到60人，希望大家都可以冲击人大之流，然后把中传的名额留给我。

周三：下午的运动时间变成了集体活动——怼歌。看着同学们如同魑魅魍魉出世般的坐姿，听着同学们细若游丝仿佛快断气的呐喊，我不禁感叹：北附学子不愧是时代面貌的楷模！再看教官发起攻势，打得同学们纷纷张不开嘴，你们义愤填膺的样子，真的很靓仔。

周四：今日畅哥再携小小畅亲临（12）班，惹得大家一阵欢呼，惯犯龙超腾更是如同拐卖儿童的变态大叔一般极其熟练地冲上去抱起小小畅就跑。大家如同朝贡一般争相往小小畅手中塞东西，但不知从哪里冒出来两瓶泡泡水，小小畅用手柄蘸了泡泡水后竟直接塞进了血盆大口。那一刻，我从他脸上读出了一个年轻生命对生命与人性的思考，对社会黑暗面的无情控诉。那一刻，他成长了。同时，我也为他小小年纪便懂得"实践是认识的来源"的雄才所折服，相信以后必定能传承畅哥衣钵扬名天下。

周五：今日薇姐特意用一节课的时间与大家共同回忆了学长学姐们的班级规划，看着他们细心地记录班级的点点滴滴，不禁感慨，同是高三人，共走高三路。但是，学长学姐们的班级规划不过是表面而已，底下暗流涌动的，是蒋鸿学长极富戏剧性的个人传奇，他的英姿贯穿了总结的每一个角落，让人对他愈发好奇了。

明天就是省模了，祝大家超常发挥，考出理想的成绩。

愿你在4月里编织的谎言化作7月里展翅的青鸟。

日期：2020年4月20—26日　　总结人：毛远影

周一：宫崎骏在《千与千寻》里说："不管前方的路有多苦，只要走的方向正确，不管多么崎岖不平，都比站在原地更接近幸福。"经历了悲喜交加的省模考试，同学们喜忧参半，考得较好的同学应总结经验，乘胜追击，考得不是很理想的同学也要及时调整心态，整装再发，要相信"高考一战决胜负，前面的考试都是铺路"。

周二：沙漠里的骆驼久旱逢甘霖，学校里的超腾喜获樱桃。今日同学们吃到了龙爷爷亲手种的樱桃，香甜可口，连带着对省模的恶意也少了几分。Chory的独家晚间作文班又一次开课，一讲便到了22：00，其间穿插多个个人故事和心灵鸡汤。想必多年之后回忆往昔，我们也一定会怀念这位身着红橙黄绿青蓝紫的老师的谆谆教诲吧。

周三：今日（12）班武林大会开赛，少侠刘昊宇手持一棒一球向现任盟主李平大师发起挑战。只见李大师微微扬起嘴角，瞬间，杀意四起！李大师以剑绕球，在刘少侠崩溃的边缘反复横跳，而台下的无名小卒们无不目瞪口呆，惊呼："这就是传说中的立体几何思维法！"同日，来自理科山英语派的忠勇真进行曲扰乱我族考试修行，一时间我族修为尽失，思路全没，哎，修仙高考之道果然是路漫漫其修远兮。

周四：你想一夜暴富吗？你想青春永驻吗？如果你的答案是"是的"，就请报名高三（12）临阵磨枪训练营吧！我们不能让你数钱数到手抽筋，但可以让你做大文综做到手抽筋；我们不能让你长生不老，但可以让你在北极的极夜中思考时间的奥秘。现在扫描屏幕下方二维码，关注"薇姐的崽"公众号，还可赠送文综三侠轮流监考与李老师精选理科卷一套！

周五：今天同学们完成了搬家活动，离开了不同的寝室不同的室友，回归原来的家庭。人生海海，路远马亡，而朋友是我们最坚强的依靠，最暖心的陪伴。离高考只有72天了，愿你我携手共进，扶摇直上九万里。

《光点》中唱道："经历过自己的改变，走过的痕迹变成光点。"最后的日子里，有苦有乐，有酸有甜，而过往种种，都会助我们拥有自己的光点。

日期：2020年4月27日—5月1日　　总结人：罗垚鑫

周一：太阳红彤彤，花儿五颜六色。在经历了数日的寒冷之后，我们终于重新迎来了春天的明媚。数学课上平哥公布了近日的出行计划，未来几日虽没有了数学课的欢乐，但平哥的鼓励和他的数学卷子却可以一直陪着我们，看着手中的试卷，真的一点办法都没有啊！不由得感叹，我的初恋又回来了。下午Chory忙于开会，只好发下卷子让我们自行考试。顺便表扬一下北附天才儿童思哲同学的艺术创造力。自习课上我桌上堆砌起的泡面斜塔，在落日的余晖里，在我和薇姐进门时复杂的目光中熠熠生辉，那光与影中明晰的轮廓，是凝固的艺术，是大艺术家的自我感受和自我表现流露出的对英语的无奈。

周二：英语课上我们怀着愉快的心情对完了完形的答案。嗯，六个起步。你会不会觉得我很菜？因为你不会所以你才会，这是个哲学问题。Chory顺带透露了个人的制作预告，切合了完形的主题并盛邀邹欣芮同学帮忙起名。政治课上，畅哥发表了"高原缺觉死狗论"与"三十前凸光明论"，强调关注考生的精神状态与身体健康。

周三：受难以想象的水平冲力作用而严重变形的饮水机二号同志不幸牺牲，遗憾退役。未等大家的悲伤之情平复，我们的拖把二号同志也竟一同夭折（腰折），以致铁拖把被纳入考虑范围。经民主协商后，饮水机三号得到任命许可，即将服役。

下午一出寝室便望见那精妙绝伦的标语"春风十里不如校园有你""别去寒冬，归来盛夏，欢迎回家""答应我，要照顾好自己"。临标涕零，不知所言。刘某和祝某二人显然是没照顾好自己，下午5：00左右，二人受困于电梯长达八分多钟。幸得刘某持有班内紧急联络设备。在收到求救讯息后，薇姐在众人簇拥下，对受困人员进行热烈而欢快的营救。在掌声与欢笑中，在众人的注视下，电梯门缓缓打开。只可惜我未能第一时间为返乡同志献上最为真挚的关心与问候。不一会儿，楼梯间重新爆发出热烈的掌声，饥寒交迫、风尘仆仆、面如死灰地回到温暖的班级的二人在众人的欢呼中感动得热泪盈眶。

晚上梁校来班访问，就我班积极备考及心态调整工作做出重要指示。在此感谢领导的关注与关怀，相信我们一定会取得最终的胜利。

周四：将要回家的日子总是那么美好，特别是我们在台上，他们在奔跑。刚出寝室便看见初三的朋友在跑道上肆意挥洒着青春的汗水，我站在台上，一边感叹时光易逝，一边惋惜我们再也不能体考跑步了，可惜可惜。平哥在课上表达了自己对作业敷衍态度的强烈不满，卷子虽难但大家还是要努力再想想办法。

日期：2020年5月3—10日　　　总结人：徐文璐

5月3日　周日：宜学习，忌打盹

刚过完五一假期的我们又回到了学校，不知道同学们有没有及时调整过来。都说早起的鸟儿有虫吃，早起的虫儿被鸟吃，晚起的我在赶往教室的路上，只听见鸟儿们饱腹后的欢愉，也许再早一点就可以听见虫儿们的哀鸣。

早上的英语课，一些同学的精神状态略显不佳，最开始还能靠着一口气支撑着听课，一边告诉自己"不能睡，不能睡"，一边眼皮逐渐变重，接着视线逐渐模糊，耳边朝丽老师的声音慢慢变得迷离，拿着笔的手像出于生物本能般无意识地乱写。这时畅哥说的"既然无法反抗，不如享受"缓缓飘入脑海，于是任由困意支配，真是印证了那个真香定律（这里应该叫真困定律）。朝丽老师一声提醒，宛如一声惊雷将我们唤醒，当然以上仅为个人想象，大家不要自觉带入。据说这周气温将逐日升高，也许燥热的天气是罪魁祸首之一吧，虽说春困夏乏秋盹冬眠，但是大家要尽量打起精神，向卓如先生所说的"不负今日"靠拢。

今天晚上迎来了在食堂用膳的第二餐，面对菜品减质不减价的服务，许多同学高呼遭受了剥削。其实我们可以换个角度想一想，如可以在宽敞的食堂用餐，可以体验刷卡那一刻看见卡上充足的余额，可以体验一把贫民窟的百万富翁的感觉，还可以看见阿姨们因为不用再给我们配送而露出轻松的笑容……好吧，我实在编不下去了，只能希望食堂听到同学们的心声，即使在疫情期间也能做到保质保量，相信食堂能够再次赢得民心。

第二辑　追梦行路

5月4日　周一：宜早读，唱国歌，上体育课忌犯困

今天是五四青年节，不知在座的各位青年才俊有何所思所感？

早上8：00，胡晓明校长、李兆华同学和部分老师在开学典礼上发表讲话，胡校长用"春风十里不如校园有你"来激励我们。在倍感激动之余，我突然意识到，我们已开学近两个月了。时间带来了学弟学妹，带来了炎热的夏天，更带来了我们备战已久的市二模和高考。时不待人，望大家把握好当下。

下午上课时平哥在用答题技巧写出一道难题后，突然灵光乍现，在脑海里飞速搜索当下的流行语录，并发出："答题技巧，它不香吗？"的惊人之语，充分发挥了平哥日常苦刷抖音积攒的深厚功力。这正印证了那句话："台上一分钟台下十年功。"台上看似不经意的谈笑风生，背后却是阅尽头条抖音无数段子的汗水。我强烈呼吁大家向平哥学习这种刻苦精神，在学习上做一名厚积薄发的选手。

5月5日　周二：宜吃饭，背单词，写作文

今天下午孔学堂的活动与马宝宝的地理课不期而遇，马宝宝在丧失领事作业裁判权之后，再痛失一节地理课，在此心疼马宝宝一秒。

今日云淡风轻，无要事可记，暂且给自己放个假。

5月6日　周三：宜备考，忌走神

本以为今天也是云淡风轻的一天，却突然传来明日要考大文综和数学的消息，于是今天成了暴风雨前的宁静。考试机会已所剩不多，大家且考且珍惜。

5月7日　周四：宜考试、总结、抢饭、喝水

气温一天天升高，闷热的空气里酝酿着躁动不安的因素，并且在考试时尤为明显，7月只会比现在更炎热，望大家及时调整、适应，在高考前"笔作的卢飞快，考场夏点兵"。

5月8日　周五：宜冥想

清晨，从东北方向升起的太阳用云朵遮盖着面庞，留下了短暂的一方清凉。

早上Chory给我们带来了三个关于母亲节的小短片，勾起了我们对最亲切的人的思念。Chory聊起她女儿送的礼物时，喜悦幸福挂满了脸庞。相信大家的妈妈在这个母亲节也收获了这般喜悦。

想到前几天写了那么多，萌发出一个坐吃山空的想法，于是马上付诸行动，草草结束今日总结。

5月9日　周六：宜回家睡觉，忌熬夜

在经历了6天的纷纷扰扰、披星戴月之后，大家翘首以盼的半天周末终于如期而至，早上的空气也因为喜悦而充满了香气，希望大家周末养精蓄锐，在下一周继续如饥似渴地学习。

日期：2020年5月11—17日　　　总结人：欧沛竹

周一：本以为今天又是高温肆虐的一天，结果出寝室的时候困意在不大不小的雨中逐渐消散。7：00的食堂人潮涌动，我不禁怀念高一、高二未返校时的校园。因为下雨，室外升旗的计划被打破。室内升旗后的课间，教室中再次睡倒一片。中午、下午的抢饭真是不可谓不壮观。晚自习上，我们经历了重庆市二模的强烈打击。自由讨论时间从教室不同角落传来的哀嚎声将该试卷的难度展现得淋漓尽致，但还是希望大家从每一次考试中总结经验吸取教训。

周二：上午第三节语文课上，年级某同学语文试卷20、21题的答案成功被列为十大迷惑答案大赏。连毛老师也不禁心痛地感叹道："这位同学需要治愈一下心灵的暗疾！"中午，女生213寝室，龙某因未戴眼镜，将教官误认成同班同学李某，并对其在寝室门口张望却不进入寝室的行为表示巨大疑惑，之后在室友们来不及阻拦时做出一项壮举（对教官比中指），深刻弘扬了"不怕死"的大无畏精神。我们不禁吟诵，"小头才露尖尖角，早有中指立上头"。语文晚自习上，毛老师结合当代实情，运用名句对《三奶奶的小木船》中三爷将三奶奶托付给战友一事发表评论："这是要出大乱子的呀！"

周三：早上起床，极度困顿。这或许就是"春困夏乏秋无力"的状态吧。下午，伴随着一阵粗声的哀嚎，我们得知：某龙姓男子将订书针钉入了手指。事后，经采访得知，此事纯属意外。这勾起了我对过往经历的回忆：初中时，我智障却自信地认为，订书机都是向下按动使用的，所以向上按肯定不会出针。怀着这样的迷之自信，我立刻进行了尝试。结果就是—— 一枚订书针以一个非常完美的角度订弯在了我的左手食指上。那时我呆愣在原地，看着不断流血的手指，陷入了深深的沉思："我应该先拔左边还是先拔右边？"最后，在同桌的急切催促下，我花费九牛二虎之力，终于把它从手指上完整地取下了。直到这时，痛感才逐渐开始蔓延。我痛心疾首："为何不是订右手，还能少写两天作业。"

周四：数学课上，继假期直播课上的"刷一波"后，平哥又向我们提出了新的指示："上课至精彩处时鼓掌。"于是，掌声立刻响了起来，不仅惊醒了陷入沉睡的同学，也让平哥露出了慈祥而欣慰的微笑。数学考试前，印象派绘画大师毛远影在黑板上留下大作《（12）班老师群像图》——从左至右分别是：因不传神被擦掉后来不及重新画完的，只剩下一个潦草光秃脑壳的平哥；身高过高，拥有极长面条状腿的，手拿保温杯的畅哥；以卷发为基本特征的薇姐；鞋底厚达10厘米，身穿长裙，嘴唇过分艳丽的Chory；身高过矮、横条纹衫为本体的富贵；还有因位置不够，仅余一个上身的、嘴角带笑的老毛。毛大师以寥寥几笔就勾勒出了人物最重要的特征。6个人物无一不传神，引发阵阵欢笑。

周五：今日无事发生，只是下午我们无比期待的换座位终于实现了。

周六：上午下起的雨与周一的小雨遥相呼应。一周结束，希望同学们好好为下周及下下周的考试做准备，考出应有的水平。

日期：2020年5月18—24日　　　总结人：肖子涵

周一：摆脱了阴雨天气和疫情的影响，这周我们终于迎来了2020年的第一次"露天"升旗仪式，总计30分钟的站立对同学们长期没有经过锻炼的膝盖和腿部肌肉提出了不小的挑战。在升旗仪式结束的一刹那，我不由得感慨道：凌主任真是个狠人，人狠话又多。数学课上，平哥再次启动了"脚踩西瓜皮"式教学，各种类型的提问真的让人防不胜防，不过同学们可以通过这种惊吓型知识检测再次检验自己的二轮复习成果，有规划地弥补自己的数学漏洞。

周二：白天大家仍是睡倒一片，休养生息。晚自习，一连串仿佛鞭炮似的声音打破了同学们安静学习的氛围，随之，暴雨加冰雹向我们强势袭来。不得不说，冰雹和雨水急切"敲打"窗户的声音混合着不知从哪儿发出的妖风似的音效，校园夏夜恐怖片既视感真的很强烈。不愧是天气复杂多变的云贵高原啊。

周三：早晨不知道哪位同学倾情点播的黑人抬棺以及*To Be Continued*的完整版音乐有没有使在座的同学猛然惊醒。下午老毛为我们带来了一场徽标盛宴。首先，同学们鉴定了广为人知的工商银行和中国铁路的标志，然后是世界卫生组织与中华人民共和国卫健委有着异曲同工之妙的蛇形权杖徽标，感谢龙超腾同学向大家激情普及蛇形设计的深刻内涵，接下来就是众说纷纭的ANTA徽标，无论是飞翔和跨步的含义还是A字形的变形，都让同学们大开眼界，老毛也深深感慨道：生活中的徽标要是考到，那就完了！借助评析中国扶贫基金标志的机会，小毛也紧随老毛的步伐，做出一针见血的总结"用爱扶贫大山"，逗乐全班。

周四：愉快放松的高考体检来到，大家在紧张的学习之余突然可以体验一把中午回家和半天走读生的滋味。漫长的早上体检项目让同学们急匆匆地从一个教室转到另一个教室。个人觉得最刺激的就是检测视力和嗅觉两项。被医生询问E的方向的紧张恐惧席卷全身以及对现场配近视眼镜这一操作狂刷666，接下来的醋与酒精与水的辨别挑战也让人精神为之一振，猛吸一大口醋的感觉不要太酸爽。下午3：30，当同学们群集在金阳医院体检中心时，谁都不会想到居然有近半个多小时的焦灼等待在前方等着我们。随着时间的流逝，学校教师突然改变等待地点，带领全校学生向另一个检查地走去。那一声声的"（12）班的同学先走"为我们点燃了快速回家的希望，令人感动、令人落泪。

周五、周六：3+3热身测试正式开始。真是语文默写一如既往地有毒，数学题目一如既往的迷离，文综卷子一如既往地让人手酸，英语卷子一如既往地待人友好。

下周既有同样规模的大型考试，又有让人心弛神往的大周末假期。同学们要稳住情绪，敬畏每一场考试，不要为阶段中的考试结果大喜大悲，毕竟有"风有雨是常态，风雨无阻"才应该是心态。我们在随后的40多天里不要放松自己，要紧抓学习进度，争取发现一个问题解决一个问题！

日期：2020年5月25日—6月1日　　总结人：王梓宁

周日返校，德阳调考后，我们终于得以体会连轴转上课的魅力所在：只需一晚，便能对完全科答案。希望大家理性反思，在不断的考试中取得进步。

周一：平哥再次提出了夺命假设："假如高考没有延期那一个月，你看看现在还剩几天。"他不禁追忆，在没有抖音的年代，躺椅给他带来的莫大快乐。晚上，Chory给我们做了高一年级的月考语填短改，结果让人感叹："别说这个水平去高考，其实高一也读不了。"

周二、周三：奇妙的3+3+3考试让我们对广阔的西南地区浮想联翩。鲁迅说，"无穷的远方，无数的人们，都与我的排名有关"，大概就是这个道理吧。大家考试加油。

周四：马宝宝上了一堂精彩的大题讲评公开课，这一次我的手不再抽搐，我的眼皮不再沉重。薇姐则带来了时空观专题课——从学堂的演变看近代中国教育的发展。两节课都获得了教研员的好评，同时向我们学生提出了要多动笔的要求。

周五：班会课，通过薇姐的描述，我们又畅想了高考送考时穿着定制班服的薇姐和数十年后开同学会的我们。现在看来，矛盾大概都是压力的变形，在最后的阶段我们也要活得有温度。

想象高考没有推迟，想象高考完的疯狂，想象10年后、20年后的再聚，想象的魅力让我们着迷。于是，请一起继续努力，用实力支撑起你的想象！

日期：2020年6月1—7日　　总结人：孙皖月

周一：升旗仪式上，老师表扬了同学们在3+3+3联盟考试上取得的优异成绩。文科与理科的同学各有亮点，希望各位保持这股冲劲。晚自习上，Chory贴心地表示，实在太困的同学可以小睡一会儿，只是醒来后不要忘记把规定的英语任务完成。感谢Chory替我们着想的同时，希望同学们合理控制好学习与休息的时间，不要让自己陷入过度疲劳，毕竟身体是革命的本钱。

周二：凌老师晚上特地进班与同学们进行深度交流。他分享了自己坎坷的求职经历和他妹妹令人敬佩的求学经历，最后强调，让我们一定要放平心态，平静备考。每一个你当时觉得过不去的坎，可能放在未来回首，会发现那其实可能就是一次转机，也是一段难忘的回忆。

周三：平哥在课堂上又再一次苦口婆心地强调了认真听课并及时记笔记的重要性，老师这么多年备考的经验是教辅书无法替代的，在此问题上希望各位同学有则改之无则加勉。

周四：不知道早上考的文综是不是让大家有些摸不着头脑，畅哥表示这种时候有必要做一做这种题，希望它帮大家发现更多自己学习上还存在的漏洞。

周五、周六：这两天是市二模也是贵阳市统一组织的最后一次大考，衷心祝愿各位都发挥出了自己最好的水平。如果不是那么理想，也没关系，离高考还剩20多天的时间，只要你有心，完全有机会逆风翻盘。

时光易逝，每一分、每一秒都很珍贵。为了自己的梦想，为了不辜负这么多年的努力，咬牙坚持下去，你我的未来一定有星火。

日期：2020年6月8—14日　　总结人：漆泽寒

周日：按理来说，今天我们就应该迈入考场，面临最终大考，但所幸有延期的一月，所有人都有机会去攀那九层朱楼。当然，今天的薇姐也发出感叹"我也不想来，我也想黄河水浪打浪"，并表示：以后长期将Lct的评价题作为反面案例进行展示，而当事人因被口罩束缚，只能发出"呜呜呜"的近似人类的赞同声，大意为：我超开心。

周一：今日市二模成绩公布，唐文轩同学凭借着只错数学选择第一题的高水准一举夺魁，成为本期头牌。这告诉我们：得数学者得天下。当然，不是因为薇姐在我旁边的原因，得文综者，特别是得历史者，也可以得天下。总之，不论成绩好坏，我们都应整顿旗鼓，鼓舞士气，争取做王选、马选、刘选。

周二：今日除平哥以高压政策勒令必须带数学课本，并再次给予Lct"超快"的高度评价外，并没有发生什么。故只得感慨：时光如超腾，快快快快快。

周三：今日，毛大帅舌头过度疲劳导致在课上不断为"馄饨"二字所打断，"混teng""混沌"，最终在尝试无果后，高呼"我要吃馄饨！"收获充满鼓励的笑声一片。此外，今日平哥再次威胁广大人民群众，如若不带书，后果请自负。在下午的拍照活动中，Lct被亲切地称为"胖学姐"，陈思哲被称为"绿学姐"，此二者皆因刚过170厘米而被前方的"背头学姐"完全挡住。此外，晚上9：00，我校发生一起"偷窃案"。据悉，以"绿学姐"为首的"盗窃团伙"偷窃了不知名小朋友的滑板车，并驾驶失窃车辆公然在教学区行驶，并在开车过程中发出了近似人类的叫声，收获路过学妹如同置身黔灵山一般的目光。请各位同学注意安全，避免被飙车族盯上。特别是他们还有龙超腾，真的超快、超危险。

周四：清早，北附的操场上便传来（12）班学子的长啸，吓得一众老师四散而逃，不敢逼近，唯有文综铁三角依然坚挺，克服了心中恐惧与我们合照。可惜平哥没有出现，不然在那个角度，应该可以一览地中海之广阔……语文课上毛大帅抱恙戴上了口罩，音量一下子减小了一半，耳膜终于不用再共鸣，可歌可泣，可歌可泣。

周五：今日一天无事，一切都很正常，除了平哥不太正常地开始讲段子，并又一次地告诉我们别人的学生对别人是怎样怎样的好。我一点也不怀疑他的目的，他肯定对我们没企图，毕竟，他是曾说过"让我活一万年，马云干得过我？"的男人。

周六：上午数学、地理连堂，全班一副要驾鹤西去的模样，故今日不记。（本来也没啥记的）

最后，高考临近，诸位当沉着备考，以最好的自己创最夺目之辉煌。

第二辑　追梦行路

日期：2020年6月15—21日　　总结人：王思颖

周一：距离高考越来越近，但刚返校的第一天，仍然令人疲惫不已。强基计划的表格填写让每个报名的同学叫苦不迭，但不管改多少次，还是要微笑面对，是自己报的名，跪着也要填完。上周五食堂发生的骚乱成为高三吃瓜群众的谈资，而在众说纷纭中，凌主任在升旗仪式上澄清了事件，并严肃批评了不明真相就传谣信谣的行为。下午的历史课，薇姐也就此话题让同学们写了评价题，虽然我未能亲身参与，但想必有深刻的教育意义。总之，每个人都应该明白要为说过的话负责的道理。

周二：依然是为了强基计划奔波的一天，不过好在马上要告一段落了。今天政治课的背书状况不太理想，引得畅哥频频摇头。时间所剩无几了，还是希望每个同学都不要放松，在最后的复习巩固中回归课本。

周三：强基计划报名结束，但依然没有轻松起来。数学刷题的速度突破纪录，讲题也越来越考验人的接受能力。我知道，试卷轰炸之下，除了做题之外，更需要的还是整理，毕竟各科都已经进入梳理阶段，回归基础才是目前更重要的事。晚自习老师进班又给班上的氛围平添了一份严肃，不过好在下周可以10：30下课了，也算带来了一点小小的期望。

周四：又是一次月考前夕，即使考试频率再高，也不能放松复习。各科老师都认为我们除了他教的那一科外，所有学科都已非常优秀，争相叮嘱多花点时间在自己那科上。然而我们时间有限，却有那么多科目分配，这边建议各位开一场辩论赛，让我们在吃瓜的同时找点乐子。复习了许多次，晚自习已经显得有些漫长了，但还是希望同学们认真对待，发挥其以考代练的作用。

周五：一天的考试结束，已经麻木的我不大能感觉出试卷的难易程度，考完后热衷于对答案的我心里甚至掀不起一丝波澜，只期待快点结束。明天就是周末了，但回家之前还有文综和英语两个重头戏，丝毫没有轻松。哦，对了，还有家长会，但好像也没什么不寻常的。

周六：仍是一天考试，但感觉上今天的难度比前一天更大，是地狱级别的。发下来的班服、家长会……这些都在提醒着我们倒计时数字向着归零方向不断跳动的事实。最后的时间了，希望大家抓住最后的机会，考出最好的成绩。

日期：2020年6月22—28日　　总结人：王静雯

距高考最后一周倒数

倒数着而我们却始终不曾向它屈服

看我们奋笔疾书在这要紧的关头刻苦

每个人奋力一搏牢记着老师叮嘱

终于到我站在这里分享（12）班的趣事。（今天是我第一次也是最后一次写班级总结，唉！）

（12）班是一个家庭足够我写首长诗

而今天我用这种稍与人不同的方式

来纪念我永远难以忘怀的梦的开始

让时钟再转几个圈倒退个三五天

周日观赏毕业加油视频回忆连篇

感动在心里浮现体味了苦辣酸甜

来不及回首不知不觉竟已走过三年

豪迈的薇姐竟还可以温柔秀气

三年的成绩积累是老毛最足的底气

马宝平哥一本正经透着一丝俏皮

畅哥仍遵循他的原则做到帅气无敌

无敌，（12）班每个人都无敌

清醒，我们无时不保持清醒

做人要记住低调飞高也不能骄傲

一面祈祷一面也不忘记努力奔跑

要沉住这口气才能扛起所有重担

（花开遍地都是我们遗留下的花瓣

香味在继续发散我们在继续征战

为你我他的未来创造一片光环）（此处是原词）

不惧未来，做好现在，愿我们都不徘徊

永远不甘，不甘平凡，但是名利要看淡

面对高考在即每个人都手握利器

每天坚持充实自己不管今天是星期几

携手再向前走手中有全宇宙

在这个周一成绩在支配生命

有你有他有我轮回着因果报应（当然没那么严重）

但是说真的别太在意一切都会是过去

现在考好考坏并不真的影响以后能否有出息校会广飞主任毒品宣传教育

按时开展

每个人要牢记心底不能被它肆意屠宰

但偏偏总是有那么多人沉溺于一时快感不惜把灵魂出卖

连皮肉带筋骨被掰扯着吃完

网鱼游戏操场上我们跑得真的自由

有人疲于奔命有人耍赖有人无欲无求

今天开始调整晚休

望大家都睡好别在课上又尴尬出糗

不就是星期二平哥又提问嘛回答得上来吗？能一招制敌吗？没有效果吗？高考有救吗？干脆不讲了吧自己要重视啊

这样下去干脆我帮你考试算了（平式露白牙微笑）

罗老师说字母丑会被扣分

薇姐拿来几叠图表意味成人责任（我也不知道这句什么意思大概就是为了押韵）

要向星志同志学习他的填表天分

今天食堂免费发了粽子温暖全身

星期三小雨在雾蒙蒙的天空飘荡

开心不过能和高一高二同把假放

最近天气多变注意保重身体健康

粽子虽好劳逸结合学习绝不能忘

薇姐让人牵挂硬盘被格式化

资料损失巨大害她担惊受怕

不能就此作罢大家为她祈祷

好运会眷顾她依旧一路歌唱

最后一点分享谁人不曾迷茫

没人天生愚笨只要足够认真

是非对错何妨偏要乘风破浪

用我不屈倔强迎接高考辉煌

焚身以火让火烧熔我

燃烧我心喷出爱的颂歌

奋不顾身投进爱的红火

我不愿意让黄土地埋了我

日期：2020年7月1—6日　　总结人：马浚珲

在班级总结开始前，我想先说三个感谢、两个抱歉、一个请求。第一个感谢是想感谢两个人，第一位是我们亲切的范老师，她为我们带了一份毕业礼物，还很用心地写了明信片；第二位是肖雅文同学，这次我没有视频，肖雅文同学很热情地为我们制作了很精彩的视频，但是由于她本人身体抱恙，今天无法及时完成，之后她会放到班级群上，请大家到时记得观看。第二个感谢是感谢薇姐给我这个机会，让我来为大家做最后一次班级总结。第三个是感谢大家坐下来听我做这次总结，非常感激大家的耐心。第一个抱歉是许多同学希望我这次班级总结跳《爱河》，虽然不知道大家是啥特殊爱好，但我由于时间很紧确实做不出来，而且为了大家的身心健康也就决定不跳了，望大家谅解；第二个抱歉是，大家也知道，上个星期王静雯同学的总结向我们最后一次班级总结下了一封挑战书，在这里我也毫不客气地对她说：你赢了！这次总结可能不一定能达到大家希望的效果，但我一定尽力做好这次总结，望大家谅解！一个请求是最后一次总结我觉得我一个人讲就太自私了，所以我希望讲到三年总结时能和大家一起完成，拜托了！

周一　天气：晴

今天的班会课，人美歌甜的王静雯同学为大家带来了一次让人终生难忘的班级总结，其形式新颖，独特有趣，连她本人也在视频播放时抱着头跟着节奏摇晃起来。晚饭时间，刘昊宇同学在超腾同学的桌上发现了一管口红，而且还是用过的，这不禁让同学对他产生了不少美好的幻想，有首诗写得好，宝批龙大不同，半夜起来涂口红。真期待一览身着华裳的超腾同学。后来经过他本人解释，他是为了画画才用的口红，面对这种理由，我们只想说，您可真是阎王的文秘——鬼才啊。

周二　天气：热

今天是充满纪念意义的一天。早上的大课间，我们进行了在北附的最后一次升旗仪式。胡校长和耿梦祺的发言振奋人心，充满激情的演讲祝福我们2017级同学在高考中大获成功，同时耿梦祺同学也提醒我们应心怀感恩，不忘北附恩情与同学友情。这次升旗仪式令人记忆深刻，在这里感谢耿梦祺同学、胡校长为我们带来的演讲以及那如魔音贯耳般的"聚是一团火，散是满天星"。下午是同学们期待已久的毕业照，早在中午大家就已经饥渴难耐了，12：30教室就空空如也，同学们回到寝室整理打扮，连平时闷骚的徐文璐同学也开始对镜贴花黄。13：50操场就挤满了打扮得帅气美丽的同学，也

第二辑　追梦行路

见证了大家7月身着黑毛衣的奇观。照集体照的过程是漫长的，身材小巧的杨彤老师用略带慵懒的破嗓语气在远方呼喊着："抬头，挺胸，睁大眼睛……睁大眼睛！"更令人意想不到的是，这句话竟然重复了19遍。我们在杨彤老师由远及近左右横跳的蛇皮走位中结束了拍摄，接下来便是大家自由活动的时间。在这里感谢李涛、欧沛竹等同学提供的道具，为平哥带来了众星捧月般的极致体验。看见平哥嘴角的一抹压抑不住的邪笑，不禁让人感叹，这可真是超腾到南极——骚到极点了。

周三　天气：凉爽

今天是北附老师正规上课的最后一天。上午地理课，马老师语重心长地为我们讲了必须注意的三点：第一点是要树立理科思维，要用冷静辩证的思考方式解地理题，这非常重要；第二点是要树立综合思维，注意各地理要素间的联系；第三点是要用学科术语答题。希望大家再三回味，也预祝大家在地理考试上一路绿灯，吉星高照。数学课上同学们依然紧张有序地进行着复习，平哥带着祖国欢迎你的微笑，再三叮嘱我们要加紧对基础知识的把握，在这里也代（12）班同学为（8）班的同题目开拓者表示感谢。明天就是我们在北附进行的最后一次考试的时间了，希望同学们把握住考试的感觉，也希望保温考的温度不像上次那样温度高到变成火化考。

周四　天气：闷热

好吧，对不起大家，我忘了我是毒奶，今天的考试似乎并没有想象中的简单。语文依然是毛老师与饶老师的夺命组合，我们有幸认识到了"一个月饼""一个人头"，明明可以靠手吃饭却偏要靠手艺吃饭的张老汉，感受到了端午节的深深的恶意。我更要为因高考慌张的自己编制一场进退自如、收放有度的美丽谎言。下午的数学考卷制作精良但出题老师频频给错答案，让同学们深陷17题的诡辩泥潭，还苦了平哥用尽心思为第一小问做了逻辑推理，顺带嘲讽同学们不会认真看题。虽然很多同学反映自己花了10分钟做了第一个小问的断句及各种分析后，依然无法get到出题老师的含义，能做对的同学是真爱无疑了。晚自习同学们为了排遣一天的苦闷，拿出了能发出狼号鬼叫的泡泡机在电风扇前挥舞，让电风扇前的同学享受了一场视觉与味觉的泡泡盛宴。在这里为吹泡泡的同学献上衷心的感谢。当然也有部分同学因为没考好而略显感伤，对此劝导同学们不要灰心，只要不是高考，我们都应该感谢犯错带来的教训，并去完善它。

没考好算什么？我还没钱呢，吓死你！之后耿梦祺为班上的同学进行了相关指导，希望大家记清楚他是怎么做的，在这里我就不多说了，因为我不是团员，所以没听，不好意思。

周五　天气：晴

今天的文综地理再次夺下"最难学科"的称号，孟母三迁的法国工业与抱团取暖的低筋小麦生产基地让我们神魂颠倒，政治与历史在地理的重伤后为我们温柔地洒上盐巴。下午的英语考试，乘风破浪的4位老师无情地推翻了我们学海的小舟，还不忘给翻车的我们呛一口生活的苦水。看着出卷人上的四个名字，我仿佛看见了他们的表情：四个老师三个笑，还有一个在狂笑。完形填空的难度依然令人难忘，不过看着左下角对北附学子高考大捷的贴心祝福，也暗自感谢老师们的关切。晚自习政治对答案时，选择题大家做得还不错，成功让准备直接讲大题的畅哥讲了9道选择。生活不易，且行且珍惜。

最近的超腾同学为了缓解心中的焦灼，对班上其他男同学采取举高高的发泄方式，所有男同学无一幸免。但大家表情上却透露着一丝酸爽与享受，想必这就是大力出奇迹吧。

周六　天气：凉爽

今天是北附生涯的倒数第三天，同学们的精神振奋了不少。英语课上惊现了完形填空的偷换事件，受害者朝丽一脸懵地发现自己的完形早已不是原来的那个它。这种损人不利己的行为，不仅让朝丽遭到了乌鸦坐飞机般的打击，更让同学们的自信受损，以至于对答案时不停地呼唤自己的"阿姨"——"啊啊啊啊？咦咦咦咦？"正所谓忍一时越想越气，退一步越想越亏，朝丽本着君子报仇一会儿不晚的优良传统，迅速拿出手机对凶手进行了灵魂诘问。

语文课上，同学们的"阿姨"再次造访课堂，单是1~5题的答案就让人大跌眼镜。有一种幻觉叫老师眼中的简单，有一种无奈叫同学觉得真的很难。面对毛老师关于我们选择题不能拿满分的嘲讽，同学们一下有些悲伤地上头，好在毛老师以一贯幽默风趣的风格向我们讲述了他童年时被后妈刮痧的体验，让我们从张老汉的月饼"送终"服务的困扰中挣脱了出来。

下午的数学课平哥再三提醒我们一定要注意答题的文字说明，避免扣分，否则高考成绩发下来，这种遗憾你喊塞班也没有用。晚上的地理让人心旷神怡，马老师一上来就让我们别骂了，结果对答案时让大家对保温考有了彻头彻尾的领悟。语文和地理的专业团队果然名不虚传，虽然这次考试的伤害目测是喝多少热水都无法解决的。希望大家从错误中找教训，正如马老师所说的，要找准自己薄弱的知识点，攻克了就有收获。课间，超腾同学悄悄涂上了紫色的口红，一瞬间魅惑众生、倾国倾城，简直叫李逵跳蹦床——黑老子一跳！

这一周想必留给大家更多的是不舍与难忘，非常感谢和荣幸能够与大家一起相处完整的三年。人生就像一场戏，因为有缘才相聚。感谢每一位认真负责的老师，感谢每一位可爱善良的同学。祝福无须多言，一句奥利给就完了！

2018年2020届（12）班重大活动

1. 建班之初，全班同学经历了三天班干部竞选3.0版，选出了（12）班班干部天团，制定了班规"共同纲领"，设计制作了寓意社会主义接班人的班徽，践行了"人人有事做，事事有人管"的班级管理理念。经过一个月的磨合，（12）班组建了以耿梦祺、邹欣芮、郑宇璐、马浚晖、刘骐诚、李朕烜为组长的6个学习小组。

2. 3月，班级英语课本剧表演《嫦娥奔月》《孔雀东南飞》《白蛇传》获得一致好评。

3. 4月，高二年级文科班全体同学进行了半天的贵州省博物馆游览，参观了多彩贵州展和古埃及文明展。

4. 本学年从开学至今，同学们奉献了40期经典的班级总结，周日返校后的班级总结成为大家喜欢的班级活动之一。

5. 4月，（12）（13）班篮球联队获得校级篮球比赛季军。我班参赛队员有刘昊宇、陈思哲、漆泽寒、廖春明4名同学。

6. 6月，全班同学为小钟同学录制了中考加油视频。

7. 利用暑假发的学习基金，6个小组的同学开展了暑期活动，并在9月家长会上进行了展示。

8. 全班进行时间管理课题论文集征名活动，邹欣芮同学的"起于半晌"被确定为论文集的刊名。

9. 10月，全班开展了"姑妈食堂进班级"活动，本期活动的主题是"洋芋粑飘香，师生情满怀"。

10. 10月，在北师大平台历史共同体活动中，我班为参会教师呈现了一堂精彩的公开课。

11. 11月，我班举行了感恩老师的活动，所有老师都收到了同学们的祝福，师生之间充满了浓浓的爱意。

12. 11月，学习小组积极准备，成功举办了本学期第一次读书分享会。本次读书会同学们分享的是贵州本土作家肖江虹的著名中篇小说《傩面》，邹欣芮、毛远影、龙超腾作为特约评论员现场为读书会做精彩点评。

13. 11月，全班开展了"我是小老师"活动，6个小组经过精心准备，充分展示了自己的学科素养。

14. 12月，在学校的义卖活动中，全班齐动手所制作的姑妈洋芋粑价廉物美，供不应求。活动后，同学们将盈利的604元捐赠给了华侨中学的贫困学生。

15. 全班开展了2019年"家书寄真情，视频送祝福"活动。

16. 全班整理、编辑了6本历史必修3的班本教材。

2018年2020届（12）班大事年表

1. 获得校级五四团支部称号。

2. 运动会上获得精神文明奖。

3. 获得了两个学期所有文明示范班级称号。

4. 经过选拔，汪美仑同学代表中国参加俄罗斯世界杯足球赛开幕式，担任揭幕式护旗手。

5. 在第十七届中国日报社"21世纪杯"全国中小学生演讲比赛贵州省决赛中，汪美仑同学荣获亚军，祝江晗同学荣获季军，王静雯同学荣获三等奖。

6. 一年来，我班先后有漆泽寒（2篇）、廖春明（1篇）、毛远影（10篇）、李朕烜（1篇）、王梓宁（5篇）、邹欣芮（2篇）、罗垚鑫（1篇）、罗雪莲（2篇）、郑巧怡（1篇）、韩嘉芯（2篇）、何润蓓（2篇）、祝江晗（2篇）、余科锦（2篇）、陈思哲（1篇）、王思颖（1篇）、李涛（1篇）、程艳（1篇）、郭可婧（1篇）共18人38篇作文发表在《贵阳晚报》上。

7. 在2017年贵阳市美作文比赛中，王梓宁、余科锦同学分获一、三等奖。（比赛在2017年，颁奖在2018年）

8. 在2018年贵阳市美作文比赛中，进入决赛的有付滢琦、郭可婧、何润蓓、胡旭鹏、廖春明、龙婷美慧、漆泽寒、汪美仑、邹欣芮、毛远影10人，其中漆泽寒同学获一等奖，廖春明同学获二等奖，龙婷美慧和何润蓓同学获三等奖。

9. 在全国中学生英语能力竞赛中，李朕烜、罗雪莲同学获得国家级二等奖，刘骏超同学获国家级三等奖。

10. 全班演绎的由余科锦改编的《我喜欢》获得了"班班有歌声"比赛高二年级组第一名并在艺术节闭幕式和2018届高三毕业典礼上表演。

11. 多名同学被评为市、区、校级三好学生、优秀学生干部，其中市级三好学生是郑宇璐、汪美仑、李星志、何润蓓，市级优秀学生干部是付滢琦、

第二辑　追梦行路

耿梦祺；区级三好学生是郭可婧、左静茹，区级优秀学生干部是肖雅文；校级三好学生是李朕烜、马浚珲、邹雨孜、邹欣芮、邓锦洁、罗雪莲、刘骏超、郑巧怡、祝江晗，校级优秀学生干部是刘骐诚、李涛；进步之星是毛远影、王梓宁、王静雯；行为规范之星是韩嘉芯、毛远翔、钟露、程艳、肖子涵。

12. 7月，李星志和郑宇璐代表我校参加了在青岛举办的第五届全国中学生模拟联合国大会。我校代表队第一次参加此项活动，作为贵州省唯一参赛队获得了最佳组织奖，李星志获得最佳荣誉提名奖。

13. 11月，我班在贵阳市观山湖区优秀班级展示中获得高中组第一名。

14. 在贵阳市中学生模拟联合国大会上，刘骐诚、郑宇璐获得杰出代表奖，胡旭鹏获得最佳立场文件奖，李星志当选为主席团成员。

15. 12月，经过选拔，李星志、胡旭鹏、刘骐诚、郑宇璐、王梓宁5位同学将代表学校参加在江苏南京举办的2019年汇文国际中学生模拟联合国大会，期待他们取得优异成绩。

16. 耿梦祺、郑宇璐、李星志、汪美仑4位同学被聘为首届北附规划小讲师，给高一学生进行时间规划培训并荣获"规划小能手"称号。

17. 欧沛竹同学参演的民族舞蹈《木鼓声声》被选为我国中学生访日代表团表演节目。

18. 漆泽寒同学参演的微电影《废材英雄》获得北师大微电影大赛银奖。

2019年2020届（12）班大事年表

1. 1月28日—2月1日李星志、刘骐诚、胡旭鹏、王梓宁等代表北师大贵阳附中在罗薇、汤友翠、伍康琳3位老师的带领下前往南京参加汇文国际模拟联合国大会。李星志、胡旭鹏获得杰出代表奖，刘骐诚获得最佳立场文件写作奖，我校获得优秀组织奖。

2. 截至2019年7月，一次性全A通过会考的同学有22人，他们分别是刘骐诚、肖子涵、付滢琦、喻若妍、耿梦祺、欧沛竹、毛远影、郭可婧、邹雨孜、李朕烜、罗垚鑫、毛远翔、唐文轩、漆泽寒、邓锦洁、罗雪莲、郑宇璐、刘骏超、左静茹、徐文璐、祝江晗、杨歆骐。

3. 9月，听力考试有25人获得满分，他们分别是孙皖月、龙婷美慧、肖子涵、付滢琦、喻若妍、李朕烜、罗垚鑫、邓锦洁、祝江晗、毛远翔、刘骏超、郑宇璐、耿梦祺、欧沛竹、廖春明、李星志、唐文轩、漆泽寒、郭可婧、刘昊宇、邹欣芮、李涛、杨歆骐、徐文璐、余科锦。

4. 以下同学被评为区级三好学生、优秀学生干部：郭可婧、左静茹、肖雅文、邓锦洁、韩嘉芯、王静雯、王梓宁、胡旭鹏、龙超腾、李涛、刘骐诚、罗雪莲，市级三好学生、优秀学生干部：郭可婧、邹欣芮、李朕烜、唐文轩、毛远影、左静茹、徐文璐、李星志。

5. 3月27日，全班同学在贵阳市2019年高端大讲堂英语学科张愫玲老师的示范课上表现优异，获得一致好评。

6. 4月14—19日，全体高二学生在清镇工训基地参加社会实践。我班获得优秀班级奖。李星志、刘骐诚、廖春明、付滢琦、汪美仑获得优秀学员奖。

7. 4月，在学校年级单词拼写比赛中，祝江晗获得优秀个人奖。我班获得高二年级团体第一名，参赛成员有祝江晗、钟露、耿梦祺、刘骏超4名同学。

8. 2019年4月，我班获得观山湖区第三届优秀班集体评选第一名，高二（12）班荣膺观山湖区优秀班集体荣誉称号。这也是继2016年2017届高二

第二辑　追梦行路

（1）班获此殊荣后我带的班集体再次获得此荣誉。

9. 5月，（12）班参加了2019届高三市二模考试。班级第一名李星志位列全市第38名，第二名左静茹位列第39名。语文均分超过高三最好的班级。单科前十名（12）班占5人，他们分别是罗垚鑫、郑巧怡、邹欣芮、左静茹、罗雪莲。英语第一名：李朕烜。班级总体成绩发展态势良好。

10. 5月，在校园十佳歌手大赛中汪美仑、王思颖组合获得第一名。郭可婧领衔东林诗社（成员有郑宇璐、付滢琦、余科锦、左静茹、邹欣芮）在大赛上倾情表演，获师生好评。

11. 5月，在高二年级"班班有歌声"比赛中，（12）班第一个出场，演唱《我和我的祖国》，震撼全场。

12. 5月，北师大平台的学思课堂活动在我校举行，周敏老师在（12）班上了一堂平台公开课，专家们对（12）班的表现赞誉有加。

13. 5月在观山湖区高中篮球比赛中，漆泽寒作为主力上场，我校获得冠军。

14. 6月，"打鼠英雄奖"实至名归地颁发给了刘昊宇、陈思哲、漆泽寒等同学。他们端掉了一个老鼠窝，包括幼鼠在内致其全军覆没。

15. 在贵阳市中小学禁毒征文比赛中，罗雪莲、刘骏超、王梓宁获得三等奖，何润蓓的绘画作品获得三等奖。

16. 7月，刘骏超、肖子涵、李星志、耿梦祺、李朕烜、毛远翔、左静茹、郭可婧、邹欣芮获得校级"学习标兵"称号，祝江晗、唐文轩、邓锦洁、郑宇璐、汪美仑、王静雯获得年级"学习标兵"称号，邓锦洁、李星志、左静茹、罗雪莲、邹欣芮、郭可婧、郑宇璐、汪美仑、李朕烜获得校级"三好生"称号，李涛、付滢琦获得校级"优秀学生干部"称号；行为示范之星是肖子涵、钟露；进步之星是喻若妍。

17. 7月23日，第六届全国中小学生足球夏令营闭营仪式在我校举行，漆泽寒、王思颖、汪美仑代表学校精彩献唱。

18. 8月，欧沛竹等到日本参加中日中学生交流活动，表演了舞蹈《木鼓声声》，并在佐贺龙谷高中的欢迎仪式上代表中国中学生发言。

19. 8月高三起点考试，在贵阳市文科生中，有3名同学进入全市前20名：郭可婧第14名、李星志第18名、耿梦祺第20名。全市文科前50名还包括邹欣芮、左静茹、刘骏超。全市前100名中我班有12名，分别是唐文轩、罗垚鑫、王梓宁、徐文璐、喻若妍、李朕烜。12人上600分，班级平均分589分。其中，语文单科：贵阳市第1名郭可婧，第2名邹欣芮，第4名罗雪莲，第8名李胐烜；英语单科：贵阳市第1名汪美仑，第8名李胐烜；历史单科：贵阳市第1名王梓宁，第3名徐文璐，第5名喻若妍。

20. 在暑期听力训练中，刘骏超、左静茹、程艳获得了优秀奖。

21. 李星志撰写的历史剧本——《黑斯廷斯的刎颈》荣获第四届"青史杯"高中生历史剧本大赛二等奖。

22. 2019年全年（12）班有57人次的作文或发表或获奖，展示出了良好的素质和风采：

（1）1月8日，郑巧怡的《目送》发表在《贵阳晚报》上。

（2）1月23日，邹雨孜的《背影》发表在《贵阳晚报》上。

（3）1月30日，肖雅文的《读<目送>》发表在《贵阳晚报》上。

（4）2月3日，左静茹的《春来草自青》发表在《贵阳晚报》上。

（5）2月3日，王思颖的《岁月无声》发表在《贵阳晚报》上。

（6）2月13日，郑宇璐的《幸福三境》发表在《贵阳晚报》上。

（7）2月17日，罗雪莲的《远去的背影》发表在《贵阳晚报》上。

（8）2月17日，王梓宁的《孔子之语》发表在《贵阳晚报》上。

（9）2月20日，邹欣芮的《念青丝》发表在《贵阳晚报》上。

（10）2月26日，余科锦的《目送》发表在《贵阳晚报》上。

（11）3月13日，余科锦的《繁华唱遍》发表在《贵阳晚报》上。

（12）3月20日，廖春明的《花城小记》发表在《贵阳晚报》上。

（13）3月28日，漆泽寒的《北方的雪》发表在《贵阳晚报》上。

（14）4月11日，李涛的《不问归期》发表在《贵阳晚报》上。

（15）4月18日，左静茹的《故纸堆》发表在《贵阳晚报》上。

（16）5月2日，毛远影的《三年树人》发表在《疯狂作文·初中版》2019年第六辑上。

（17）5月30日，王静雯的《奶奶的闺蜜》发表在《贵阳晚报》上。

（18）6月12日，耿梦祺的《倾听》发表在《贵阳晚报》上。

（19）6月16日，龙超腾的《学习经验之谈》发表在《贵阳晚报》上。

（20）6月26日，毛远翔的《时光甘霖》发表在《贵阳晚报》上。

（21）7月7日，罗雪莲的《目送过去，剑指前方》发表在《疯狂作文素材控》2019年7—8月上。

（22）7月13日，余科锦的《海河当择细流》发表在《贵阳晚报》上。

（23）7月30日，何润蓓荣获全国中学生科幻作文大赛国家级三等奖、省级一等奖，左静茹、胡旭鹏荣获省级三等奖。

（24）8月9日，龙婷美慧获第二十届世界华人学生作文大赛国家级三等奖。

（25）8月13日，李朕烜的《归期》发表在《贵阳晚报》上。

（26）8月13日，吴毅恒的《故乡的雨》发表在《贵阳晚报》上。

（27）9月3日，毛远影的《命由己定，岂由天算》发表在《贵阳晚报》上。

（28）9月1日，邹欣芮的《师恩难忘》发表在《贵阳晚报》上。

（29）9月13日，郑宇璐的《师说新解》发表在《贵阳晚报》上。

（30）9月14日，刘骏超的《你是我的眼》发表在《贵阳晚报》上。

（31）9月22日，毛远影的《回眸满桃李，抬首是少年》发表在《贵阳晚报》上。

（32）10月8日，郭可婧的《坚守》发表在《贵阳晚报》上。

（33）10月9日，何润蓓的《认命》、罗雪莲的《追声与寻途》发表在《中学语文》2019年7月上。

（34）10月13日，郭可婧的《善恶均有偿》发表在《贵阳晚报》上。

（35）10月14日，郭可婧的《赤子之心》发表在《贵阳晚报》上。

（36）10月20日，郭可婧的《青年》发表在《贵阳晚报》上。

（37）10月20日，毛远影的《市井》发表在《贵阳晚报》上。

（38）10月24日，郭可婧的《以己为烛，以明天下》发表在《贵阳晚报》上。

（39）11月3日，郭可婧的《修身锲志》发表在《贵阳晚报》上。

（40）11月7日，郭可婧的《成长》发表在《贵阳晚报》上。

（41）11月7日，王梓宁的《站长》发表在《贵阳晚报》上。

（42）11月14日，邹欣芮的《故乡》发表在《贵阳晚报》上。

（43）11月28日，廖春明的《佐酒》发表在《贵阳晚报》上。

（44）12月12日，刘骏超的《秋》发表在《贵阳晚报》上。

（45）12月19日，左静茹的《似水流年间》发表在《贵阳晚报》上。

（46）12月26日，郑巧怡的诗歌《泪水》发表在《贵阳晚报》上。

（47）12月，在叶圣陶杯作文大赛中，韩嘉芯的《捆捆麦子》获得初赛二等奖，毛远影的《我的1997》、何润蓓的《回家》、王梓宁的《虎面》、王思颖的《尘埃散落在透明的光里》、余科锦的《万寿无"僵"》、廖春明的《佐酒》获得三等奖，获得优胜奖的有王静雯的《梧桐》、郭可婧《忆在渝城，呷一味浓墨》。

2020年2020届（12）班大事年表

1. 1月，各个小组制作了元旦祝福视频，精彩纷呈！

2. 新年第一天的晚上，利用畅哥的一节晚自习，（12）班全体同学一起过了18岁生日。18岁意味着成年、责任、担当。超腾格尔首发了单曲《从头再来》。第一期班级总结由刘骐诚做了现场直播。

3. 在2020年全国中学生英语能力比赛中，刘骏超、罗雪莲获得国家级三等奖。

4. 在"21世纪杯"中学生英语演讲大赛贵州省总决赛高中组复赛中，祝江晗获得亚军，郭可婧获一等奖，汪美仑获最佳风采奖。他们代表贵阳市参加了省级比赛。

5. 祝江晗、郭可婧、汪美仑参加了中国日报社"21世纪杯"中学生英语演讲比赛决赛，祝江晗获得冠军，汪美仑获得二等奖，郭可婧获得三等奖。

6. 1月25日，美术考试联考成绩公布，毛远翔265分最高，何润蓓、马浚珲顺利通过美术联考。

7. 高三第一学期李星志、徐文璐、耿梦祺、邹欣芮、王梓宁、邓锦洁、刘骏超、喻若妍、左静茹、王静雯、郑宇璐被评为校级"学习标兵"，王思颖、唐文轩、毛远影、龙超腾、祝江晗、罗垚鑫被评为年级"学习标兵"。

8. 1月17日，李朕烜的作文《中国甲骨文》发表在《贵阳晚报》上。

9. 经历了高三史上最长的假期。1月18日—3月15日，空中黔课、腾讯课堂、QQ直播、钉钉直播、视频录播你方唱罢我登场，为高考保驾护航。其间《姑妈答疑》连播8期。

10. 从2月12日—3月13日全班同学坚持早读打卡28次，43人参与，35人全勤，一共收到7000余条语音。班主任薇姐坚持每天向家长通报早读情况，28天里写了5000多字的早读总结。龙婷美慧、韩嘉芯被封为（12）班"言王"，刘昊宇连续13天6：40左右起床早读，王梓宁、王静雯、肖子涵、汪美仑、廖春明、徐文璐、付滢琦7名同学是坚持得最好的!

11. 2月20日,邹雨孜的作文《桂花正浓》发表在《贵阳晚报》上。

12. 2月27日,郑宇璐的作文《孤举者难起,众行者易趋》发表在《贵阳晚报》上。

13. 3月15日下午1:00,学生正式返校,(12)班开学第一课,全班同学分享了2017届学长的祝福和2017届百日誓师的视频。薇姐送给我们两个词:坚守与选择。因为坚守才有了选择的权利,因为选择了坚守才会有每天的坚持。

14. 3月16日早上,《百姓关注》采访了疫情期间备考中的(12)班。

15. 3月17、18日,贵阳市第一次高三模拟考试,(12)班文科最好成绩位列全市第10名的李星志608.5分,第11名邹欣芮605.5分。全年级有14人进入全市前100名,其中13个在(12)班。

16. 3月17日,汪美仑的《若水》发表在《贵阳晚报》上。

17. 3月15日—4月3日,因为疫情,高三年级经历了两周全封闭住校生活。

18. 3月31日,不经意问出的问题成为现实,教育部3月31日发布信息:高考延期一个月举行。

19. 4月3日,罗雪莲的作文《尊重》、胡旭鹏的作文《阳光》发表在《贵阳晚报》上。

20. 4月8日,会考成绩公布,全班27名学生全A毕业。这一天也是武汉解禁的日子,可喜可贺!

21. 高三第二学期刘骏超、邓锦洁、廖春明、欧沛竹、肖子涵5名同学被评为贵阳市市级"三好学生"和"优秀学生干部"。

22. 5月3日,清华大学的美术复试分数线划到联考成绩253分,毛远翔入围。梁校长进班给(12)班同学加油鼓劲。

23. 5月9日,在2019年全国中学生英语能力测评中,刘骏超、罗雪莲获得国家级三等奖,汪美仑、郑宇璐、钟露、李朕烜、耿梦祺、王静雯、左静茹获得省级一等奖,肖子涵、祝江晗、邓锦洁、李星志获得省级三等奖。

24. 6月4日,(12)班完成了班服的设计,班服正面采用马浚珲设计的班徽,背面是全班所有同学及各位老师的签名图片,左袖是毛远翔设计的金光少年的班徽。

25. 6月22日,我的U盘不小心被格式化了。6月26日,有心的王静雯用一期特殊的RAP班级总结化解了我的焦虑,U盘内大部分资料都已找回。

26. 6月29日，高三年级照了建校9年来的第一次全家福的毕业照，共有450名学生和近50位教师齐聚一堂。杨彤老师的照相提示语"抬头、挺胸、睁大眼睛"成了大家见面打招呼的口头禅。

27. 7月4日，（12）班召开了班会，马浚珲最后一次班级总结以游戏互动的方式回忆了（12）班的点点滴滴，薇姐给每名同学发了寓意满分750的红包，祝福（12）班全体学子金榜题名，心想事成！中午12点2020届学生在全体老师的祝福中离校。

28. 7月7—9日，（12）班经历了高考和听力第二次考试。

29. 7月24日，高考成绩公布，陆续收到同学们的好消息。

30. 7月假期中传来好消息：钟露同学参加的中国日报社《21世纪英文报》和"致经典"双语诵读会组委会联合举办的第三届致经典双语诵读会获得"互联网选拔区"复选高中组一等奖。在贵州省教育厅主办的"讲安全故事，创平安校园"征文活动中，罗垚鑫获得二等奖，李朕烜、喻若妍获得三等奖。

31. 8月13日，邓锦洁的习作《人间词话》发表在《贵阳晚报》上。

32. 截至8月25日，（12）班45位同学基本上都考到了各自心仪的学校。

未来岁月他们一定会记得在青葱岁月里，我们一起走过的这段难忘岁月，大家一起哭过，一起笑过。青春万岁！（12）班永在！

3 第三辑

圆梦高考

你们的坚持，我的坚守，一起成就最好的你们

——2020年高三寒假早读记录

　　2020年，新冠病毒肆虐，高三本来应该在2月3日开学，只能延期了。为了让学生有一个正常的生物钟，从2月12日起，（12）班开始了每天早上7：20在家早读打卡。2月12日—3月13日，全班同学一共早读打卡28天，每天记录他们的早读情况也成了我的必修课，每天把早读记录发到家长群与家长分享也成了我的必要工作之一，希望这段记录留下同学们青春奋斗的痕迹。不苦不累就不是高三，当同学们陆陆续续收到心仪大学的录取通知书的时候，我想当初所有的付出都是值得的。

　　（1）2月12日，第一天早读大家表现得都非常好。虽然我听声音能感到同学们的睡眼惺忪，但坚持就是一种态度。前三路发语音的是祝江晗、刘骏超、李星志。7：20前还有孙皓月、郭可婧、汪美仑、毛远影、王梓宁、刘骐诚、左静茹、胡旭鹏、肖子涵，他们都提前进入了早读状态。今天还要表扬何润蓓的认真。请大家关注早读考勤。有5名同学今天没早读，除罗垚鑫说明了原因外，其他4名同学没有报备。

　　（2）2月13日，"早起的鸟儿有虫吃"早读情况通报：今天的早读全班45名同学积极参与。最早发来语音的是郑宇璐同学，她不到7点就开始早读了。李星志、刘骏超、祝江晗7点开始学习。今天特别好的一点是有27名同学7：20前就进入了早读状态，比昨天增加了1倍多。一个早读我就收到了同学们近220条语音，所有同学的努力我都看在眼里，感动在心里。

　　（3）2月14日，"早起的鸟儿有虫吃"早读情况通报：今天早读较早的前三名是刘骏超、祝江晗、王静雯，有29名同学7：20以前进入读书状态，比昨天又有更多同学早起读书，我真的感到很欣慰！今天一共收到近200条读书语音，特别要表扬唐文轩、耿梦祺、何润蓓、罗雪莲、罗垚鑫5名同学，他们

也进入了7：20前早读梯队。表扬龙婷美慧、付滢琦、韩嘉芯、杨歆骐、罗垚鑫5名同学一个早读发出多条语音，还要表扬连续三天坚持7：20前早读的刘骏超、左静茹、王梓宁、郭可婧、欧沛竹、李星志、汪美仑、胡旭鹏、刘骐诚、肖子涵、祝江晗、孙皖月12名同学。

（4）2月15日，"早起的鸟儿有虫吃"早读情况通报：今天一共收到220条语音，有24名同学在7：20前开始早读，较早的3名同学是钟露、刘骏超、王静雯。今天要表扬唐文轩、徐文璐、漆泽寒、胡旭鹏、刘骐诚、陈思哲、刘昊宇、龙超腾、廖春明、罗垚鑫、李星志、李涛、喻若妍、付滢琦、何润蓓15名同学，他们或是坚持早起读书或是状态越来越好。无负今日就是对未来最好的承诺！早读开始四天来班上有个别同学一直没有参与，希望他用自己的方式成就最好的自己。

（5）2月17日，"早起的鸟儿有虫吃"早读情况通报：今天有28名同学在7：20前开始早读，收到240条语音。较早开始早读的是刘骏超、王静雯、郭可婧3名同学。今天要表扬邹欣芮、程艳、毛远翔、杨歆骐、龙婷美慧、韩嘉芯、欧沛竹、吴毅恒8名同学。有1名同学两次没有参加早读。希望大家记住每一次坚持的背后都是对希望的守望。

（6）2月18日，"早起的鸟儿有虫吃"早读通报：今天有29名同学在7：20前进入早读状态。前3名分别是钟露、王静雯、刘骏超。今天收到280多条语音，很多同学读完规定内容后，开始了自选内容的读书。今天要表扬郑巧怡、邓锦洁、邹雨孜3名同学。到今天为止早读模式开启一周，刘骏超、左静茹、李星志、郭可婧、汪美仑、胡旭鹏、刘骐诚、肖子涵8名同学每天坚持7：20前甚至不到7：00点就开始了学习。本周发语音最多的"言王"是龙婷美慧、韩嘉芯2名同学。无负今日就是你们现在的样子！

（7）2月19日，"早起的鸟儿有虫吃"早读通报：今天全部45名同学都参加了早读，这是开始早读以来的第一次。今天较早的3名同学分别是钟露、王静雯、刘骏超，有30名同学7：20前开始早读，这也是目前早读最多的一天。今天要提点希望和建议：早读完成了规定内容后同学们要进行自选内容的读书，一科读书的时间至少要在10分钟以上。我建议边读边写关键词，手脑都动起来效果会更好。由于英语听力考试延期，听力没有满分的同学不能放松。

（8）2月20日，"早起的鸟儿有虫吃"早读通报：今天早读前3名的同学是郑宇璐、王静雯、胡旭鹏。今天有27名同学7：20前参加早读，收到230条语音。今天要表扬龙婷美慧同学，自早读至今发了近130条语音，还有韩嘉芯、付滢琦、欧沛竹、杨歆骐、罗垚鑫5名同学也很厉害！但也发现有的同学早读状态不好。早读的目的除了读书还有让自己提前进入状态，准备好上午第一节课。有的同学的语音到后面我几乎听不到声音。早读，读就要读出效果，通过读书调整好上课的状态。有的同学临近上第一节课匆匆读几条，都不知早餐吃没有，第一节课的学习资料准备好没有，希望改进！

（9）2月21日，"早起的鸟儿有虫吃"早读通报：今天较早早读的是钟露、付滢琦、左静茹。有26名同学7：20前开始早读，收到270条语音。今天要表扬郑宇璐、钟露、龙超腾、肖子涵、徐文璐、罗雪莲、喻若妍、李星志、王梓宁9名同学。大家坚持下去，开学自然就会很快适应学校的生活！

（10）2月22日，"早起的鸟儿有虫吃"早读通报：今天早上祝江晗6：40就开始了早读，紧随其后的是郑宇璐、汪美仑2名同学。今天有23名同学坚持7：20前早起读书，收到280多条语音。我要表扬吴毅恒、廖春明、邓锦洁、孙皖月、漆泽寒、程艳、李朕烜7名同学。每天坚持统计也是一种态度，有的同学小钩钩多说明他发的语音条数多，有的同学7：20前就开始了一天的学习，有的同学发的语音虽然条数不多但时长很长。不管是哪种情况，总之就像家长们说的那样，同学们只要坚持，只要认真落实就有希望。高三就是要特别能吃苦，特别能战斗，特别能坚持。一周学习即将结束，大家可以适当调整一下。

（11）2月24日，"早起的鸟儿有虫吃"早读情况通报：今天较早开始读书的同学是李星志、祝江晗、刘昊宇，紧随其后的是廖春明、钟露、王静雯，他们在7：00前就已开始读书，今天一共收到了230条语音。从放假至今已有近40天，有的同学多少有点焦虑，着急但又静不下心投入学习，适当的体育锻炼有助于缓解焦虑。

（12）2月25日，"早起的鸟儿有虫吃"早读情况通报：今天较早开始读书的是钟露、刘昊宇、汪美仑3名同学。7：00前还有以下同学开始了读书：刘骏超、左静茹、龙超腾、李星志、付滢琦、耿梦祺、王静雯。收到230条语音。今天有27名同学在7：20前开始早读。截止到今天我们开始早读已经两周了，12天的早读中以下6名同学每天坚持7：20前开始学习，分别是刘骏超、王梓宁、李星志、汪美仑、胡旭鹏、肖子涵。良好学习状态的保持会让我们尽快适应即将到来的开学。

（13）2月26日，"早起的鸟儿有虫吃"早读情况通报：今天一共收到230

条语音。钟露、祝江晗、郑宇璐3人起得最早。今天要表扬刘骐诚、耿梦祺、程艳、邹欣芮、邹雨孜、廖春明、欧沛竹、王静雯8名同学。每一名早起者的内心深处一定都有一股不服输的劲儿，今天的努力一定能成就一个非凡的自我！

（14）2月27日，"早起的鸟儿有虫吃"早读情况通报：今天最早的3名同学是钟露、祝江晗、刘昊宇。7：20前有22名同学开始早读。今天要表扬刘昊宇、唐文轩、龙超腾、罗雪莲、邓锦洁、陈思哲、漆泽寒、付滢琦、徐文璐、罗垚鑫、郑宇璐几名同学。这两天个别同学状态有起伏，非常时期你的坚持就是对自己理想最好的承诺！

（15）2月28日，"早起的鸟儿有虫吃"早读情况通报：今天较早的同学依然是祝江晗、钟露、刘昊宇。7：20前参加早读的有23人，收到230条语音。今天要表扬的是龙婷美慧、韩嘉芯、吴毅恒、付滢琦、孙皖月、程艳、刘骏超、喻若妍、罗雪莲9名同学。今天是距离高考整100天的日子，距高三开学还有16天。只要想做，什么时候都不算晚，调整好状态，坚持总会有收获。

（16）2月29日，"早起的鸟儿有虫吃"早读情况通报：今天较早的同学是祝江晗、王静雯、刘昊宇。7：00前早读的有7名同学，7：20前早读的有26名同学。今天是4年一遇的2月29日，又是家长周末而你们继续早起的一天，为所有能坚持早读的同学点赞！高三史无前例地经历了这么长的假期，要求你们坚持早读，我天天考勤其实就是一种态度、一种状态，高考有很多不确定的因素，但除了知识的掌握与运用，更重要的就是状态的平稳，坚持就是一种状态！

（17）3月2日，"早起的鸟儿有虫吃"早读情况通报：今天最早的是刘昊宇，6：41开始早读，紧随其后的是刘骏超、钟露。今天7：00前还有9名同学开始早读，7：20前有31名同学开始了早读。一共收到240条语音。今天要表扬马浚珲、毛远翔、何润蓓3名同学，他们兼顾文化和艺术的学习还坚持早读。开学后第二天，同学们就要开始贵阳市一模考试，希望每一个同学都好好调整状态全神贯注地学习。相信勤能补拙，静能生慧！

（18）3月3日，"早起的鸟儿有虫吃"早读情况通报：今天最早的还是刘昊宇，其后是李星志、龙超腾。7：00前还有8名同学开始早读，7：20就有25名同学进入早读模式。一共收到230条语音。今天要表扬刘昊宇、漆泽寒、唐文轩3名同学。早读开始已经3周，全班有90%的同学坚持每天读书，这就是高三应有的状态！今年9月当你在心仪的学校开始新生活的时候一定会感谢今天奋斗的你。开学在即，每一名同学都要调整好身体状态，每天进行半小时的适当运动，保质保量地完成老师的各项作业任务，只有这样你才有自信和体力迎接接下来痛并快乐着的80天！每一个奋斗的日子都值得珍惜，你们的努力配得上美好的未来！

（19）3月4日，"早起的鸟儿有虫吃"早读情况通报：今天最早的同学6：37开始早读，刘骏超、左静茹、刘昊宇是前3名。7：00前有13名同学早读，7：20有29名同学开始早读。收到250条语音，非常棒！今天要表扬郑宇璐、耿梦祺、邹欣芮、李朕烜、杨歆骐、孙皖月、王思颖7名同学。还有9次早读我们就正式开学了，希望同学们坚持到底！

（20）3月5日，"早起的鸟儿有虫吃"早读情况通报：今天较早开始早读的是刘昊宇、左静茹、孙皖月3名同学。7：00前开始早读的有9名同学，7：20前早读的有30名同学。一共收到250条语音。今天要表扬刘骐诚、耿梦祺、邓锦洁、唐文轩4名同学。但有1名同学近5天只发来一次读语音。今天还是学雷锋活动日，赠人玫瑰手有余香！

（21）3月6日，"早起的鸟儿有虫吃"早读情况通报：今天早读较早的3名同学是钟露、左静茹、刘昊宇，刘昊宇已经连续6天6：40早读，这就是坚持的样子！7：00前有11名同学早读，7：20前有30名同学开始早读。收到了290条语音。今天要表扬李朕烜、邹欣芮、李星志、程艳、李涛5名同学。早起读书是一种状态，但我不建议起得太早，按照正常的作息时间，认真完成各项学习任务即可。没有几天就开学了，这个特殊时期的开学相比往常必定会有更严格的要求，希望我们每一名同学都要有规则意识，按照要求做事。对规则的敬畏也是一种自律！

（22）3月7日，"早起的鸟儿有虫吃"早读情况通报：今天较早的是刘昊宇、钟露、刘骏超3名同学。7：00前有8名同学早读，7：20前有23名同学早读。收到270条语音。今天要表扬左静茹、王静雯、孙皖月、吴毅恒、毛远影5名同学。假期所余不多，家长们在给孩子准备开学物品时特别要备齐文具，还要抽时间和他们谈一次心。下周一、二、三将进行空中黔课的线上测试，希望开学的时候每一名同学都以饱满的精神和满满的自信开启新的生活。

（23）3月9日，"早起的鸟儿有虫吃"早读情况通报：今天较早的3名同学是钟露、李星志、刘昊宇。7：00前开始早读的有11名同学，7：20开始早读的有25名同学。共收到270条语音。今天要表扬李星志、龙婷美慧、何润蓓、欧沛竹、耿梦祺5名同学。临近开学，大家要调整好生物钟，按时作息会让我们快速适应前两周的学校生活。

（24）3月10日，"早起的鸟儿有虫吃"早读情况通报：今天较早的3名同学是钟露、李星志、刘昊宇。7：00前开始早读的有8名同学，7：20前开始早读的有27名同学。一共收到220条语音。今天是我们坚持早读4周的日子，4周来王梓宁坚持每天7：20开始早读，刘骏超、钟露、王静雯、汪美仑、肖子涵、胡旭鹏、徐文璐、刘昊宇、付滢琦9名同学紧随其后。每一名同学的心中都承载着一个大梦想——唯有不负今日的坚持才能成为你想要的样子！

（25）3月11日，"早起的鸟儿有虫吃"早读情况通报：今天较早的是刘昊宇、唐文轩、刘骐诚三位帅哥！7：00前开始读书的有12名同学，7：20前早读的有23名同学。收到220条语音。今天要表扬徐文璐、罗雪莲、付滢琦、邓锦洁4名同学。但有一名同学连续两天没有早读，开学在即，同学们要开足火力。勇往向前是我们迎接任务的态度，希望每一名同学善始善终，给我们的特殊假期画一个圆满的句号！

（26）3月12日，"早起的鸟儿有虫吃"早读情况通报：今天较早的是唐文轩、刘昊宇、左静茹3名同学。7：00前开始读书的有13名同学，7：20前早读的有25名同学。收到230条语音。今天要表扬孙皖月、韩嘉芯、马浚珲3名同学。今天是植树节也是孙中山先生逝世95周年纪念日，希望我们每一名同学在心中都种上一片绿色，在不久的将来收获一份希望。革命尚未成功，同志仍需努力！

（27）3月13日，"早起的鸟儿有虫吃"早读情况通报：今天较早的是刘骐诚、郑宇璐、刘昊宇3名同学，7：00前开始读书的有10名同学，7：20前早读的有21名同学。收到240条语音。今天要表扬邓锦洁、杨歆骐、徐文璐3名同学。开学在即，送给大家几个关键词：坚持坚守、平和快乐、敬畏规则、换位思考。

（28）3月14日，"早起的鸟儿有虫吃"早读情况通报：今天较早的是刘昊宇、钟露、唐文轩3名同学。7：00前开始读书的有8名同学，7：20前早读的有24名同学。收到205条语音。2020年1月18日—3月15日是一个特殊的高三假期。2月12日—3月15日每天的早读，有43人参与，35人全勤，一共收到7000余条语音，你们让我坚持陪你们早读，我也写了近5000字的情况通报。龙婷美慧、韩嘉芯是我们的"言王"，刘昊宇连续13天6：40左右起床早读，王梓宁、王静雯、肖子涵、汪美仑、廖春明、徐文璐、付滢琦7名同学是坚持得最好的！日子一天一天过，知识一点一点积累，小宇宙定会爆发！一个特殊的假期让同学们不仅收获了知识，而且收获了成长！未来可期，等你来！2020年一定赢！加油，努力的你们！

2020年的你们经历了疫情，经历了高考延期，在这些不平凡的经历中，你们不断成长、成熟！如果说我们的相遇相知是一种缘分，那么，缘分之外我们还收获了相互成就。我的坚守成就了你们的坚持，你们的坚持也成就了我的坚守。

高考纪事

这组高考纪事在3年前的2017届我就有想法写了，可惜没有坚持下来。2020届我给自己定了一个目标就是要完成2020届的高考纪事，确切地说是高三纪事。这组记录严格意义上讲不能算日志，因为记录总是断断续续，不过总算坚持下来了。2020届是特殊的一届，经历了疫情、延期开学、延期高考……难忘我们一起奋斗的岁月，今天整理出来，纪念我和我的2020届的学生一起走过的日子。

2019年8月4日

2020届高三年级正式开学的前一天。

（1）上午9点我到校参加了开学前工作碰头会（我、凌助理、胡校长、梁校长），成立了高三工作领导小组。组长：胡校长；副组长：梁校长、凌助理；组员：校务会成员、小华和我；确定了包班领导：（1）（6）班胡校长，（2）（9）（12）班梁校长，（3）（7）（11）凌助理，（4）班冯校长，（5）班吴主任，（8）班我，（10）班天永主任，（13）班周主任。

（2）之后我与凌助理碰头准备下午高三教师会内容。

（3）下午1：00，检查全年级教室卫生。

（4）下午2：00，召开新高三第一次教师会。统一思想，做好打硬仗的准备。

（5）下午3：30，召开文综备课组会，布置准备高三备考方案。

（6）下午4：30—6：00，处理学生复学事宜。

（7）下午6：00—8：00，高三收心动员会，会上我放了985、211高校与普通高校的区别的视频，让学生写了假期总结反思。

（8）晚上8：00—10：00，高三第一次综合测试，期间我准备了明天试卷的讲评内容，批改了每名同学的假期总结。

（9）晚上10：30后，全年级班主任开学第一次查寝。回到家时是晚上11：20。

2019年8月5日

（1）正式开学第一天，今天不升旗，在教室早读。我要求（12）班同学进行文综早读。

（2）上午两节课下午一节课时间，我安排了高三值班和周测。

（3）因为楼顶施工，四个文科班换到二楼教室上课。

（4）批改文综试卷。

（5）从今天开始，高三每天新闻时间进行听力训练，一周有两个早读进行听力训练。

（6）新闻时间刘骐诚迟到，也没有及时播放听力。光宗耀组没有按时做卫生。今天没有看到新闻，我要求以后听力结束后，全班同学要看《世界周刊》《新闻周刊》。

（7）胡校长查巡了高三年级情况，很满意学生的状态。

（8）凌助理在高三（11）班做鼓劲讲话。

2019年8月6日

（1）7：20到校早读，巡查了一遍，学生整体情况还是很好的。

（2）与何凤英老师一起统计高三第一次文综考试成绩，学生整体情况较好，4个班比预期的好，其中（10）班总平均分188分，历史59分；（11）班总平均分175分，历史52分；（12）班总平均分222分，历史70分；（13）班总平均分192，历史58分。我班成绩不错，但还得加油！

（3）下午收到了凌助理转发的市教育局发给我们的2020届高考预测，看到数据我吓了一跳，我校一本率居然比贵阳一中还高，预测一本上线人数440人。当年中考560分以上全部预测为一本上线。我校一本上线401人，一本率91.03%，本科上线437人，本科率99.20%。

（4）下午三节课后赶紧统计整理转入北附学生的数据，很庆幸的是这项数据高二上学期已经完成，近两年转入北附的近50名学生中有25名在560分以下。整理好了发给羿竺老师希望上报后降一点我们的指标，否则完成起来太有难度。

（5）忙里偷闲在新闻时间出去和家人吃了一顿饭。

（6）晚上值守到11：10，今日到家11：25赶紧洗洗睡了。

2019年8月7日

（1）今天是七夕节，是个好日子，马玲结婚领证，祝福他。

（2）楼顶施工正式开始了，4个文科班依然在高二教室上课。

（3）7：20先到班里查看了自己的学生，然后全年级巡视了一圈，遇上极个别学生迟到，整体情况比高二好很多。

（4）今天高三年级体训队正式成立，开启了体训生的高考备考之路。体训队由马玲老师负责，具体组成人员有罗永鑫、李开玮、李金洋、徐梓豪、严卿洲、杨洋、王凯鸽、张文昊。

（5）晚自习值班老师认真到位，老师们尽责到位，得到了梁校长的肯定。

2019年8月8日

（1）高三总人数为506人。

（2）体训生今天正式开始训练。

（3）体训的学生确实值得表扬，体训完成后上了一节晚自习，然后在空教室里继续进行听力训练。

（4）晚自习值班老师的认真负责得到了胡校长的表扬，他肯定教师勤于管理，重视细节，不降低要求。

2019年8月9日

（1）第一次排模拟考的监考，用了两个半小时。

（2）今日第一次启动周五选择题训练，考语文。

（3）高三年级学生在第二十届世界华人学生作文大赛（中国侨联、全国台联、《人民日报》（海外版）、《快乐作文》杂志联合主办）中多人获奖：（8）班王茜霖获一等奖；（8）班张曦雅、（1）班吴万云获二等奖；（3）班刘又嘉，（12）班龙婷美慧，（8）班王沁镝、骆涯锶，（13）班陈子怡获三等奖。

（4）高三（8）班颜丹旎在第二十一届"语文报杯"全国中学生作文大赛高中现场决赛中获得国家级二等奖。

2019年8月10—11日

（1）上单周周六的课，下午学生放假回家。

（2）周日返校开启周测模式第一科，考英语。

（3）召开校级家委会，通报开学初的年级情况。

2019年8月12—13日

（1）周日到周二、三天我带4位老人到重庆看病。

（2）不在家的几天其他3个班的班主任替我看班，周测有序进行。同学们说（12）班一下子多了3位班主任。

（3）李朕烜、吴毅恒的习作发表在《贵阳晚报》上。

（4）今天好朋友刘敏的脚踝骨折了，只有等到下周五学生考完摸底考才能去看她。

2019年8月14日

（1）上午到校后，赶紧发明后天模拟考试的监考安排和事项要求。

（2）处理（1）班一个同学因病请假两星期事宜。

（3）收齐模拟考试的试卷。年级的老师非常配合，高效地完成了组卷、印卷任务。涂阿姨也很敬业地早早完成了印卷工作。

（4）完善了转入学生的信息。

（5）下午上课之余参加了教师身份认知的暑期培训。细想一下，我还有好几项工作没有完成：身份证明没做，开学后的平台公开课还没选题，省级课题的读书笔记和研究方案以及高三历史学科的备考方案也没完成，一项一项地完成吧。

2019年8月15—17日

（1）利用两天时间，举行了8月摸底考的模拟考试，我也尝试着第一次排监考、做考务。年级主任是个技术活，上课、排课、考务、扫答题卡，做学生工作、发现学生的问题样样都得会。上天请赐予我一双慧眼、一个清醒的头脑、一个高效工作的状态吧。

（2）从周三开始，边巡考边参加身份认知的暑期培训。众多一线教师用他们的经历展示了爱教育、爱北附的博大情怀，令人感动和激动。

（3）周五时空观课题组开会，会上布置了很多任务：写读书笔记、制订课题计划、完善实施方案、编制调查问卷、9月的平台公开课等，很多很多，我只能告诉自己一件一件高效落实。

（4）周四晚上完成了历史学科备考方案，周五改完试卷后，基本确立了公开课主题——"新航路开辟的时空解读"。

（5）周五利用一点时间指导了龙超腾、李星志的"青史杯"历史课本剧剧本创作，要求他们周末回去修改后上传。

2019年8月18—19日

（1）周六早上到校替畅哥上了4节课。利用两节课间分析了昨天历史考试情况，这次考的是2017届8月摸底考试试题，从客观题上分析，本届比2017届高了5分，还是很振奋的。这也是我们一直加强选择日训练的成果。

（2）初步设想了一下时空观课题我自己的研究方向：用时空观念重点从三、四维度分析高考试题，指导学生高考答题。

（3）梳理了近期要完成的工作：高三年级备考方案的基础数据，省级课题的个人实施方案、计划，平台公开课素材和方向，读书报告，上学期课题总结，设计制作问卷等。

2019年8月18日

（1）从今天开始，高三四个文科班正式搬到了实验楼4楼、5楼。（12）班的全体同学非常积极地承担起搬家的任务，所有男生的衣服都湿透了，女生在搬自己东西的同时积极承担力所能及的班级事务。

（2）2020届（12）班正好在当年2017届（1）班的楼上。今天我去把原来（1）班用的柜子请同学们抬到了4楼，希望他们向2017届（1）班学习，心想事成。

（3）今天开始准备高考报名的各项资料。

2019年8月19—20日

（1）周一，2017届的梦涵、佳黛、润玲到校来看我们，我们一起回顾了当年的日子，现在的他们都非常优秀。

（2）周一，高三学生开始照相报名了。

（3）周二，2017届的诗瑶同学到校看望老师。上午英语听力考试报名顺利完成。这几天的高温让学生有点烦躁，他们提了好多要求，如高一军训不能吵到他们，吃饭要让他们先吃，我说你们是多年的媳妇熬成了婆。

（4）报名期间批评了几名学生。千叮咛万嘱咐让他们带好证件，临到报名时间他们居然告诉我户口本在寝室。

（5）周二下午5：00召开摸底考试考务会，胡校长给我们高三年级起点考试定了一本90%的指标。高三起点考试正式拉开序幕。

2019年8月21—23日

（1）8月21日开始了起点考试，第一天考的是语文、物理、政治。每位老师都认真监考。学生反馈的情况是语文偏难，物理有几个多选题较难，政治比较简单。

（2）8月22日一场大暴雨把教室都淹了。早上到校后，看到很多班级都在扫水，被淹固然与近期修房顶有很大关系，但好多班级都没有关窗子，也是一个重要原因。

（3）摸底考第二天。今天完成了时空观课题要求的读书报告、阶段总结和研究方案等几项工作。

（4）摸底考试第三天，学生发挥正常，但愿心想事成。下午考完学生放大周末，开学三个星期终于第一天能够在下午5：00回家。

2019年8月24—25日

（1）周六在家休息一下，认真研究今年的摸底考试卷。历史成绩下来，情况不是很好，学生还是缺少大考经验，还得继续培养。

（2）周日返校。今天没有周测，问了一下学生情况，张烜数学考了150分，（12）班自己估分的大概10人左右。

（3）参加"青史杯"的高三年级3名同学叶书荣、龙超腾、李星志顺利交了4篇剧本，期待他们有好结果。

（4）周日晚上，做了身份证明的几个资料。11：20到家。

2019年8月26日

（1）学校开学第一天，早上举行开学典礼。本周开启了一周18节课模式。魏义钧老先生来到学校，值得敬仰。

（2）下午遇到了几个体育训练的学生，仍然坚持听力训练，值得鼓励。

（3）晚上继续做备考方案，希望尽快完成。明天晚上一定要开始公开课的准备。

（4）明天上午去十四中和社区、朝阳派出所完成身份证明。即将回原单位有点开心。

（5）今日到家22：30。

2019年8月27日

（1）早读后到朝阳派出所、解五社区、十四中开身份证明。

（2）遇到了好多老同事，开心！

（3）下午回来上完三节课后改了一个班的听写本、两个班的读书笔记、一个班的规划本。

（4）写了1000字的身份认知心得体会。

（5）按照最新的身份认知材料要求重新整理了要交的材料。

（5）今晚要值守，还要准备公开课，计划在本周完成公开课基本框架。

（6）计划明天上午排出高三的晚自习值班和周测监考。

2019年8月28日

（1）今天将是充满战斗力的一天，上午排出了第一版的晚自习值班。

（2）11：00召开教研组会，统一了年级的进度和工作重点。

（3）中午在12：30前安排了本学期监考，忙得只吃了一碗方便面。

（4）下午第一节课改了规划本，做了一套试题，上了两节课。第三节课下自习时间（12）班先听了听力。18：10班上学生都很认真地在考数学选择题，很感动。为了梦想，坚持奋斗。从本周开始，（12）班同学每周三新闻时间加考一次数学。周四常规考数学，周五年级还要考数学，周日考综合。学生的辛苦一定会有回报。

（5）晚上用了两个半小时完成了高考备考方案。

（6）晚自习值班，学校领导批评我擅自少安排值班教师，我又在23点前再次安排了晚自习值班。今年的晚自习值班安排三易其稿，恢复到4人值班。

（7）晚上传来好消息，2020届会考成绩喜人，全A的有100多名，应该是个新高，（12）班有22人全A。

（8）今天到家23：20。

2019年8月29日

（1）今天替何凤英老师上了两节课，课间魏义钧老先生与我们3个年级组长谈话，给予我们鼓励。

（2）16：00全体行政干部开会，这是魏义钧老先生正式退休前最后一次组织大家开会，之后召开全体教师会，向魏义钧老先生致敬！

（3）今天看了一下确实有22名学生九科全A，分别是付滢琦、耿梦祺、郑宇璐、刘骏超、左静茹、罗垚鑫、杨歆骐、徐文璐、邹欣芮、邓锦洁、欧沛竹、肖子涵、邹雨孜、刘祺诚、毛远影、李朕烜、漆泽寒、喻若妍、祝江晗、郭可婧、唐文轩、毛远翔。

（4）今天发个狠：这周一定要将公开课初稿弄出来。

2019年8月30日—9月1日

（1）今天上午，82岁的魏义钧老先生在卸任我校校监前最后一次到北附，第三节课到（12）班给学生鼓劲加油，之后魏义钧老先生分别给高三（2）～（4）班和高三（5）～（9）班的学生分层次上了两节物理课。从北附创建的第一天起，魏义钧老先生就一直关心、帮助、见证北附的成长，他的北附情怀、贵州情怀值得我们敬仰。

（2）周五晚上上课、监考、值班到22：40，凌晨2：00（13）班一名学生出现问题，畅哥及时处理了。

（3）周五下午在杨胜老师处拿到了分析的会考成绩，截至2019年7月有126个全A（总人数459）。2018届到毕业数据是446人中112个全A。到今年12月再补考一次应当会有140个左右全A。

（4）周六上午虽然没有课，但仍然到校继续准备我的公开课到下午2：00。请畅哥联系身体不适的学生的家长，让家长一定要带孩子到医院检查。

（5）周日在家努力，终于完成了公开课初稿。

（6）周日在学校交完学费，赶紧做了一下当晚考的文综，之后继续完善我的公开课。

（7）明天出摸底考试成绩，今晚好梦！

2019年9月2日

（1）忐忑地上了两节课，终于迎来好消息。预测：理科一本417人，本科297人；文科一本478人，本科360人。2019年高三起点考试贵阳市文科全市前20名，我班郭可婧位列第14名、李星志第18名、耿梦祺第20名；全市文科前50名，我班6人，除了前面的3人，还有邹欣芮、左静茹、刘骏超；全市100名中我班有12名，他们全部上了600分，另外6人分别是唐文轩、罗垚鑫、王梓宁、徐文璐、喻若妍、李朕烜。我班语文、英语、历史、物理4科全市单科第一。单科我班语文贵阳市第1、2、4、8名，英语单科第1、8名，历史第1、3、5名，政治第4、5名，数学第5名。我校2020届考生共有436人参加本次考试（理科310人、文科126人），一本上线率达91.74%，本科上线率达98.85%。（其中理科一本上线率93.22%，本科上线率99.03%；文科一本上线率88.09%，本科上线率98.41%）文科语文、英语全市均分第二，理科语文、外语、政治、历史、生物均分全市第三，文理科数学、物理均分全市第四，地理均分全市第五。总均分文理科全市第三。

（2）晚上着手准备年级质量分析。

（3）今天到家22：40。

2019年9月3日

（1）上午抓紧时间完成班级质量分析，完善年级各学科备考方案。

（2）下午3节课。

（3）晚上起点考试质量分析。

（4）20：00高三工作小组和全体高三教师对摸底考试进行诊断分析。学校充分肯定了我们的成绩，也提出了更高的目标，接下来的日子将扶弱工作的重点放在了数学上。

（5）今日到家22：20。

2019年9月4日

（1）改完周日的文综试卷，与胡校长、梁校长、凌助理一起召开高三工作会，布置高三各班班级指标、高三目标上墙、成长导师等问题。

（2）12：15召开高三体训生会议，对几个在这次考试中成绩有提升想退出体训的学生做了思想工作。

（3）（12）班新闻时间进行了数学小测，进行了市级优秀学生干部、三好学生的推优工作。

（4）下午组织了主题党日活动。

（5）今天20：30离开学校，回家准备我的公开课。再次发个狠：今明两天一定要完成公开课的思路设计并成文。

2019年9月5日

（1）一天上了5节课。

（2）选出了（12）班市三好学生、优秀学生干部。三好学生：郭可婧、邹欣芮、李朕烜、唐文轩、毛远影、左静茹；优秀学生干部：徐文璐、李星志。

（3）与郑宇璐谈话，分析考试。

（4）晚上继续准备公开课资料。任重道远，22：40回家继续！

2019年9月6日

（1）5：00起床，继续我的公开课准备。

（2）准备了高三家长会的内容。

（3）晚上上了晚自习、监考了文综、讲评了历史选择题。

（4）班会课上安排了充卡事宜。

（5）仔细分析了全班成绩，发现历史学科确实有薄弱之处，上完公开课后一定要落实细节，尽量完善知识体系，监督落实框架记忆。

（6）一直到22：30才开始准备公开课，注定明天又要早起，无论如何最迟在明天完成公开课第三稿。一定一定！

2019年9月7日

（1）11：00召开了高三年级摸底考试家长会，会上凌助理专门带回了市教科所高三分析会的反馈，我校今年的摸底联考一本、本科的上线率和高分段人数都有很大进步。家长会上通告了高三近期工作要点和家校配合的要求，之后分班级召开家长会。

（2）在班级家长会上，肯定（12）班取得成绩的同时，指出有几项当务之急的工作：学生的心理健康问题、弱科补短板问题，分析了部分同学没有进入全市100名的原因。

（3）家长会后，改我的公开课教学设计到16：00。

2019年9月8日

（1）今天白天在家第四遍修改我的公开课设计。羿竺老师是个快手，居然将我的课件完善好了，非常完美地美化，我对上好这节公开课顿时有了信心。

（2）18：00到校，组织了班级总结和听力测试，批评了迟到的2名同学，再次强调高三既要有高三紧张的状态和活力，又要怀着轻松心态备考。

（3）安排了教师节的慰问活动。

（4）20：00—22：30完成补写的日记，准备明天高二、高三的课，整理踩线生的导师分配。

2019年9月9日

（1）继续完善我的课。

（2）完成高三踩线生导师分配的初稿。

（3）收到了学生的教师节祝福。

（4）召开高三班主任会议，规范学校用药安全。

2019年9月10日

（1）今天在高三（13）班第一次磨课，整体框架不用动，但要修改细节。李嶂、罗慧帮我听的课。

（2）15：30—17：00与胡校、凌助理讨论高三（12）班苗子生事宜，基本确定了6名目标生。

（3）17：00—18：30讨论高三（1）班苗子生培养目标。

（4）20：30开始修改教学设计第二稿，23：00修改完毕。

（5）23：00与小华处理高三问题学生的相关事情。建议小华向心理老师、思教处通报情况，建议学生近期在家休养。

（6）教师节收获好多感动。

2019年9月11日

（1）到市教科所参加高三摸底考试质量分析。

（2）中午与小何、羿竺一起吃饭。

（3）回到学校是14：40，下午继续上两节课。

（4）下午修改课件。

（5）新闻时间对高三（8）班进行高考动员。动员会的主题：排位、目标、策略、格局。

（6）在2019年贵阳市毒品预防系列比赛中，高三年级有多人获奖。

2019年9月12日

（1）改了课件，第二次磨课总体框架不动，细节修改。

（2）今天中秋放假，高三学生继续留守到明天中午。

（3）（13）班几名学生不遵守规定早退被严厉批评。

（4）晚上备课、准备（12）班目标生数据，晚上进行扶弱生导师分配。

（5）课件修改第六稿，明天一定要完成教学设计。

（6）邹欣芮的作文《师恩难忘》和郑宇璐的作文《师说新解》发表在《贵阳晚报》上。

2019年9月13日

（1）今天中秋节上完4节课后，学生中午12：30放学回家。

（2）我在办公室写我的教学设计到下午3：00。这段时间坚持今日事今日毕，确实效果不错。

（3）为了北师大平台的一节优质课展示我准备了20几天，全组同人4次磨课，文本与课件修改了六稿。课件做到现在，自己确实有提高。在羿竺老师的帮助下准备一次课居然可以演变成一堂优质课展示、一个微课、一个教学设计，参加了三个活动，完成了本学期课题研究任务的一半工作。

（4）今天一定加油完成教学设计。

2019年9月14日

（1）白天在家完成了教学设计的简版，修改了详版的教学设计。

（2）晚上回到学校上完（13）班的自习，监考完英语，赶紧备课到23：00。明天晚上我要再改改教学设计。

2019年9月15日

（1）辛苦的"高三党"继续上课。从早读开始两节连堂，中间一节课赶紧发值班监考通知、改规划、补写日记、查看心理云平台。

（2）上完第四节课，课间组织参加"燕园杯"的学生开会。

（3）下午还有第一、四节课，外加晚自习及监考，酸爽的一天。

（4）今天刘骏超的作文《我是你的眼》发表在9月14日的《贵阳晚报》上。

2019年9月16日

（1）上午三节课连堂，第四节课时间改了学生的规划本，第五节课和羿竺老师落实了公开课教室试课的黑板和多媒体。

（2）下午第一节课后在公开课教室自己磨课。

（3）晚上准备好明天（12）班老师开会的内容，完善课件，在人教版教材里找到了合适的素材，大功将成。不得不说羿竺真的高效，几分钟就帮我改好了课件。

（4）改课件间隙处理了耿梦祺、李涛晚自习精神状态不好的情况，与李朕烜谈话，分析近况，鼓励她放下包袱，务实备考。

2019年9月17日

（1）在公开课教室继续磨课。

（2）下午召开高三（12）班会议，讨论学生培养方案，确定帮扶老师：郭可婧（罗薇老师）、李星志（罗朝丽老师）、耿梦祺（毛永健老师）、刘骏超（刘畅老师）、邹欣芮（梁校长）、李朕烜（李平老师）、左静茹（马富老师）。

2019年9月18日

（1）完成《高考听力告家长书》。

（2）今天收到学生给市长信箱的信息，反映我们中秋节不按规定放假。利用中午时间赶紧写情况说明。

（3）19：00召开校级家委会，通报情况。

（4）20：00—22：30观看电影《横空出世》之后，召开年级大会，统一思想。

（5）利用看电影的时间再过一次我的课。

2019年9月19日

（1）上午用高二（13）班试课，观看录的视频，发现语速太快，其他基本成型。

（2）下午利用空余时间了解家长反馈情况。

（3）晚上撰写说课，再次完善课件的细节，准备一些练习做好上课预案。

（4）刘骏超、左静茹、程艳3名同学被评为假期听力训练优秀学员称号。

2019年9月20日

（1）今天用高三（10）班又试了一次课，时间和节奏都不错，给了我信心。

（2）学生的高考目标模板做出来了，本周要求他们完成。

（3）下午两节课后学生回家。

（4）有点遗憾，贵阳市课例比赛过了时间，但转念一想，也不遗憾，反正都要做的。

2019年9月21日

（1）上午送考英语听力，迎来2020届听力高考。考场出来，学生的状态不错。

（2）送考中遇到一个梗：学生照了一张照片，某间教室的横幅写的居然是"超过市一中，胜过北师大"。这让我们有压力也有动力。

2019年9月22日

（1）17：00返校值班，开了年级班主任会，处理了对我们周六上课的反映，我和凌助理因此事被谈话。

（2）北师大历史共同体活动今天开始在我校举行。继续完善我的课件。

（3）22：00—23：30修改课件。

2019年9月23日

（1）今天周考。

（2）郑林老师的讲座很实用。

（3）今天20：30回家整理课件的细节。

2019年9月24日

（1）经过充分准备的课上起来确实很自信，也很成功，得到了同行老师的好评，也得到了苏万青老师的肯定。感谢全组老师的帮助，20多天的准备对自己是考验也是提高。

（2）平台活动做完了，接着月考分析又来了。不过也有好消息，就是国庆放5天假，意外的惊喜。

（3）今天晚上请穆洋老师给4个文科班做答题技巧培训，学生"鸡汤"喝得很是开心，接着就是改卷。

（4）明后两天到贵州师范大学培训，晚上赶做质量分析。

2019年9月25日

（1）今天到贵州师范大学参加2019年贵州省中学历史教育研讨会，聆听专家解读新课改。

（2）18：00回到学校加紧撰写月考质量分析，李星志同学帮我处理了几个数据，23：00才完成作业。

（3）本次考试（12）班有几名学生起伏较大：耿梦祺、左静茹、程艳、龙超腾。明天一定要找他们几个谈话。李星志、郭可婧第一、二名，李星志的数学、郭可婧的历史有很大提高。罗雪莲、郑宇璐、徐文璐、邓锦洁进入前十名。

2019年9月26日

（1）在贵州师范大学听李惠军老师的示范课"千古一帝——秦始皇"和讲座。大咖始终是大咖，非常有帮助。遇到了2016届的学生罗贤璐，她在实验三中魏飞老师班实习。

（2）17：00点赶回学校，准备今天晚上的月考质量分析。

（3）18：00—20：00召开了质量分析会。胡校长定了底线：一本91%，本科100%；600分以上77人以上，2个名校生。胡校长还定了攀新高目标：一本98%，600分120人以上，清华、北大6人。落实到（12）班为一本33～39人，45个一本奋斗指标，2个名校生。

（4）会后又开了文综分析会，确定节后开启文综选择题训练、数学辅导工作，周六全天上课。

2019年9月27日

（1）今天勐海一中的3位年级主任到校交流，与我们交流了年级组的管理经验。

（2）13：30—15：30召开了行政办公会。

（3）班会课与（12）班学生交流了10月份高三年级一些工作的调整情况，同学们欣然接受。

（4）晚自习后，处理了高三（6）班同学私自在寝室里卖东西的问题，对他提出学习目标。

2019年9月28日

（1）今天高三不放假，在学校继续上周三的课。

（2）白天重新安排了平行班导师，发了国庆后年级组的统一安排，完善了月考质量分析。

（3）给了韩嘉芯一个国旗下讲话的机会，肯定她、鼓励她。

2019年9月29日

（1）请教务处安排岳老师不在的课务。

（2）今天高三上周四的课，高二上周一的课，差点"打架"，忘记了高二的课。

（3）课间操班主任开会，协调周六上课事务，安排数学扶弱。

（4）今天开始修改（12）班学生的《我的大学梦》。

2019年9月30日

（1）整理9月近期工作调整情况，发给高三教师群。

（2）安排李星志等7人假期整理我班的高考目标。

（3）在班主任会上强调安全问题。

（4）召开文理科扶弱生家长学生会，启动文理科数学扶弱工作。

2019年10月1日—5日

（1）国庆小长假，破天荒地得到5天休整。5天时间去了一次加榜梯田和锦屏县。

（2）修改了1篇班主任论文，准备参加贵阳市班主任论文比赛。

（3）看了2部正能量的电影《中国机长》《我和我的祖国》。

（4）从今天开始，新闻时间开始上课。

（5）处理了（8）班同学违纪事件。

（6）今日到家22：40。

2019年10月6日

（1）7：10到校，开始行政值班。

（2）完善学生的学习目标，周一即可完工，请广告公司制作。

（3）请韩嘉芯妈妈给班级购买了花卉。

（4）处理化学老师空缺，课堂空堂事情，落实（6）（7）（9）班班主任及时补位的事情。胡校长承诺节后去找省长，为解决岳老师的问题做最后一搏。

（5）今晚开始我的第一天18：10—19：50的晚自习。

（6）好久没做高考题了，晚上练了一下。

（7）胡校长亲力亲为，这几天都在学校值守，晚上10点仍在校查看学生自习情况，也和我交流了一下年级工作。

2019年10月7日

（1）用了两节课时间统计8—9月晚自习和周测情况。

（2）安排一周年级工作。本周开始周六上全天，先考语文、数学。

（3）安排今天开始数学扶弱辅导工作。

（4）下午开始整理高考目标。

（5）下午5：00，高三年级35岁以下年轻教师会在4楼会议室召开，我说了两个关键词：敬畏、责任；凌助理提到了感恩、挑战；胡校长教导青年教师要明确责任，成长自己，成就学生，要高标准、高质量、严要求，多投入、多下功夫，在组织教学上下功夫。

（6）今晚8：00文理科数学扶弱工作开始启动，文科班27名同学，理科班29名同学除王凯鸽外全部到齐并认真学习。

2019年10月8日

（1）昏头昏脑记错时间，忘记了今早的早读，还好同学们自觉读书。

（2）今天开始了文综第一次选择题限时训练，最高分128分，分别是刘骐诚、李星志。

（3）郭可婧的作文《坚守》发表在今天的《贵阳晚报》上。

（4）今天开始会考报名。

（5）受羿竺老师的鼓动，决定还是参加省级微课比赛，准备资料到23：30。

2019年10月9日

（1）女生215寝室（室长耿梦祺）、男生316寝室（室长李星志）获得"文明寝室"称号，我班被评为文明示范班级称号。

（2）何润蓓的作文《认命》发表在《中学语文》7月刊上。

（3）晚上像打了鸡血一样在羿竺老师的指导下完成了微课的录制，10月要传的微课的6个文件全部完成。不得不说榜样的力量真的很大。录制完微课回到家已经23：20。

2019年10月10日

（1）周四请羿竺帮我完成微课的学生资料。

（2）下午居然接到通知，微课上传时间延期了，11月21日之前上传完剩下的5个微课才算真正完成这项工作。

（3）这个学期以来每天都很忙碌，但很充实，完成了平台优质课展示和市级微课材料，在极短的时间内竟快速写完成绩分析报告，发表了1篇班主任论文，撰写了1篇班级论文去参赛。接下来我还要继续做完另外5个微课和至少5道原创题。时空观课题本学期的研究任务也落实得差不多了。

2019年10月11日

（1）上午补完之前欠的课，下午第一节课后备了一下课。16：45—18：15召开"不忘初心，牢记使命"座谈会，赶紧吃了一个面包开始上课到20：00。

（2）8：00之后，我和（8）班、（13）班的两名学生谈话，帮助他们制订学习计划，监督落实。

（3）之后处理团籍的事情。今天好累。

2019年10月12日

今天上午没有课，还是到学校完成了一些工作。下午监考语文，到家下午5：00。

2019年10月13日

（1）下午5点返校，开始两节晚自习和一场监考外加行政值班的工作。

（2）课余时间接到学生反映，一同学卫生习惯不太好，思来想去决定周五先找家长交流，请家长与她沟通。

（3）郭可婧的作文《善恶均有偿》发表在2019年10月13日的《贵阳晚报》上。

2019年10月14日

（1）今天升旗仪式的讲话内容是"扫黑除恶"。

（2）今天上完课连开了两个会。班主任会再次强调纪律规范和学生安全问题，通报了高二年级学生翻墙外出问题的处理，之后是运动会协调会，还安排了体检工作。

（3）处理高三（6）班两同学抽烟违纪问题。

（4）郭可婧的作文《赤子之心》发表在2019年10月14日的《贵阳晚报》上。

2019年10月15日

（1）今天高三学生校级体检。

（2）完成了本周文综组卷。

（3）调配本周周六、周日监考名单。本学期一位语文老师病假、一位化学老师走了，加上增加了一次周六考试，使得这一轮的监考空缺了4场。学校规模大了，但教师调配确实更难了。勉强安排好这次监考，只盼高三快点结束，卸去年级主任的职务。做一个纯粹的老师是一件非常幸福的事情。

（4）今天下午进行了第二次文综选择题训练，（13）班成绩不理想，郭可婧这次历史错了3道题，提分道路还很艰巨。

（5）晚上8点召开（1）班、（12）班班会。会上胡校长勉励14名学生并对他们提出要求：志向高远、补齐短板、刻苦学习、有计划地学习、在改错上下功夫。梁校长也给了学生们相应的建议。凌助理对他们提了三点要求：每两周主动与导师汇报学习情况，每两周主动请所有导师进行一次试题分析，每月有一次目标总结。

（6）我也提出本周的计划：完成微课比赛的剩余5个课件中的15道导学题目的命制。

2019年10月16日

（1）教研活动，各项工作有序进行。

（2）本来今天要进行运动会彩排的，因为下雨临时调整，改在明天彩排。高三年级24名男生负责标牌，100名女生负责花队，另外100名男生负责彩旗队。

（3）彩排调整后，数学大题考试继续进行，北附教师的敬业精神令人佩服！彩排不搞，数学组的战友们赶紧顶上数学监考，代班的芳芳老师义无反顾地准备上监考前线，结果饶妈提前战斗了。北附高三真是一支令人感动的团队。

（4）今天是小钟的生日，给她买了蛋糕，17岁了不容易呀！长得好快，有点遗憾她只顾自己开心，没想到老父亲、老母亲。

2019年10月17日

（1）上午第一节课后，赶紧做了一下题目，改了规划。

（2）下午给高二（4）班的学生赶课，一节课上了两节半课的内容。运动会、"班班有歌声"、体检、调休等用了我一周的课。

（3）昨天听说去勐海帮扶成了我的常态工作，抓紧完成一些工作，早做规划。希望在这样忙碌的一年，自己努把力，可以高效地完成一些任务。

（4）下午（13）班的课没上成，用来彩排。彩排持续到晚7点。

（5）赶紧方便面打底，之后备了明天的课。今天说到做到，完成了5个微课15道题的制作，下周开始准备其余5个微课。不做则已，要做就尽量做好。

（6）明天运动会，高三年级今年主要是看客，明天让他们看看开幕式放松一下。

（7）明天高三拔河比赛，抽签好神奇，（12）班对阵（7）班，（8）班对阵10班，（11）班对阵（4）班，（13）班对阵（9）班，注定文科班一轮出局。

（8）彩排期间（4）班的一同学突然吐血，紧急联系了家长，芳芳老师及时送他到医院，好在初步诊断是支气管出血。

2019年10月18日

（1）一年一度的校运会开幕式拉开帷幕，今年的主题是"民族大联欢"，高三今年扮演的是"高三族"。开幕式后举行了高三年级的拔河比赛，最后的对决是高三（13）对阵高三（2）班。所有加油的队伍自发分成了文理两个队伍，4个文科班的所有同学为荣誉而战，最后（13）班获得了冠军。

（2）下午高三年级继续上课。

2019年10月19日

上午上了4节课，准备回家时帮友翠处理了一下她班不按时上课的学生。

2019年10月20日

（1）晚上返校，与郭可婧进行了交流并给出建议：回顾旧题，理清线索，按照自己的节奏前行。

（2）上完两节课后，在（2）班监考英语，顺便批改完了昨天下午考的文综卷，学生出现的问题还是基础不扎实和知识框架不清晰。决定从周一开始进行课本读书笔记。

（3）国庆过后仍然要求晚上值班。

（4）晚上11点回到家接到李平老师的电话，说某同学听到风言风语情绪不佳，请教官关注。

（5）本周计划：完成至少3个微课课件的详案。

2019年10月21日

（1）今天上了早读，第一、二节课。

（2）收取部分学生学费。

（3）完成微课的初稿。

（4）了解（8）班问题学生的情况。

2019年10月22日

（1）给羿竺老师磨课。

（2）完成文综考试的分数录入，文综考试总体情况不错，但郭可婧还需加强。

（3）完成5个微课的教学构想。

（4）参加市级体质健康检查的训练。

（5）毛远影的《市井》发表在2019年10月22日的《贵阳晚报》上。

2019年10月23日

（1）今天到市教科所参加市级教研，吴伟教授的"苏联历史"给大家开了一扇不同视角的门。

（2）中午回家休息了一下，下午第三节课回学校参加体质健康检查的跑操比赛。

（3）收齐学费，上交财务室。

2019年10月24日

（1）今天把昨天因参加市教研缺的（13）班的课补齐了。

（2）晚上完成了5个微课的详案，只待熟悉后，下周录。

（3）郭可婧的作文《以己为烛，以明天下》发表在2019年10月24日的《贵阳晚报》上。

（4）本来为给高三学生适当放松，将新闻时间调整到6：10，此举却被一些学生误解为老师讨好学生。今天的课间操凌助理为此事专门给高三的学生上了一堂共情的政治课。

（5）今天传来好消息：2016届的罗贤璐被我校初中部录用。从师生关系一下变成了同事关系，还教同一学科，有点意思。

2019年10月25日

（1）因开行政会耽误了一节课，和马老师抢了一节课，终于在今天基本完成了《中国历史》的复习。

（2）勐海中学的老师与我交流说这个时候他们一轮复习已经完成，问我们如何进行二轮复习。我的天，我们比他们慢了整整两个半月。我初步设想的二轮复习要主抓框架，小切口深挖掘一些重难点，帮助学生提升答题技巧。

（3）龙婷美慧的作文《癌细胞的自述》获得第二十届世界华人学生作文大赛［中国侨联、全国台联、《人民日报》（海外版）、《作文杂志》主办］全国三等奖。

（4）利用班会课时间给学生看了一下新闻视频。

（5）明天刘昊宇将参加空军招飞体检，晚9点喊他回去好好休息。

（6）晚上在（13）班的课上继续教他们写SOLO评价题，但（12）班的试卷找不到了，也想不起放在哪里了，只好又去文印室印制。

2019年10月26—27日

（1）周六难得没有课，在家审半期的试题。下午传来好消息，今天参加招飞体检的12个学生通过了9个：（1）班陆睿智，（2）班李昊阳，（4）班袁昊宇，（6）班胡骏嘉，（9）班陈芳毅，（11）班王艺霖、刘佩锦，（12）班刘昊宇，（13）班华一帆。

（2）晚上不经意间在（12）班的桌子里找到了失踪的试卷，记忆力严重衰退。利用试卷教他们写评价题。

（3）今天晚上开始《世界历史》的备课。

（4）最近追了两部电视剧《光荣使命》《惊蛰》。在压力的环境下，看看抗战片、谍战片可以放松一下。

（5）羿竺老师在"励耘杯"比赛中获得了三等奖，个人认为其实她的课挺好的，评委仁者见仁智者见智。

2019年10月28日

（1）今天经过努力应该可以在下周一完成高二年级新课。从11月份开始，进入会考复习，意味着我在这个年级的日子开始倒计时了。

（2）班主任会强调了安全问题，学生的安全、教师的安全都要注意。

（3）今天再次整理了微课的另外5个课件，明天羿竺改好PPT后争取这周把它录完上传，了结一件事。下一个目标是出原创题和写一篇"新航路开辟"的教学反思。

（4）今天对照3名教师的评选，感觉差好多条件，只能做好当下随遇而安的准备。

2019年10月29日

（1）今天完成了微课的修改。

（2）改完课题的SOLO评价，对（12）班的全部要求进行面批。

（3）今天考了一次文综选择题，思考一个问题：为什么老师觉得简单的问题学生易错，是教的问题还是学的问题？

（4）希望刘骐诚尽早查出病因，早日康复。

2019年10月30日

（1）上午到妇产医院复查乳腺，医生建议手术。只有放假来解决。

（2）下午赶回去继续该干什么干什么。

2019年10月31日

今天晚上发生了一件事情，高三年级一名学生上课时间不打招呼就离开了教室，之前就有老师反馈该生情绪有波动，大家找了好久终于在一位老师那里发现了她。家长来后，开始不是很配合，也不承认孩子有这样的情况，总是认为我们耽误孩子的学习。处理到最后，家长也同意这几天接孩子回家看病，但是在走的时候却因为一句话惹得她情绪再次激动。据后来同学反映她是跪在父母面前的。我就在想一个问题：高三面临好多焦虑，有的是家长焦虑，有的是孩子焦虑，不管是谁，我都希望他们理性看待这个问题，妥善解决。现在老师特别是班主任真是高危人群，发现问题时，我们有时明知有的学生有故意成分，其实没那么严重，但我们还是宁愿信其有，否则一旦成真，后果不堪设想。

2019年11月1日

（1）今天下午班会课学生进行体质健康测评，陈思哲居然跑生病了，身体很重要。

（2）今天17：30开党员会，18：00开始上课，吃饭的时间都没有。连食堂工作人员都问我们休不休大周末，他们都扛不住了，高三真是体力活，心也累。

（3）上完晚自习8点开始录制微课，深刻体会到"台上一分钟，台下十年功"的深刻内涵，3个小时录了3个视频大约20分钟，NG了好多遍最后好歹留下3段比较满意的。

2019年11月2日

（1）7：30到校上完4节课，11点开始录制高考选择题的微课，12：00录完第4个视频。这时候接到胡校长的电话说观山湖区"三名工程"名班主任系列居然没有一个老师报名，胡校长推荐我去参加，要我周日把材料准备好。原本想到今天录完视频就可以好好休息一下，但老人家的关心让我不得不继续负重前行。准不准备是态度问题，得不得是能力问题，只有继续开工，加油干。我其实是犹豫的，因为之前报区名班主任居然被pass掉。

（2）下午监考文综时赶紧读了一下文件，至少知道从哪里入手准备材料。监考完5点。还是坚持把最后一个微课录完才收工回家。

（3）在美乐城吃完晚饭，开车到初中部拿到了近5年的年度考核表。

（4）回到家试着整理材料，胡校长通知周一去审材料，终于不用今晚干通宵了，11点看了一集《光荣使命》便睡觉了。

2019年11月3日

（1）周日都不敢睡懒觉，不到8点起床，赶紧起床洗头洗澡，之后开始填表和复印证件。中午12点填完表格，写完事迹，只等中午饭后开始整理分类资料。

（2）资料整理做到下午4点还有大半没完成，赶紧吃完饭，休息半小时，做一下今晚讲评的试卷，5点出门去学校。

（3）两节晚自习后又开始整理资料，22：40回到家加班继续。

（4）今天郭可婧的作文《修身其志》发表在《贵阳晚报》上。

（5）凌晨3点胜利在望，但悲催的事情发生了，之前为了保存资料存了好几个U盘，忽略提示是否复制，点了"不复制"，结果前面的东西就没被覆盖，意味着白天填的表白做了，只差一口热血喷出。看看时间凌晨3点，撑着一个信念不能辜负老人家的信任，又开始第二次填表。两个半小时后看着东西复制在多个U盘上，所有资料打印好整理成册，原件按顺序装袋后，赶紧睡觉。6：30起床开工。

2019年11月4日

（1）到校后拜托同事小何和罗慧帮我上课，请胡校长签字后，马不停蹄地赶往市教培中心。

（2）有点小得意，我居然是第一个申报名班主任的。在教培中心，遇到了卫国君，他和老毛都申报了名教师。李阳老师帮我审了材料，发现无法证明我累计10年的班主任经验，建议我补家访材料。我记得我有2000—2008年度考核复印件，李老师说可以用以印证。还算好，看了周敏他们整理材料的目录，按此顺序排列材料，所以需要补充的资料不多。

（3）课间操时间赶回学校，值守了课间操，按照周敏老师的建议，用谈话记录表证明家访。11：20回家取考核表，打车居然遇到高一年级家长，没收钱。回到家复印好，重新打印完目录，在复印点等胶装的时间抓紧吃饭，之后打车，飞一般赶回学校盖章，休息一下，13：30打车交材料。

（4）到教培中心交材料非常顺利，李老师夸奖我材料充分，这让我有点信心了。

（5）回到学校见到了2017届的陈好垚和张鑫，好快居然已经上大三了。

（6）今天学生很乖，在我没有检查的情况下布置了考场。看完两集电视剧后睡觉，小钟回家我居然不知道。

2019年11月5日

（1）羿竺好高效，昨天居然把我的微课任务单完成了，还上传成功了。

（2）遇到一个不想周末上课的学生写决裂的话吓家长。现在的孩子吃不了苦。

（3）胡校长认可了我的辛苦，派我11月17—23日到上海学习，这是两年后我再次到这个机构学习。

2019年11月6日

（1）这周把开学以来微课课件做好了，公开课完成了，加班加点熬夜做好的名班主任材料也已经上交了。接下来的日子应该是完成原创题和公开课的论文，这个学期就写这一篇，争取写得高质量一些并在正规的期刊上发表。

（2）今天高三年级晚自习，放电影并召开年级大会，做好学生的思想工作。

（3）今晚还要改卷、查寝，争取下午改完试卷，晚上和几个学生沟通一下。

（4）下周开始高考报名。

（5）今天半期考试考完了，高三年级新闻时间放松看了电影，开了年级大会，喂了"鸡汤"和吃了"砒霜"。

（6）11：20全体高三老师查寝。

2019年11月7日

（1）昨天考完，今天开质量分析会。

（2）王梓宁的作文《站长》、郭可婧的作文《成长》发表在今日的

《贵阳晚报》上。

（3）召开年级半期质量分析会。

2019年11月8日

（1）今天开启了高考报名的准备工作。

（2）班会课发了相关资料，高考报名的启动意味着高三进入了一个新阶段。

（3）今天学生休大周末，下午5：30召开第二届工会第八次会议，讨论我校的校园文化建设和校旗、校歌、建筑的命名等。20：30完成一天的工作。

（4）本想利用大周末休息一下，但接到时间管理课题组的任务，要准备结题资料。

2019年11月9—10日

（1）准备课题结题的个人资料和集体需要的资料。

（2）晚上收取报名资料。

（3）看到高二学测辅导的安排：一周3天的20：00—21：00的上课和测试。

（4）未来一周我将直面32节课，5节晚自习，1个监考外加1个家长会，唯有加油。

2019年11月11日

（1）今年的双十一买了好几本书。

（2）白天4节课，1个晚自习，还要准备报名的事情。

（3）今天传来好消息，我被观山湖区推荐参加市里的名班主任评选。

（4）（10）班一个学生康复回校了。

（5）今年各位班主任工作得力，大量学生报考了术科。

2019年11月12日

（1）何润蓓参加第六届全国中学生科普科幻作文大赛获得高中组全国三等奖。

（2）今天收取高三高考报名的相关资料，也开启了高二学生学业水平考试的晚间辅导。

（3）从今天开始，将提前上下周的课，一周32节课。

（4）今天到家22：40。

2019年11月13日

（1）今天召开（1）班、（12）班会议，各位导师分析所导学生情况，提出对策。

（2）这次考试文科好多学生都没达到要求，从上海回来后一定要加强管理，注重细节。

（3）胡校长也提出了要求：及时跟进，补齐短板。

（4）得到通知明天去市电大参加市名班主任的答辩。观山湖区上报6位班主任，2人入围。

2019年11月14日

（1）大清早赶往市电大，22位老师入围，最后要确定20位，答辩的主题是"立德树人"，给了4分钟，不到3分钟就结束了战斗，感觉要黄。只能听天由命了！但愿下来的两个不是我。

（2）梁校长喊我下周五提前结束培训赶往勐海一中，又是忙碌的一周。

（3）邹欣芮的作文《故乡》发表在今天的《贵阳晚报》上

（4）回到学校完善（12）班少数民族考生和外迁考生的资料。

（5）要求全班同学认真学习，分析最近的学习情况。

（6）下午5点请教科院的左泉老师到校为艺考学生家长做高考指导。

2019年11月15日

（1）今天完成了报名核对，学生签字、交钱，高考报名工作胜利在望。

（2）今天是黑色星期五，我上了7节课。

（3）中午处理了一个学生想转班的问题，细心谈话，分析利弊，没有简单粗暴。家长工作做通了，让学生回家冷静思考。

（4）处理完下周去上海前的监考、课务、值班、班级安排等事务。

（5）备完明天的课，准备家长会的材料。

（6）时间管理课题通知初审材料结题了，这是个好消息。

（7）将去勐海的课件打包，把在飞机上要做的资料准备好。

（8）上周建议去治疗的学生，情绪还是有问题，失眠、负能量。将孩子的种种表现与家长进行了沟通，把规划本上有关她的记录发给了家长。

2019年11月16日

（1）上午4节课。

（2）下午监考，准备家长会材料。

（3）家长会后与家长单独交流，审核了少数民族考生信息。这一周终于结束了。本周进行了名班主任面试、补了课题资料，上了30节课，包括7节晚自习。明天开始进行为期一周的上海学习。

2019年11月17—23日上海学习一周

上海学习一周，学习了说课、课题研究、STEAM课程、教学设计等方面的内容，参观了一所弄堂学校。11月28日，公示了贵阳市第三批"三名工程"评选结果，我和陈卫国老师分别被选为名班主任和名教师。11月24日开始新一周的工作。

2019年11月24日

（1）完成了上海学习的总结。

（2）今天晚上周测英语。

（3）整理未来两周要完成的工作：报账、进账，时间管理课题的视频录制，时空观课题的问卷分析，交京师联盟试卷费，安排高考目标墙……

2019年11月25日

（1）今天贵阳市"三名工程"会议在我校召开，我作为观山湖区代表参加。

（2）今天我完成了工会报账资料的完善及近期工作的安排。

（3）今天班主任会，（12）班获得班级管理一等奖。

2019年11月26日

（1）我班李星志同学撰写的《黑斯廷斯的刎颈》历史剧本荣获第四届"青史杯"高中生历史剧本大赛二等奖，我荣获优秀指导奖，我校荣获优秀组织奖。（"青史杯"高中生历史剧本大赛是由华东师范大学基础教育集团主办的，荣获教育部第三届"礼敬中华优秀传统文化"特色展示项目。）

（2）晚上终于完成了两个月的课时统计并交给了李嘉铃老师。

2019年11月27日

（1）今天上午胡校长、梁校长、凌助理和我开了高三年级碰头会。胡校长指出高三年级表面风平浪静，但也有不少问题，建议召开备课组长会、学生大会，安排教师在下周质量分析会上进行主题发言。

（2）下午召开备课组长会，梁校长主持并指出高三年级的问题，如协同作战、跨年级教师的工作侧重点、集体备课以及教学进度的统一等问题。

（3）18：00—21：00连着三节晚自习。

2019年11月28日

（1）今天"三名工程"工作会正式结束，对"三名工程"名教师也进行了颁证。我被评为贵阳市第三届名班主任。

（2）完成了时空观课题的高三数据分析。

2019年11月29日—12月3日

（1）周五利用班会课给（12）（13）班的学生分享了去上海的感受。上海人的优越感来自自信和自身的发展，要想去外面的世界看看，只有通过当前的努力。

（2）周五的6节课把我的嗓子都上坏了。周末没有到学校，休整了一下，本想整理一下课题的资料，但执行力不够，放弃了。

（3）还好周五提前写了下周的国旗下的讲话稿。

（4）周一升旗，国旗下讲话的主题是宪法宣讲。

（5）周二学校为李星志和我颁发了"青史杯"高中生历史剧本大赛的奖状。

（6）抓紧时间报了去上海的账，体检的账也报好了。接下来要做的就是准备课题资料、准备课题出书的报账及提前预付贵州医科大学附属医院（以下简称贵医）体检的账，周二也将京师联盟的考试费付清了。

（7）周三开始月考。

（8）今天是个好日子，我的论文《十六字方针成就 让优秀成为一种习惯》获得2019年贵阳市中小学班主任工作论文评比二等奖。

2019年12月4日

（1）月考巡考的空余赶紧到贵医体检中心去结账，总算把今年体检的费用全部报完了账。

（2）今天又有好消息，我的微课"开辟新航路"在贵州省教师教学技能大赛——第二届（2019）中小学教师微课应用暨竞赛活动中获得市级一等奖。

2019年12月5日

（1）考完第二次月考并改完月考卷。

（2）整理课题资料。本周大周末，回家要完成课题整理的相关事项。

（3）今天是本周晚上留守学校的第四天，应该是大周末的力量支持着自己。

2019年12月6—11日

（1）好多天没有写日志了，这周确实又是忙碌的一周。上周五休了大周末，我也没有闲着，在家里补齐了所有讲座的简报，写简报写到吐。周日返校后赶紧完成周一年级学生大会的各项准备工作。周日晚梁校长专门到办公室鼓励我申报省级骨干教师，经过一个晚上的斗争，感觉申报好辛苦，不申报又有遗憾，最后还是觉得应该试一下。

（2）周一开了年级的学生大会，魏远恒、戴彧娇翎、姚贤康代表学生发言，表决心、亮态度。我也分享了2017届游雪誉同学当年在离高考还有83天时的1篇国旗下的讲话。胡校长鼓励学生有方向地备考。

（3）周二召开了质量分析会，分析了近期考试的情况。懔玲、周郭、大玮这些年轻教师的发言感动了大家。他们年轻有为，懂得有为才有位。畅哥、小艳的发言朴实、中肯。

（4）晚上回到家开始准备省级骨干教师的材料，注定和上个月准备"三名工程"一样又是一个通宵。早上5点基本完成了，9点到校再次梳理，下午2点送到教培中心。据说这次区里只有4个指标，我们学校就有10位教师申报。尽人事，听天命吧！

（5）今天是最后一次高二辅导课，周五进行会考。

（6）本周还要完成去勐海中上课课件的完善、期末算账、3+3联考的报名，还有文综及小文综考试的备课等工作。

2019年12月12—16日

又是好几天没写日志了，这几天过了一个双十二，花了我几大百银子。去了一趟勐海一中做了一个学法指导，一个学法指导上了一堂课，昨天晚上11点才回到家。今天又是忙碌的一天，帮畅哥上了一堂课，算账、结账，开党员会，晚上9：30还没吃晚饭。上周五收到消息，刘骏超的作文《秋》发表在2019年12月12日的《贵阳晚报》上。这周很多学生进行了会考补考，期待他们有好成绩，期待小钟也是全A。

2019年12月17—18日

（1）数学不好的我被期末的各种测算折磨了两天，终于拿出了说得过去的数据。

（2）总是在忙碌中拖延了好多事情：近期要完成班级元旦视频的制作，改完试卷、年度班级大事的收集整理、历史原创题等。

（3）下周进行调考，要做好考务安排。3+3+3联盟考试的报名工作也要尽快完成。

（4）某同学的状态实在不好，想来上学就来，睡不好就不想来，来了状态也不好，令我很焦心。

2019年12月19日

（1）左静茹的作文《似水流年间》发表在2019年12月19日的《贵阳晚报》上。

（2）昨天传来好消息，"叶圣陶杯"全国中学生新作文大赛我班以下同学获奖。

二等奖：韩嘉芯《捆捆麦子》。三等奖：廖春明的《佐酒》、毛远影《我的1997》、何润蓓《回家》、王梓宁《虎面》、王思颖《尘埃散落在透明的光里》、余可锦《万寿无"僵"》。优胜奖：王静雯《梧桐》、郭可婧《忆在渝城，呷一口浓墨》。

2019年12月20日

（1）（2）班李昊阳、（9）班陈芳毅成都招飞体检通过。

（2）明天清华大学自主招生负责人到校，我校推荐了李星志、郭可婧、杜思远、马泽天4人。

（3）今天（12）班进行了"21世纪杯"全国中小学生英语演讲比赛的班级初选，郭可婧、祝江晗、汪美仑好评如潮，钟露、程艳、韩嘉芯表现也很优异。

（4）今天一个学生的妈妈晚上来学校说了孩子的情况，说孩子状态不好，我们建议她带孩子就医，暂时在家休整。

2019年12月21—22日

（1）周六继续上课，清华大学招生组到校宣传，本次他们主要考察文科。根据各自的意愿，我们推荐了李星志、郭可婧同学。李星志以全面见长，郭可婧以文学专项吸引了招生组老师的注意。两名同学的材料都被收走了。

（2）趁着周六监考的时间完成了2道原创题。

（3）下午放学召开了校级家委会，家委会很给力，期末收费圆满完成。

2019年12月23—25日

（1）统计了本班的习作发表情况。完成费用测算后，马上开启大事年表的整理。

（2）这两天又开始整理参评区专家的材料，本学期这是第三次熬夜整理材料，前两次一次是评"三名工程"，另一次是评省骨干，尽人事听天命。

（3）平安夜学生们都平安地在学习。

（4）这一两天要完成各种测算。

（5）着手总结工作。

（6）从12月25日开始考绵阳一诊试题，希望差距不要太大。这次考试是由高一、高二老师帮我们改卷。

（7）12月25日监考完早上第一场考试，赶紧胶装材料，去银行取工会的过节费，交3+3+3联盟考试费。

（8）考完第一天。今天胡校长进行了校长述职，时间好快。

（9）祝江晗、汪美仑、邵德恺和郭可婧将代表高三年级参加"21世纪杯"全国中小学生英语演讲比赛。

（10）在全国中学生英语能力竞赛中，高三年级多人获奖：石奔逸国家级一等奖，杜思远、姚远航国家级二等奖，刘骏超、张烜、罗雪莲国家级三等奖。

2019年12月26—27日

（1）郑巧怡的诗歌《泪水》发表在2019年12月26日的《贵阳晚报》上。

（2）上交了参评区专家的资料，由于理解错误又要重新扫描装订。

（3）2月25—27日参加绵阳的模考，情况不知。

2019年12月28日

（1）今天全年级只上3节课，课后听北大教授任勇的网课。

（2）本周要利用出差时间在火车上完成学生素质报告册的评语、整理（12）班大事年表。

2019年12月29日—31日

（1）调考成绩出来了，文科最高分郭可婧659分，理科最高分张烜668.5分，朱红宇、杜思远652.5分。

（2）周日、周一出了两天差。

（3）12月31日全校大联欢。

（4）元旦放假回来要准备期末各项总结工作。

（5）在"21世纪杯"全国中小学生英语演讲大赛贵州省总决赛高中组复赛中祝江晗获得亚军，汪美仑获最佳风采奖，郭可婧获一等奖，邵德恺、杜思远获二等奖，5人全部进入省决赛，期待他们的好成绩。

2020年1月1日

（1）今天看到了（12）班制作的祝福视频，太有创意了，发给了每一位科任老师同乐。

（2）元旦的晚上我们返校了。利用畅哥的一节晚自习给学生过了一个18岁生日。超腾格尔首发了单曲。

（3）今天的班级总结是刘骐诚做的现场直播式的总结。

（4）完成了费用发放前的各项准备工作。

（5）这周要完成大事年表、体检汇总等工作。

2020年1月2—5日

（1）周四晚上做到凌晨1：30，完成了德阳考试的质量分析，总共19张表格。这次考试我班有6人（郭可婧、刘骏超、李星志、邓锦洁、左静茹）进入德阳前30名。全年级有106人进入双一流线。（12）班有30人进入双一流线，37人进入一本线。理科有3人张烜、杜思远、朱红宇进入前30名，（1）班有30人进入双一流，（2）班有6人，（3）班有5人，（4）班有11人。年级一本上线率70.26%。

（2）抽空与我班几个学生谈话，布置了假期任务。

（3）周六上了刘畅的课。

（4）下周开始要排好班、做好期末收尾工作，总之要加油善后。

2020年1月6—7日

（1）周一完成了期末晚自习和值班的算账工作。

（2）与凌禹主任对接了高三期末工作。

（3）抓紧时间完成大事年表的制作。

（4）周二开始了高一、高二的期末考试。

（5）看到了文件，贵阳市一模时间为2月20—21日。整理假期作业，准备家长通知书。

（6）学校的厕所挡板大更换，上厕所成了全校师生的老大难问题。

（7）与一家长沟通学生情况，建议其回来参加期末考试。

（8）郭可婧申请清华大学冬令营获得通过。

2020年1月8日

（1）本周我班有李星志、郭可婧、刘骏超、廖春明、罗雪莲、邹欣芮6人参加北京大学新春冬令营选拔，期待他们有好消息。

（2）今天高二年级考试结束，我们高三还要坚持一周。

（3）李昊阳和陈芳毅空军招飞体检通过。最近李昊阳状态非常好。

2020年1月9—14日

（1）祝江晗、郭可婧、汪美仑、杜思远、邵德凯5名同学参加中国日报社"21世纪杯"全国中小学生英语演讲比赛的决赛，祝江晗获得冠军，杜思远获得一等奖和中铁明日之星奖，汪美仑获得二等奖，邵德凯、郭可婧获得三等奖。

（2）周日郭可婧去北京参加清华大学冬令营，期待她的好消息。

第三辑 圆梦高考

（3）这几天好多学生到校来看望老师。

（4）周六学校开了教职工大会，非毕业班年级的假期开始了。和王沛、唐子然吃了饭，小唐同学是励志的典型代表，高考差一点上不了二本，在澳门读了本科，又去英国念了传媒的研究生，现正在申请历史学博士。

（5）高三最后一周了，要坚持！

2020年1月15日

（1）改完了试卷，完成了周五课务的调整。

（2）处理了（2）班两同学的纠纷，批评教育了几个帮凶同学。

（3）今天正式公布了今年的自主招生方案，从今年开始自主招生不再提前，改在高考后，招生学校纳入强基计划，高校考评与高考分数相结合。

（4）今天美术考试联考成绩发布：毛远翔265分，最高，第二名王乙娴254分，美术考试都过线。

2020年1月16—17日

（1）考试结束，进行各项收尾工作。周四到周六重新安排了课表，确保每位教师都能讲评完试卷。

（2）周五下午召开质量分析会和（1）班、（12）班的假期相关工作会，两个班的一些学生发展态势还是不错的，基本上保证了在年级前列。期末考试（1）班的朱红宇、（12）班的李星志均以680分以上的高分名列文理科第一名。

（3）白天对我辅导的（8）班的邹禹承、（13）班的杨梦婷进行了假期任务的布置。要求每个科任老师进群指导学习并监督完成情况。

（4）周五晚上是本学期最后一次值班，这个学期终于结束了。

（5）李星志、徐文璐、耿梦祺、邹欣芮、王梓宁、邓锦洁、刘骏超、喻若妍、左静茹、王静雯、郑宇璐11名同学被评为校级"学习标兵"，王思颖、唐文轩、毛远影、龙超腾、祝江晗、罗垚鑫被评为年级"学习标兵"。

（6）1月17日，李朕烜的作文《中国甲骨文》发表在《贵阳晚报》上。

（7）1月18日上午上完课，开完家长会，本学期告一段落。

2020年1月31日

假期原定在2月2日结束，因为遇到了特殊的疫情，假期延长到了2月底。年级组老师在假期坚持检查作业，指导复习。

2020年2月1—14日（补记）

面对疫情，我们不得不调整备考方案，在半个月的时间里高三工作小组召开了两次碰头会，商讨特殊时期的学习备考。其间我们第一次尝试召开了高三班主任和全体备课组长的视频会议，我们每一位教师从零基础开始学习直播课的各项技术，钉钉直播、QQ直播、腾讯课堂、视频录播等，你方唱罢我登场。每一位老师长枪短炮地带着同学们一起前进，每天的微信、QQ、钉钉群里频繁地出现检查作业的反馈。从2月3日开始，贵阳市开启了全省范围内的停课不停学的空中黔课学习，针对北附学生的学情，我们制订了适合我校学生的学习方案：2月5日起每天上午的8：00—11：40是我校教师的网上二轮复习课时间，下午2：30—4：00是学习空中黔课的回放，之后是学生听力时间，晚上还有一个小时的答疑。从2月15日开始在信息中心代霖闵主任的帮助下，我们在周六、周日启动了晚上8：00—10：00的高考科目的选择题网上测试。这些天榜样就在我们身边：胡校长在北附的坚守；梁校长对高三年级工作的关心；于瑞芹老师学习直播技术的勤学好问；杨万里、许云波老师接受了更多的课务而没有怨言的担当；何雪青老师不顾自己的身体情况仍然坚持上课、检查作业；周郭老师创新早读形式，通过语音早读叫醒学生不迟到，每天上午7：00—7：50检查学生的学习……这样的例子不胜枚举。高三（12）班也借鉴了周郭老师的做法，从2月12日起，我们也开启了语音早读模式。三天时间我就收到了600余条语音信息，学生不到7点就开始学习，三天时间一天比一天多的学生不到7：20就起来早读。我听出了语音中同学们的睡眼惺忪，也看到了这种坚持后面的希望。2020年的寒假注定不平静，我们的努力定会铸就他们的不平凡！

2020年2月15—28日

又半个月过去了，又到了我值班的日子，这两周高三各项工作有序开展，进行了第二次周测。在小代主任的帮助下，我们的周测进行了改进，效率有了一定的提升。2月18日学校召开了校务会扩大会议，6个年级主任列席会议，分别介绍了延期开学各年级的管理措施及方案，高三年级的各项工作得到了学校的充分肯定。2月22日，我们利用周六晚上周考前的一个小时召开了高三年级的家长会及学生会。这次会议的主题是"抗疫有期，坚守定心"。会议通报了疫情以来学校和年级组各位老师所做的各项工作。各位老师以实际行动支持全国抗击疫情，将自己的平凡又重要的教学工作做到最好，践行了我校崇知尚行的校风，彰显了我校教师崇高的教育情怀。会上结合各班情况对学生提出了有理想、有计划、能吃苦、会反思的学习要求。2月27日省教育厅公布了我省高三、初三将在3月16日正式开学。2月28日是离高考100天的日子，高三年级确定了第二期班会的主题：高考近百日，开学距半月，学生各方面的调整。面对疫情这样的特殊情况，学生良好的习惯和自我约束是取得优异成绩的关键。2月20日，邹雨孜的作文《桂花正浓》发表在《贵阳晚报》上；2月27日，郑宇璐的作文《孤举者难起，众行者易趋》发表在《贵阳晚报》上。

2020年3月1—15日

又是两周在家学习的日子，高三的学习依然有序进行，延迟开学最大的焦虑来自线上上课、线下对学生的监管。这个假期对学生的监管一直是网课要解决但一直没有很好解决的问题。自律加自主的学生一定会是今年高考笑到最后的人。从3月9日开始，我们对高三年级的复习也做了相应调整，前三天参加空中黔课的考试，后三天改为上午参加学校的网上辅导，下午进行各科测试。也是从3月9日开始，高三教师正式返校上班，为了让学生安心、安全地返校，按照上级精神，我们对对返校方案做了多次调整，最后确定出最适合我校实际的返校方案。学生3月15日的返校正常有序。学校为高三开学准备了托底口罩、洗手液，并安排专人消毒，家长反馈很放心、很满意。

在3月9日这一周，我们拟定了《疫情期间一日常规》《返校安排》《返校承诺书》等，安排了周测监考和晚自习值班，制定陪餐制度，对接各种细节问题，事无巨细，目的只有一个——高三顺利开学。

3月15日下午1点学生正式返校，到下午6点全部学生顺利返校。其间全体校级干部、行政领导、高三教师履行职责，定点、定人、定岗位，返校工作圆满完成。18：30—19：30年级召开了广播会，具体解读了《高三一日常规》，介绍疫情期间学校的各项细致安排：每个班有专人行动路线，开辟两个教室用于学习生活，食堂送餐到教室门口，专人护送学生回寝，每班每天1

个老师值守晚自习，班主任分批24小时值班陪护。

（12）班开学第一课，大家分享了2017届学长的祝福和2017届百日誓师的视频，我送给学生两个词：坚守与选择。因为坚守才有了选择的权利，因为选择了坚守才会有每天的坚持。第一天开学，我、凌助理、畅哥、平哥、毛老、友翠、周敏查完寝已近12点，我们或在学校办公室或在私家车上度过了一夜。

2020年3月16日

正式开学后第一天的早餐是包子、牛奶和鸡蛋，中晚餐四菜有水果。今天早上，《百姓关注》栏目采访了我们高三（12）班，镜头前同学们的状态非常好，期待明天的贵阳市一模马到成功。家长、学生对学校的安排还是放心的、满意的。今天的不足之处是从寝室到教室的不准时，教官检查内务耽误了时间，年级组也在不断调整改进。我们每天都要对学生进行晨检、午检、晚检报平安，希望用我们的认真、细心、周到换取学生的身体健康，学业有成。这次市一模本班同学分成两个考场考试，不和其他班混杂，李朕烜、唐文轩、肖子涵等同学布置的（12）班考场成为标杆考场。

2020年3月17日

今天是贵阳市一模考试的日子，早上7：50我到了教室，学生随即赶到。今天的早餐是发糕、牛奶和鸡蛋，班上好多学生不喜欢吃鸡蛋，在我的劝说下有的同学还是完成了吃鸡蛋保身体的任务。早餐期间，学生进行了第一次体温检测，全部正常。早餐后学生开始早读，中午考完后我在教室陪餐，午餐供应土豆鸡块、青椒肉末，瓜丝炒肉、炒白菜，水果是苹果。下午2：20进行了第二次体温测量，也全部正常。感觉这次返校我们的大部分同学都是有序、有条理地开展学习，但还是有部分同学喜欢各行其是，如随意摘口罩、同学之间不注意保持适当的距离、返寝队伍不规范等。今天的晚餐是鸡丁、酸菜魔芋、炒青菜、鱼香茄子，刘祺诚一个人吃掉了两份外加一碗白饭。吃嘛嘛香，好事情！今天听到两件不好的事情：一是昨天贵州的病例刚刚清零，今天就发现1例输入病例；二是清镇一名大一学生在家与家人冲突，无故杀害了一个两岁小孩泄愤。由此感慨疫情期间的心理调适尤为重要。今天汪美仑同学的《若水》发表在《贵阳晚报》上。今天晚自习值守及所有值班老师认真履责，23点安全护送学生回寝，6位班主任查完寝已近12点，在学校就寝陪护学生。

2020年3月18日

今天的早餐是牛奶、鸡蛋和花卷。贵阳市一模考试第二天考综合，看了一下题目比较平和，假期复习认真的学生一模应该没问题。找学生了解了一下情况，假期放松的学生还是比较恼火。今天不值班可以早点回家。

2020年3月19日

今天距离高考只有79天了，问了学生一个问题——希不希望高考延期，学生回答和老师一样：不希望。希望一切快点结束，延期不延期对大家一样。今天上了4节课，晚上又要值班加值守，日子既快又慢。想知道一模成绩但又因为没有对比又有些担心，大概一周后就会有结果，相信高三年级的过程管理是有效的。今天开启楼道课间操运动，为了防止共振，取消了跳跃运动。今天也是到校后第一次户外活动，我们玩了掷沙包，有小时候的感觉、童年的味道，希望坐了一天的学生可以借此机会活动一下。而我从开学至今每天都是大运动量，平均每天15000步以上，今晚值守我要完成3套题。

2020年3月20—22日

周五、周六是学生在校的第五天、第六天，疫情平稳，学生状态也都正常，相信再有一个星期的平稳，高一、高二开学就快了。开学第一周我在学校住了4个晚上，每天都有做不完的事、操不完的心，疫情之下各项表格令人应接不暇。喊学生预估了一下一模客观题，文综整体难度不大，成败就在于假期的状态。周六、周日学生在校要上课还要考试，每一科作业都不少，但不奋斗就不叫高三。开学一周全体老师非常敬业，每天值守到晚上11点还要护送学生回寝，希望我们每一个坚守的夜晚，每一个晚归的背影都是值得的。

2020年3月23—25日

第一周平稳度过，接下来开启学生第二周的住校生活。学生适应了很多，在校期间伙食不错，学生状态也还不错。从这周开始，（12）班每晚的晚自习加一节给各科考试，非常时期以考代练，讲评结合。学生也渐渐喜欢上了每天半小时的户外活动，可以自己游戏，可以投沙包、打气排球等。班上以刘骐诚为代表的几个学生，一顿饭的量惊人，吃好、喝好还有学好。周二晚高三（7）班出现两个发烧的学生，马上启动预案，还好是感冒。春天来了，学生喜欢脱衣服是感冒的主要原因。这天晚上一同学情绪出了点问题，还好及时解决了。据说周三成绩就能出来，有点紧张又有点期待。周三上午召开了备课组长会，年级组提出分层达标要求，实验班、平行班侧重点不同，要求合理有效地使用复习资料，规定每次周测在周二前改完。这一天高中部召开行政会，我校申报示范性高中（以下简称申示）工作正式启动。

2020年3月26—31日

过完连续两周的住校生活，我们做好预案，准备周六放假，周四晚上10点，收到教育局一个工作提示，要求我们周五放学生。赶紧修改原方案：周五中午（7）~（13）班先放学，留下来的6个班下午继续考数学，余下不多的复习备考机会，真的要抓紧时间。周五学校拷贝到了一模成绩，文科最好成绩是全市第10名的李星志608.5分，第11名邹欣芮605.5分；全年级有14人进入全市100名，其中13个在（12）班，另一名同学是（10）班的郭嘉毅，由8月摸底考14名提升到10名；前50名有4人；前100名增加了2人，假期的监督还是有效果的。理科最好名次张烜639分，全市39名。鉴于疫情严重，教育局统一口径，未经上级同意，一律不准发成绩，我们在期待中等着质量分析的到来。利用周末在家的时间，完成了基础数据的分析，今年的市一模同往年比，艺考生回校参考的人数是最多的。周二下午市里质量分析发布，可以看一下横向对比。

2020年4月1—2日

为什么是在3月31日教育部正式官宣了高考延期一个月，因为4月1日是愚人节，宣布了怕没人相信。就在愚人节这一天，我们正式拿到了市一模的质量分析，教育局测算的一本上线率只有83.4%，没完成教育局下达的91.03%的预测指标，而某中学上报的完成率却是96.6%，文科前10名他们有第一名，这给了我们很大的压力。每一届的高三我们都在压力中成长，一句话，高考见，延期一个月我们又多了一次机会。这天我校召开了质量分析会，胡校长提出要大家认清形势，找准定位，守住底线，强化责任。（1）班和（12）班要承担起产出清华、北大学生的重任，三个理科实验班要保住一本率，同时多产出高分学生，平行班要提升一本上线率，各班各司其职。在会上胡校长再次明确目标：90%一本硬上线率，完成一次性92%的上线率，综合上线率95%，力争4个优生（含北大医学部）。周四上午我们进行了文综测试，晚上

第三辑　圆梦高考

的值守我分批和30名学生谈话，有艺术生，有后进生群体，有成绩优秀的学生，有进步的希望生群体，对每一个群体提出不同的策略及措施，接下来就是落实。明天争取谈完剩余学生。下午考完英语回家休整。加油！67天到97天的历程。

2020年4月3—8日

日子过得真快，一晃又到了周三。周日值班完成了最后十几个学生的考后谈话。这一周各科质量分析会分别召开，市教科所给各学科把脉应考。历史学科的教研活动从上午9点一直到下午1点15分。不准公布的各科排名在某校的宣传下满天飞。就考试情况来看，我们的理科语数英及综合分别位于贵阳市第5、4、3、4名，文科第3、3、2、4名，名次上某校比我们好，他们今年理科最好名次是贵阳市第19名，我们张炟位列第39名，他们文科最好是贵阳市第1名，我们是第10名，虽然我校文科高分选手比他们分布均匀，但不得不说我们和他们有差距，因此唯有改进和加油，一切等到高考见分晓。本周我班罗雪莲的作文《尊重》、胡旭鹏的作文《阳光》都发表在2020年4月3日的《贵阳晚报》上。这周学校考虑到高三工作的辛苦，将行政领导也安排在值夜之中，让我和凌助理有了一些休息时间。这周我还完成了全校教职工的体检预付款报账工作，拟定了历史复习计划：抓关键词、核心概念和阶段特征点的理解，做好中西对比的复习，多做学法指导方面的指导分析。工作做细复习才会有实效。周三还进行了毕业证信息的核对工作，统计我班有27名同学全A毕业，上届只有16个。本周也恢复了周六放假，周日返校考试的日子。今天是4月8日，也是武汉解禁的日子，希望好运永相伴！武汉的坚持战胜了疫情，希望我们3年的坚持换取同学们的美好前程！大家一起加油！

2020年4月9—10日

体检预付款报账的事情终于告一段落了。周四下午开了行政会，讨论了高三质量倒追责任制，并将在今年高考中实行，追查范围是一本踩线生未上线的和几次预测模拟上一本但在高考中没有上一本的学生。讨论定出了追查的责任分数，理科：语数外分别是100分、90分、100分，理化生分别是66分、64分、60分理综总分190分，理科总分480分。文科：语数外110分、100分、110分，文综总分246分，政史地分别是82分、82分、82分。责任落实到学科及科任老师。本学期没有再组织年级集体扶弱，将各班扶弱落实到各班科任老师，明确责任，落实管理。今天的行政会通报了新校区的建设情况，新校区建设与申示同步进行，要求全校不能出一点安全事故，举全区之力帮助我校申示成功。来北附9年了，即将迎来第二次搬迁。记得第一次搬迁还是在2013年9月，观投集团加班加点赶工期完成了高中部建设，我们成了跨两个校区就读的一届，2014届在初中部经历了班级送餐，20余人一间教室当寝室；经历了变压器爆炸；经历了停水，"撒哈拉附中"是有渊源的；经历了高中部寝室没有封阳台的寒冷……2020年的疫情，学生被安排在教室用餐，条件好了很多，饭食也好吃得多，寝室也有了暖气，办公室的空调让老师们可以安心备课。记得当年所谓的中央空调，没开的时候有1摄氏度，开了一天就只有2摄氏度，我们苦中作乐：取暖靠抖。2020年，在送走了2020届学生后，我们又将迎来我校的跨越式发展：向示范性高中迈近。学校发展了，作为个人，专业素养的提高也是不能停下的，只有学校、个人良性发展，我们才会越来越好。开完了行政会，赶紧到（13）班守自习，叫出踩线的几名学生布置扶弱任务，暗暗告诫自己千万不能因为自己拖了大家的后腿，你不努力，有人努力，你不付出，有人付出，三个月时不待我，只求给这届学生一个完满。周五上完课，下午修改了饶妈写的高三工作总结，改完了两个班的试卷，面批了（12）班的SOLO评价题。我在全班学业考试中全A的27位同学中推举了刘骏超、邓锦洁、廖春明、欧沛竹、肖子涵5名同学评选贵阳市市级三好学生和优秀班干部。这些同学或是刻苦努力，或是工作得力，或是各方面较以前有很大改观，或是在抗疫情中热心公益。晚餐前找刘骏超谈话，小刘同学经过上次谈话后性格、态度有很大改观，我充分肯定了他的变化，谈完话后他满意地回了教室。

2020年4月11—16日

又一周过去了，这一周返校后要连上14天，因为4月18—19日要进行贵州省模拟考试。周六下午学生放学后召开了校级家委会，通报了市一模情况，也通报了年级下一步的工作安排，家委会的家长们表示一定支持年级组的工作，果真这次布置的工作完成得非常顺利。家校齐心，其利断金。

周一下午先召开了备课组长会，商讨了高考追责思路。根据高考分数折算出每科应该的贡献率，对没上一本线的学生的相应科任老师追责。大致比例划分如下：文科，语文20%、数学16.5%、英语20%、综合43.50%；理科，语文22%、数学19%、英语25%、综合34%。备课组长会后召开了班主任会

第三辑 圆梦高考

议，建议各班在省模后及时召开班级科任老师工作会，大家齐心协力。

周二：名师工作室工作正式袭来，要正式组建我的工作室。对于工作室，我之前一直比较抗拒，怕做不好，但这次所有"三名工程"中的单位和个人大部分都组建了工作室，我也转变了观念，希望以工作室为契机，提升自己的科研能力，助力自己的专业发展。

周三：天气非常好，我们带着学生到操场进行了拉歌比赛，借此机会放松身心，为省模考试做适当的调整。3个方队全部舞动起来，大家在放松中嗨了一把！快6点时学生满意地回教室吃饭，准备晚上的自习。

周四：文科班进行了小文综考试。最近听了几个讲座，二轮复习也在不断完善中进行。学生主观题答题还是不太好，省模之后要进行主观题大题训练。到今天为止，尽管我们的市一模考试成绩不尽如人意，但我仍然相信这个年级的三年过程性管理是有效的，坚信我们的高考成绩不会差。静待时日，看你我的蜕变！

这周得到明确消息，高一、高二将在4月28日准备开学，终于等到了"神兽"回归，3个多月的假期，想着就后怕，不知多少学生输在了假期这条起跑线上。这次疫情我想影响最大的应该是现在初三的学生和今年即将毕业的大学生：前者是这样的放假及网课到底多少学生认真学习了；后者是这群即将走向社会的大学生或面临考研的压力或面临疫情引起的全国乃至世界性的萧条，好多单位不景气，招工严重不足。

2020年4月17日

上午7：50进班，安排学生测体温，吃完早餐后赶紧用20分钟时间完成了明后两天省模拟考期间的学生作息时间安排，之后迅速传给负责食堂送餐的朱经理。从昨天到今天一直在关注几个学生：一个是昨天就发现情绪不佳的某学生，今天情绪依旧，走路的感觉就像衣服角都要扫到人。找同学问了一下她的情况，课间10分钟找她说了几句，她依然不开心。还有就是昨天回家"排毒"的同学，晚上找超腾问了一下，说她们在班上情况都还正常。今天这个同学来学校了，家长和学生都没有主动与我交流情况，明天考试，考完再找机会谈。令人棘手的某同学一直在规划本里释放负面情绪，课间操时间看到她打电话给家长，她在规划本里说不想考试。这几个学生的事情扰得我居然忘记了班上的第四节课，匆匆赶来上完课，学生课间问问题都没心思回答，眼睛不停地寻找她。好在之前跟英语老师沟通过她的情况，这节课间她去找英语老师聊了，释放了一下情绪，我准备晚一点找她。下午第一节课前到教室看到她情绪好转，就没有主动找她。我决定晚自习上一节省摸前的减压班会，我用2017届同一时期的班级总结做素材，带着他们回顾学长、学姐的备考生涯，告诉他们备考固然辛苦，但所有成功的背后都是负重前行，大家在欢声笑语中释放了情绪，也帮我回到了3年前的今日。时光已过，岁月可期！昨天到今天情绪不佳的L自己调整好了。今天开了省摸考务会，明后天省摸，大家一起努力！

2020年4月18—19日

4月18日省模考试如期而至，上午开完考务会，巡考一趟后与凌助理对接了下周及五一的安排。

离考试结束还有半小时，雷雨、大风接踵而至，楼上楼下地走一圈，关闭了每个教室的窗户。和往年不太一样的是第一科语文就打得学生有点晕，下午的数学，好题一大堆，但学生有点难做。晚餐时分赶紧以凌助理的口吻描述熟悉的困难程度：文科班尚且如此，理科更困难！不知学生听进去没有。今天接到通知，周二要去荔波做讲座，赶紧利用晚自习值守的时间理了提纲，待到明天考完，完善课件内容。经过几天的整理，在大家的共同努力下，完成了《疫情之下的北附高三》，推送到家长群，得到无数点赞。只有有家长的理解与支持，我们的工作才能很好地开展下去。

2020年4月20—22日

省模过后的两天，周二上午我们就拿到了质量分析，这就是北附速度。文科第一名679.5分，李朕烜；理科第一名676分，杜思远。与2017届相比，（12）班有一定提升，2017届600分以上有27人，而今的（12）班有30人。这次的考试高分选手有梯度，没有出现断层，且优秀生李朕烜、邹欣芮、李星志、郭可婧、左静茹依次位列前五，新增进入第六漆泽寒、第七邓锦洁、第八肖子涵、第九王静雯。刘骏超、耿梦祺暂时位居第十、第十一。总体情况是班级仍然在进步。成绩出来后，找了两名学生谈话。班级中在流传这样一种导向：谈恋爱可以提高成绩。借助周二跑操时间给全班上了一节班会课，在全班同学面前提要求、讲底线，高位发展的班级在细节上更要严格要求，不论成绩好坏，所有同学一视同仁，高考在即，任何违纪都一样会受到处理。

强大的周二，从下午开始一直到晚上包括辅导一共上了6节课，接待了一位家长，处理了学生的问题，11点下了晚自习回到家不想说话。今天"青史杯"公众号刊登了李星志去年的获奖作品，为师开心、自豪。三年来这些学生一路进步，特别是在这次考试的前五名中，一、三、五名全是我们原（12）班的学生。看着李星志从第一次参加青岛模联时的单纯青涩到现在的睿智成熟，为师真的很自豪，唯愿你们追求梦想、永不停息。

周三到校后，开始准备荔波国培的课件，今天一定要尽量完成初稿，明天开始省模数据分析，事情一件接一件，感觉自己像机器。有预感老母亲最近要出问题，果不其然，今天打电话过去，说又住院了，周期性地每隔一到两年的春天就要住一次院，周日争取到医院去一趟。

2020年4月23—28日

这个学期的日志，我经常都是隔三岔五地记录，感觉日子真的好快，事情永远做不完。周六、周日考完省模拟考，周一改完，很快拿到了成绩，也看到了省里的对比。这次考试就分数而言确实有进步，年级的一本上线率也突破了90%，李朕烜的成绩649.5分居然是全省第八，贵阳市第二。因为是自己改卷，我们还是要理性对待这个成绩。区内的另一所学校在本次考试中显然是隐藏了实力。翻看2017届当时的成绩，张琦、焦千锐分别是第一、二名，最后高考他们也是我校进入全省前100名的学生。因为班级的好多优生都有过三年前中考模拟考大捷、实际中考失利才到我校的经历，所以，我对我的所有科任老师的要求是外松内紧，淡化分数，不希望这个成绩给学生任何压力，希望他们忘掉成绩，轻装上阵。周六、周日在家进行省模成绩的分析，周一召开了质量分析会，会上再次强调了高分一定要落到高手身上的原则，提出了语文高分要向130分进军的要求。李朕烜就是因为这次考试几乎没有短板才拔得头筹。当然踩线生的责任分解落实也是后期的重任。今年遇到了疫情，遇到了高考延期，遇到了家人生病，遇到了停课不停学，一切只有面对才能理性解决问题。

2020年4月29—5月3日

又是几天过去了，每次写日志都感觉日子过得太快。这周我们休息了一天半的五一小长假，正好高一、高二马上要开学，哪儿也没去，在家里完成了荔波国培的公开课。周三、周四高三（6）班、（3）班、（10）班、

（11）班分别召开了班级任课教师会，落实了一本踩线生和600分希望生的导师结对计划。每一名学生都包干到任课教师，目标一致，责任落实，任务分解。5月2日学生返校，考了综合科。胡校长透露消息，今年强基计划我校的重点推荐主要向文科倾斜。今天传来好消息，清华大学的美术复试分数线划到联考成绩253分，毛远翔、王乙闲入围，期待他俩的好消息。周三晚上梁校长进班给（12）班的同学加油鼓劲，领导的关心让学生很受鼓舞。周四放学时约见了H的家长，沟通交流了学生的情况，家长很客观地分析了孩子的情况：不自信引起的关注需求，希望老师多加关心爱护。我也建议学生不定期走读，家长的陪护利于学生缓解焦虑。五一返校后借着班级总结的机会郑重告诫学生最后阶段应关注学习、管理情绪、多换位思考，不能因为小事影响同学关系，影响班级良好的备考氛围。

2020年5月4—6日

五四青年节，利用晚自习时间与全班同学分享了纪念习总书记五四运动100周年讲话发表一周年的一篇讲话，新时代的青年在疫情面前更应该有责任、有担当。周二，孔子学堂的18岁成人礼的分会场录制在我校举行。今年因为疫情寒假延期，我们没有举行百日誓师的成人礼，今天这个活动在我校举行，同学们通过活动感受到了自己肩上的责任。这两天安排了年级值班、周日晚上后三节课的讲评以及监考。做年级主任三年，自己成了无所不能的战士。这周还完成了荔波公开课的备课，坚不可摧呀！这种坚不可摧的背后是自己的负重前行。周二课间操学校召开了全体班主任的安全工作会，疫情之下的学生，动作变形，频发安全事故。

五四这一天也是贵阳市全体中学生复学的日子，官媒称之为"神兽"复学。官媒的这种称呼预示着这些年轻人什么都不怕，唯有教师怕、家长怕，学校怕，不可比拟的新一代确实厉害！五四之际，B站何冰老师的《后浪》这个视频火了，但有个很奇怪的现象：推崇这个视频的大多是70后、80后，真正的90、00后却很淡定。我的理解这个视频未必能进入这群孩子的内心，也说明他们是自我意识非常强、极有个性的一代。

周一：利用一节课的时间，胡校长与进入清华美院复试的毛远翔和王乙闲、立志报考清华大学特招飞行员的李昊阳同学进行了交流，鼓励他们为成为名校生而奋斗。

周三：针对好多学生不愿中午送餐到班的情况，年级组进行了意向调查，本着少数服从多数的原则，进行了调整。

2020年5月7—9日

从5月7日开始，各高校陆续公布了强基计划的招生简章。我认真学习了两天，总结出一些心得体会。适合人群：①分数不能确保上理想名校但差距不大的学生；②有强烈的名校情结且对强基计划提供的培养大类可以接受的学生；③对学医不反感的学生；④没有任何加分，不能享受国家专项计划、贫困地区优惠计划的学生。

强基计划的优势：①名校优势；②专项培养；③部分高校对硕士、博士学位的继续深造有相应的倾斜；④从录取程序上看，强基计划在高考提前批次录取前公布结果，不影响后面的填报，有意向的学生可以试着向顶尖名校发起冲击，挑战一下。

报考技巧：就目前来看，很多学校有限报要求，所以，有意向的学生可以向最中意的学校发起冲击；从考查科目看，以文科为例，北大考语文、历史、政治，清华考语文、数学、历史，那么，数学好的建议报清华，文综好的建议报北大。

强基计划的实施对我们的学生是有好处的，特别是像李星志这样没有少数民族加分的学生，对哲学、历史、古汉语、医学大类不反感的学生又多了一条上名校的渠道。给班上的十几个同学做了思想工作，大部分学生还是愿意报名参加强基计划的考核的。

周三晚上（1）班、（2）班的科任老师召开工作会，会议结束回到家，近22：30接到同事周郭的电话，某同学不在教室，匆匆赶到学校，发现她在门口背书，问她跑哪里去了，她说心情不好去操场散心去了。这个学生喜欢独来独往，几乎没有朋友，一到下课就经常不见踪影，上次与她沟通过了考试做完了后如何不影响别人，这次周郭、康琳老师、梦祺同学都去找她，她很愧疚。我告诉她不能总是出了问题就反思，能不能正思，在做任何事情之前多想想，心情不好去操场散心没问题，但至少要告诉别人你的去向，免得大家为你操心。周五，没有任何征兆，一个同学就提出不想读书了。这届学生因为疫情，经历的备考波折多一些，这在成年人看来是一笔财富，但他们却觉得过不去、压力太大。

周六：下午清华大学招生组老师到校考察我校理科前五名、文科前三名的学生，文科推荐了郭可婧、邹欣芮、李星志3名同学给招生组。

周六：回到家，肖雅文传来好消息，通过面试提前被上海外语大学（以下简称"上外"）对外留学部录取，很为她高兴。当年（12）班给文科实验班输入6名学生。李星志、左静茹、李朕烜高位发展；刘骐诚、胡旭鹏考入985希望很大，就是肖雅文出了点状况一度想放弃高考，我真觉得可惜、难过。今天她考上上外外出留学，就不留遗憾了。

（12）班学生各个都很厉害，在2019年全国中学生英语能力测评中，刘骏超、罗雪莲获得国家级三等奖，汪美仑、郑宇璐、钟露、李朕烜、耿梦祺、王静雯、左静茹获得省级一等奖，肖子涵、祝江晗、邓锦洁、李星志获得省级三等奖。

周六：清华面试，（1）班的刘韦诺、张烜、杜思远、朱红宇、马泽天5人，（12）班的李星志、郭可婧、邹欣芮、李朕烜4人参加了面试。

周日：母亲节收到了小漆、小耿、小马的祝福，我对他们的寄语是希望明年收到他们从外地发来的母亲节祝福。小马的班徽发到朋友圈"惹"来一顿好评，突发奇想，做成文化衫作为（12）班永远的念想。

周一：课间操时间召开了（12）班的工作会，胡校长、梁校长参会。开会之前我与（12）班的一些学生进行了谈话，他们当中绝大部分有报考强基计划的愿望，学校要求对班级的7名优秀生、3名进步生（邓锦洁、徐文璐、唐文轩）给予高度关注，同时，胡校长提出几个教师子弟也要关注。会后我找一个同学谈话，他告知我家长有让他到新西兰留学的愿望。个人认为家长有打算固然重要，但要给孩子留有多条出路，家长让孩子提前知晓对其未来的打算未必是件好事，孩子的进取心会受到限制，我们老师也只能尽人事听天命。

高三年级各班在本周全部开完了分析会，确定指导老师，分配学生，落实各自的责任。强基计划经过宣传，（12）班有报名意向的同学很多，但是也有消息说清华、北大今年不在贵阳招收文科强基计划学生，暂时没有把消息告诉学生。据说今年清华、北大在全国有6个省份无强基计划，如果属实，感觉第一年实施就带有地域歧视，对贵州学生很不公平。

本周被很多杂事耽误了，下周一定要好好管一下学生，我对他们还是有愧疚感的。周五"三名工程"工作正式启动，要定方案、计划、制度，下周要一项一项落实，计划、方案出来后就要开展活动了，希望以此为契机，提升自己。这周确定了体检时间在5月21日，高考越来越近。

下周要做的事情有安排5月份的两次考试，多值守一下学生，完成荔波公开课，争取在（13）班磨一次课，初步拟定工作室计划等。这些内容写在此，是希望大家监督落实。

2020年5月16—21日

上周安排的计划截止到今天除了工作室计划还没有拟定，其余的都基本上完成了。周六上完上午的课回到家，听到一个意外加悲痛的消息，这个学期这种事情听到不止一起了，但都没有发生在周边。这种意外在今年被归因于受疫情的影响，我觉得除此之外，社会的氛围以及学生的抗挫能力差、不理性等原因占了很大比重。我们经常听说现在的孩子一怕苦、二怕冷，就是不怕死。这样的事情发生后各方归因，挨板子最多的就是教育问题。试问教育的问题仅仅是学校、老师造成的吗？

周日到学校，召开了班主任例会，指出了近期工作的要点是安全工作。下午监考，晚上4节课试卷讲评。周一初步拟定出工作室要做的近期工作，安排了周四的学生体检。周二课间操时间，工作室的几位老师召开了工作室启动的准备会，初步对工作室建设进行了分工。晚上一场大雨加冰雹让学校成了水帘洞，好在学生还是比较听话的。雨停了，设施损坏了不少。

2020年5月22—24日

高三一周迎来了两次大考，学校人性化地把德阳三诊考试的监考和改卷任务交给了高一、高二年级的老师。周四，学生完成了体检，周五开始了德阳三诊的调考。乘着这个机会我们休整了一下。周六看了病中的老母亲，周日在家完善了荔波的课件，做了三诊的试卷，一个周末就此结束。上周的任务有一项没有完成，就是工作室的工作基本没有推进。下周二学生要进行3+3+3联盟考试，所以，下周的任务就是两次考试的质量分析和工作室方案的启动。写下任务的目的就是希望自己监督完成。

2020年5月25—31日

越来越忙了，写日志的时间间隔越来越长了。今天距高考还剩36天，我们拿到了3+3+3联盟考试的成绩，有喜有忧。理科情况比文科好，文科的一本率只有81%，郭可婧拿到了参考学校数学第一名的成绩，李星志有起伏，张烜的理综考了290分，总分也仅仅比一中最高分低10分。上周五市教科所到校调研听课后反馈的意见是要让教师多动笔，研究真题。结合学生的情况，最后一个月我们文综以高考真题为抓手，完善细节。周日召开了年级大会，凌老师对学生提出心态调整，注意细节，规范行为，强调备考实效性等要求。36天的过程比结果更重要。2020届开学在2019年8月4日，高考延期了一个月，未来岁月值得回忆的东西太多。

好久不写日志了，感觉忘记了好多事情，以后还是要按时记录。

2020年6月1—4日

六一儿童节，德阳考试和3+3+3联盟考试的对比质量分析出来了，晚上也召开了质量分析会。两次考试中德阳考试文科A类（985）561.5分以上有80人，（12）班有37人；一本线525分，文科有108人，（12）班有40人；理科A类（985）有88人，一本线496分，理科有246人。3+3+3联盟开始理科情况比文科好，理科一本上线率93%，文科一本上线率81%，所以，学科中英语、数学、理综有效达标比语文、文综要好，尤其是文综三科有效达标率只有58%。梁校长在分析会上给全体高三年级的教师提要求：精讲、精练、重视高考真题，回归落实课本。会后，高三备课组召开备考会，进一步落实最后一个月的备考任务，利用高考真题练思维，利用课堂练笔头表达，课下落实背书。周二早读找范哲维、杜懿琳、唐逸靖3名同学谈话，分析试卷。

这两天为了一个保岗、竞岗，搞得大家精疲力竭，工作重心都没有完全放在学生身上，好在周三一天基本完善了资料，周四赶紧将以前欠的时空观课题的三期简报补完。写完简报顿时感觉轻松了不少，以后还是不要欠账。工作室的室徽终于制作完成，请友翠完成了第二期工作室简报。本周要考市二模，下周一定要开始工作室的启动工作。

今天完成了班服的设计，启用了马浚珲和毛远翔的班徽设计，班服正面是高一下学期艺术节的集体照，三年好快，留一点念想是美好的回忆。试想如果没有疫情，此时学生即将走进考场，疫情让他们多了一个月的时间备考，但部分学生的焦虑是明显的。周二晚上我和老凌分别进入高三（1）班和高三（12）班给学生鼓劲，我们不约而同地选择了平常心这个主题，越是困难的时候，越要保持平常心，让30天难过变难忘。

周四：下午胡校长专门找到我，与我交流了文科生的备考情况。胡校长表达了他的担忧，同时对文科班提了具体要求：近期召开文科班会议，高度关注一本踩线生，保持班级稳定。就我个人而言，这次联盟考试出现起伏，我觉得应该是状态的调整，我还是对文科班有信心的。7月见分晓！

2020年6月5—9日

6月5—6日：高三最后一次市级考试——市二模开考，周日改完试卷发现这次理科又比文科高分段学生多，理科最高分713分张烜，文科675分唐文轩，小钟也参加了考试，不含听力考了440.5分（语文116分，数学104分，外语94.5分，理综129分），希望明年的正式二模有模有样。本周看到二模成绩比2017届、2019届同时期好，但文科依然拖了全校的后腿。周一胡校长召开年级会。给文科班加油、鼓劲，希望努力20几天有惊喜。这周学生、教师状态都不太好，想着高考不延期这几天我们应该在放飞自我，但还是得坚持。最近学生状况有的不太好，表现为喜欢自己学，不喜欢回顾，喜欢做题，这其实就是焦躁的反映。这周要完成加油视频的拍摄。本周班服大功告成，皆大欢喜，老师、学生、家长都满意。周二晚自习后商定了近期安排。这周我也焦虑，工作室方案和手册一直没有完成，10天后要检查了，今天赶紧完成最紧要的事情，周三上午开始工作室的事务。

2020年6月10—17日

又是一周，这周处理了高三年级的违纪事件，基本安抚了受伤方。周一召开了贵阳市二模质量分析会。本次划线，720分的满分理科一本划到了445分，文科509分，本次考试文科班较上次考试一本率提高了近3个百分点，文理一本硬上线率达到了89.86%，张烜的成绩位居贵阳市第二，文科唐文轩位居贵阳市前20名。高考在即，这届应该还是有希望的。高分在学优生方面理科比文科完成得好，这也是我们努力的方向。这周完成了工作室手册编写，周五工作室将正式揭牌，开始工作。周一质量分析会上确定从下周一开始，学生早上7：30进班早读，晚上10：30下晚自习开始生物钟调整。加油视频也初见成效，准备在周六家长会上分享给家长。从周二开始，科任老师进班值守坚持到7月4日。好消息是端午节可以休整两天。距高考还有20来天，唯有坚持。（12）班班服制作完成，正好6月30日照毕业照的时候可以穿。

2020年6月18—26日

二模质量分析会后，开启了每天都有老师进班值守的阶段，我们也对高三最后阶段的工作进行了安排。6月19—20日进行了高三冲刺考试，这也是高三为数不多的考试了。6月19日我的班主任工作室也正式启动了，省、市、学校3个工作室同时启动。工作室的启动也意味着我将带领大家开始工作室的研究工作，等到高三备考工作一结束，工作室工作一定要全面开展起来。我初步的计划是三年争取开展两个课题研究，班主任方向以情怀教育或班级常规实操工作为主题，学科以学思课堂为主题，希望借此机会完成这项工作。这周有一件非常郁闷的事情，就是强基计划要修改资料，我平时上课的U盘拿给学生完成修改工作，于是我用小何的U盘拷课件去上课，到（13）班才发现课件没拷上，于是我请（13）班的一个同学帮我去电脑上拷课件，请他将小何的U盘格式化后再拷备，结果他老人家把我的一个硬盘给格式化了，我三年的资料和心血呀！比我丢了5000元还心疼。好在通过穆洋同学的指点、大玮的帮忙，恢复了一部分。平时我的资料存在不同盘里，仔细检查发现大部分资料没有丢，只是高三的成绩、大型考试的答案等资料可能会遗失一部分。这件事的教训是平时的资料要多几个地方存放，做事不能偷懒，有的事情一定要亲力亲为。6月20日召开了高三年级家长会，胡校长、凌助理分别发言，高三师生的加油视频反响良好，鼓舞人心。胡校长对本年级提出殷切希望。我想从一开始这个年级一直注重过程管理，最后阶段一定会越努力越幸运！端午节放假两天休整一下，加油8天，等待好消息！

2020年6月27—28日

U盘资料基本上得以保留，不幸中的万幸！越努力越幸运，高考进入最后一周倒计时。这一周的学习以回归为主，强化学生的自主学习，我们要求学生回归真题、回归基础知识。周六晚上收集整理年级的资料，周日我们进行了毕业照活动的彩排。本届学生的毕业照我们增加了一个项目，就是照一张全年级大团圆的照片留给大家作为纪念。周一天气阴沉沉的，期待不要下雨，让高三毕业照活动如期举行。三年中每一天都感觉好慢，走到今天，又感觉日子有飞一般的感觉。最后几天希望他们平心静气，将高分收入囊中，相信三年的过程管理的结果不会差。期待每一个学生绽放属于自己的光芒，为北附增光！周一的课间操学校专门安排了对高三的欢送仪式，我一直觉得有的仪式感是必须的。记得去年的这个时候，我们为2019届高三壮行，而今我们成为主角，践行"崇知尚行"的北附校训，拿出真本领，实现自己的梦想！唯有加油和祝福他们！

2020年6月29日

今天的安排是照毕业照，早上起床，周郭告知我下午可能要下雨，天阴沉沉的，但事先定下的安排不便临时改期，只有期待老天开眼。课间操时间，学校为高三年级举行了壮行仪式，耿梦祺代表高三所有同学发言，接着是胡校长讲话。胡校长回顾了我们2020届一路走过的历程，鼓励大家努力学习，北上京津、南下广深、东赴沪杭，西聚咸阳，星耀神州远名扬！去年也是这个时候，我们为2019届壮行，一年好快，要不是疫情，这个时候分数已出，正在填报志愿。下午果真老天开了眼，不仅没下雨而且太阳还不太大，在全体师生的努力下，杨彤老师完成了北附历史上第一张年级全家福，之后各班分别留影，最后是学生自由拍照时间。每一班站好队形后，胡校长都要亲自鼓励加油！带领大家高呼"高考加油，北附必胜"的口号。今年到现在一直都在我们计划的轨道中前行，相信好运常伴我们2020届。今天有一个不好的消息，体检中心通知我体检有一个项目异常，叫我亲自去拿体检结果，心中有一丝不安，明天下午有课，周三一定去。回去翻看体检记录，这次的这个项目应该是在2018年检查过，时隔一年多期待消息不会太坏。今天和很多美女帅哥拍照，感受他们的青春无敌，感叹年轻真好！明天开始恢复正常，周三、周四两天的保温考预示着高考真的来了。

2020年6月30—7月3日

6月30日一天正常上课，7月1—2日进行了两天的保温考，有些学生的状态还是不稳定，想问题教条，导致一些题目审题出现问题。这次保温考理科第一名是杜思远，文科第一名是邓锦洁。这是锦洁第一次拿第一，希望好运伴随她。省电视台《百姓关注》栏目到校取景，拍摄高考前学生备考情况。（1）班、（4）班、（12）班、（13）班都有镜头，期待近期能见到。这周传来好消息，报考北大强基计划的（12）班的刘骏超、李朕烜、李星志、喻若妍、耿梦祺，（1）班的刘熠非都初选入围，希望有好消息。近期完成各项档案工作，给学生离校善后，明天还有一天晚值班，坚持就是胜利！

2020年7月4—5日

7月4日是高三最后一晚住在学校，今天晚上年级组召开了工作会议，对送考及学生安全问题做了相应的工作布置。今年年级组专门给每个学生印制了一个红色信封，信封上留言：预祝2020届北附的你高考大捷，金榜题名！无论你走到哪里，希望你常回家看看！沉着冷静，从容应对！你永远的家——北师大贵阳附中，地址：金朱东路426号。印制信封的过程中出了一个小插曲：居然将"金榜题名"的"题"字印成了"提问"的"提"，还好周郭发现，赶紧请文印店加班赶制，好在在晚上12点前赶制完毕。晚自习后班主任进行了两次查寝，学生很正常，没有出现点外卖的情况。忙到凌晨2点，我才回到家，简单洗漱上床睡觉，明天还得早起，因为我送给（12）班的红包还没有装。7月5日一早赶紧起床，到学校刚刚7点，我为每个学生准备了7元5角的红包，今天是7月5日，7元5角的红包送给他们，预祝学生个个满分，逢考必胜，金榜题名！

接下来的一节课我讲评了12道选择题之后，开始了我的总结发言，我用"彼此成就"总结了我和（12）班的关系。我用知识、耐心、方法成就了学生去远方的梦想，学生用他们的优秀激励我不断前进。高三一年我获得了省市两级微课比赛一等奖；被评为贵阳市名班主任；成立了名班主任工作室；承担了北师大平台优质课展示的工作；班主任论文评比获得贵阳市二等奖；辅导李星志参加的"青史杯"全国高中生历史剧比赛获得贵州省第一个二等奖，我个人被评为优秀指导教师，学校获得优秀组织奖；我获得贵阳市观山湖区教育系统"优秀党员"称号……我的感悟是师生一体，互助成长。

今天告别会的第二部分是马浚珲为大家进行最后一次班级总结。三年来，我们坚持每周进行一次班级总结，哪怕寒暑假都会有总结。上一期是小才女静雯的RAP形式的总结，这周马浚珲通过互动游戏让一个同学写另一个同学的特点。郭可婧写的是数一数二的薇姐：感谢薇姐的三年付出！三年来，我真的成长了很多。您宽容待人的待人处事之道使我从不善言辞、腼腆内向逐渐变得积极开朗。因为有您的谆谆教导，我在追逐梦想的路上一步步迈进。三年来，每一学期的总结，我都是尽人事听天命，虽然您总是开玩笑地口出狂言，但正是您的坚持与镇静引导我们在人生途中扬帆远航。有人说，师者，是伫成一棵树，站成守望的姿势。而对您，我觉得不止有守望的耐心与无微不至的爱意，亦有姑妈课堂的活力与热情。谢谢您！愿往后余生，我们

（12）班虽可能天各一方，但都守望着这份青葱的温情。未来可期，奋斗可偿，以此共勉！可婧的这段话正是我说的我们师生之间的相互成就。

（12）班，永远的（12）班，青春永不散场！祝福他们！

11点全体高三在校老师到校门口送别我们的学子。

2020年7月6—9日

7月6日高三不在学校，喧嚣的校园有了少许安静。利用早上的时间赶紧整理了一下手头的资料，为明天的送考做好准备。接下来的两天高考，学生的发挥还算正常，正常即圆满。今年的考试监考格外严密，每个考场都配有3名监考人员，其中1人负责体温检测。突然想到胡校长的一句话：敬畏高考。我想每一位考生在平时的模拟考试中都能做到敬畏考试，我想在高考这样严肃的环境中有紧张感会好很多。7月9日上午有英语听力考试，部分学生和家长重视程度不够，还是有10个左右的学生没能按时到达考点，丧失了一次听力补考机会，也失去了一次有望得满分的机会。当天晚上高三年级的总结会如期召开，这一届到此暂时告一段落，接下来艺考同学要奔赴术科考试的考场为梦想再次起航。

2020年7月10—19日

好多天没有动笔了，原想高考结束，日志就完成了，后来还是想了一下，决定继续，这个日志要写到这届学生拿到心仪的大学入学录取通知书为止。7月10日到贵州师范大学报到参加今年的高考阅卷。好多年没有阅过高考卷了，今年在穆洋老师的邀请下再次重操旧业，感受一下阅卷氛围。下午完成报到回到家中，接到电话邀我担任今年"选修—战争"部分的阅卷组长。我很是忐忑，感觉责任重大，好在穆洋老师一直鼓励，心中多少有点平稳了。贵阳市2020届高考文综大概有13万份试卷，到贵州师范大学阅卷遇到了杨绍先、马骏骐、张才良三位大学时候的老师，三位老师一如既往地认真负责。通过这次阅卷和复查，总结了很多心得，回去一定和同组的老师们分享。成绩据说在7月24日出，正式出成绩之前的19日，第二次听力考试成绩出来了，好多如期参加的同学都拿到了理想中的满分，希望这个好的开头能助推北附中今年芝麻开花节节高。

2020年7月20—28日

7月24日成绩正式出来了，等成绩的晚上我们14位老师坚守到凌晨3点拿到了全部同学的成绩。结果有亮点也有遗憾。亮点一：全校447人参考，600分以上155人，占比34.7%；亮点二：一本上线率92.3%；亮点三：文科均分596.58分，超过贵州省文科一本线48.58分，理科均分574.48分，超过贵州省理科一本线94.48分；亮点四：文科实验班总均分618.1分，理科实验班总均分637.5分；亮点五：文科最高分671分，理科最高分678分。文科前10名包括徐文璐671分，郭可婧654分，左静茹650分，罗雪莲648分，邹欣芮648分，邓锦洁646分，邹雨孜640分，李星志639分，张冰馨639分，刘骏超638分。理科前10名分别是张烜678分，朱红宇672分，姚远航671分，刘韦诺668分，杜思远667分，吴承宇667分，宗楷翔665分，刘祖宏663分，魏远恒660分，孔祥祯659分。总体说来，600分以上的学生有了质的飞跃，但高分选手的培养我们还在探索中。今年最大的遗憾是理科张烜同学差两分入围清华强基计划，文科最高分徐文璐主动放弃了北大小语种韩语专业的录取，我和凌助理亲自到家做工作，相关老师打电话做工作，他坚定地拒绝。有遗憾但不后悔。7月28日中考传来好消息：今年贵阳市中考第一名黄元济出自我校，贵阳市前10名我校独占4人，贵阳市600分以上30多人，我校有8人。九年磨一剑，初中创辉煌！中高考的优异成绩带来的直接效应就是今年我校高中招生异常火爆，人山人海，教务处全体教师开足火力，招收优质资源，为我们高中新三年再次起航奠定基础。初中部历经9年终于培养了贵阳市的第一名，我想也许我们高中部还需要磨砺、历练，2023届我们再出发，争取在高分学生培养上有明显突破。其间和雅文妈妈在家长群里交流了填志愿心得，建议学生一定朝985、211方向靠，现在就业也好，考研也好，甚至出国留学都很重视本科学校的层次，考上985、211就是你实力的体现。北附的学生很多都会走继续深造之路，985、211一定是一个硬性门槛。

成绩出来前，家长发来感谢短信：

致北附2020届（12）班老师的一封信

尊敬的（12）班老师们：

光阴似箭，岁月如梭，转眼三年的时光已悄然而过，回想当初选择北附时，忧心忡忡，忐忑不安，是你们那亲切的笑容和温情的话语打消了我们的顾虑。

随着孩子们的不断进步和带给我们一次次的惊喜，我们对当初的决定庆幸不已！庆幸孩子遇到了一位有强烈责任感的班主任，一群极有敬业精神的好老师，一帮乐于奉献的家委会妈妈，和一个团结友爱、积极向上的集体。

感谢老师们，因为有你们循循善诱的引导和鼓励，孩子们才有了克服胆怯、战胜自我的勇气和自信。感谢老师们用心用情，让我们学到了很多好的教育理念和方法，从而受益匪浅，你们的师德涵养，潜移默化地培育了孩子，也影响着我们每一位家长。

根植北附，惠于园丁，感谢（12）班所有的老师给予孩子们如同父母般无微不至的关心和照顾，用北附精神浇灌出孩子们对生活的热爱之花！忘不了，晨曦微露中，您领着孩子们诵读国学经典；忘不了，烈日炎炎下，您指导孩子们课外活动训练；忘不了，遭遇困难时，您春风化雨般的关爱；忘不了，灯火阑珊时，您还在办公室忙碌的身影；忘不了，暮暮朝朝里，您们的谆谆教诲；更忘不了毕业照片上的微笑……这一切还历历在目，一切又宛如昨日……

感恩北附！祝愿北附的明天更加美好！祝愿北附所有的老师身体健康！

在指导学生填报志愿的过程中，我发现了这样的现象：现在的年轻人有憧憬、有冲劲，敢想敢拼，不甘于平庸，但也比较着急。有的学生大胆放弃提前批次和所有一本志愿，坐等民族预科志愿；有的学生分数不太够，但又很想离自己心仪的学校近一点，填了双非学校，希望通过大一结束时候的插班生考试进入梦想学校。我很佩服这些勇敢、有梦想的学生，但我还是给出了中肯的建议：可以在本科阶段选一所历史悠久、有实力但区位优势差一些的985院校，同时在大一就定下考取喜欢的学校的目标。这个观点有的学生认同，有的学生不接受，他们认为本科就要到自己喜欢的城市，如果考不上插班，就走换专业的这条路。我们有理由相信这是一群有梦想的好学生，在大学生涯中，希望他们脱离了高中老师在旁监督的模式能够坚持梦想，实现梦想。这条路很难，但不走一次，永远有遗憾。年轻真好，可以尝试各种经历，输得起，预祝他们赢得漂亮！

假期中传来好消息：钟露同学参加的中国日报社《21世纪英文报》和"致经典"双语诵读会组委会联合举办的第三届"21世纪杯"致经典双语诵读会获得"互联网选拔区"复选高中组一等奖。在贵州省教育厅主办的"讲安全故事，创平安校园"征文活动中，罗垚鑫获得二等奖，李朕烜、喻若妍获得三等奖。

2020年7月29日—8月8日

2020届高三的志愿终于全部填完了，现在就坐等录取了，这意味着这届高三工作基本结束。这几天也陆续收到了好消息，刘昊宇等同学通过了公安、部队的体检。8月8日开始了高考提前批次的录取。高考成绩和高考录取是两回事，高考前我们老师尽力帮学生达到他们想去的地方的分数，送他们上马，至于之后的填志愿就要看他们的意愿了，我们只能做好指导和建议，教师一定要在这个问题上把握好尺度，绝不能越俎代庖。尽力送他们上马，至于他们去哪里就是他们的事情，做教师绝不跪着教书和做事，我们只能尽其事，尊其愿。

8月6日中考录取正式开始，预示着2023届的工作正式开启。在全校老师的共同努力下和教务处老师的辛苦工作后，今年我校统招315人，统招线为558分，时隔两年在招生人数增加了55人的情况下，实现了与贵阳一中、实验三中同步录取。今年中考558分及以上的，在全市5万多考生中占比3.7%，558分在三区一地排位1628名，观山湖区定向分数532分，我校招收了150人，532～557分且满足观山湖区定向条件的学生在全市近5万考生中占比0.6%左右，最高分587分列全市中考150名左右。随着中考招生的结束，我们也收到了新高一即将搬入我校石林西路新校区的消息。今天在朋友圈中我写下一段话："2011年9月北师大贵阳附中在南苑路小区开始办学，当时初高中在一个学部，2013年当年的2014届学生在升入高三前我们搬到了金朱东路校区，在这里我们第一届毕业生毕业，2020年带完了2020届，我们迎来了2020级新生，应学校发展的需要，我们再次搬迁到新校区，这届学生也将是石林西路校区的第一届毕业生，在全校一盘棋全力申请示范性高中的重要契机之下，新起点、新征程，希望学校越来越好！"

对于2020级学生，年级团队继续在名校生培养方向上探索，回顾我到北师大贵阳附中的9年，迄今为止我一共带过4届高三182名学生〔2014届（5）班28人，2016届（2）班38人，2017届（1）班40人，2020届（12）班45人，（13）班31人〕，一共带出了109名600分的学生（2014届10人，2016届23人，2017届37人，2020届39人），占比达59.9%，培养了我们自己的第一位清华学生（2017届的柳玥霖），但在名优生培养上我们还有很多值得反思和总结提高的地方，2020级我们又在出发的路上，希望我们的工作有所突破。天道酬勤，每一次付出都值得等待花开。

8月20日左右，我们即将迎来新学期开学，假期余下的天数不多了，要整理好我的论文，设想一下下学期工作室的工作安排，还要将参赛课件和微课素材整理好，时间有限，加紧！

2020年8月9—10日

随着8月8日提前批次录取的开始，好消息不断传来：刘昊宇、罗永鑫、袁旭彤等同学被中国民用飞行学院录取，戴彧娇翎被同济大学录取，赵梓航被天津大学录取，邵德凯被西安交大录取，崔寒蓉被香港中文大学录取，王梓宁被复旦大学录取……每年这个时候都是收获季，我对同学们写下：等录取就像嫁女儿，既希望他们有个好前程，又万分不舍！同学们陆陆续续拿到录取通知书后要规划下一个阶段的学习生活。是继续深造也好，还是深入专业学习也好，高考只是起点，不是终点，好好规划下一步，人人都可以创造奇迹，任何时候都有翻盘的机会！雅文妈妈说得好：年轻就是资本，试错了是青春，试对了就是成长！

2020年8月11—17日

8月13日邓锦洁的习作《人间词话》发表在《贵阳晚报》上。这两天收到了（12）班的录取信息：王静雯被西南大学英语专业录取，毛远翔被东华大学服饰与服装设计专业录取，何润蓓被湖南城市学院视觉传达设计专业录取。8月16日在去给新高一联系军训地方的路上，我和凌助理分析了2020届备考得失：一本踩线生的措施是到位的，优秀生的"10分效应"问题值得我们思考，三年的备考我们一直踏实走好每一步，我们的学生是有实力冲击清华、北大名校的，但为什么考下来与录取线就有10分左右的差距？10分到底差在哪里？之前我们一直强调得综合者得天下，文科生复习时间要向数学倾斜，我们如果能全科重视，这10分也许挣回来更容易。敬畏高考，因为高考中一切都有可能，每一科都要足够重视，高一、高二全面铺开各科，高三重点突破。从高一开始每一个核心知识点都要全面讲透。

2020年8月25日

截止到今天，（12）班45名同学基本上都录到了各自心仪的学校。未来岁月里年轻的他们一定会记得在青葱的岁月里，我和他们一起走过的这段难忘岁月，大家一起哭过，一起笑过，青春万岁！（12）班永在！

表1 （12）班部分同学录取情况

徐文璐	复旦大学	左静茹	上海财经大学
王梓宁	复旦大学	邓锦洁	厦门大学
郭可婧	中山大学	邹雨孜	南开大学
邹欣芮	中山大学	李星志	华东师范大学
罗雪莲	中山大学	刘骏超	中央财经大学
毛远影	中南大学	肖子涵	重庆大学
李朕烜	中央民族大学	漆泽寒	华南理工大学
廖春明	华东政法大学	杨歆骐	中央民族大学
刘骐诚	中南财经政法大学	唐文轩	华南理工大学
龙超腾	苏州大学	郑宇璐	西南财经大学
耿梦祺	华东政法大学	汪美仑	南京师范大学
李涛	南京师范大学	龙婷美慧	安徽大学
喻若妍	辽宁大学	王思颖	辽宁大学
付滢琦	大连海事大学	程艳	宁波大学
胡旭鹏	广西大学	毛远翔	东华大学
余可锦	北京第二外国语大学	祝江晗	北京第二外国语大学
马浚珲	南京中医药大学	韩嘉芯	西南交通大学
钟露	西南民族大学	刘昊宇	中国民航飞行学院
欧沛竹	东北财经大学	陈思哲	上海第二工业大学
何润蓓	湖南城市学院	肖雅文	上海外国语大学
王静雯	西南大学	—	—

后 记

从2004年11月18日我担任班主任至今已有17个年头。我把我的班主任生涯分为两个阶段：成长期、成熟期。成长期是我在原单位工作的几年，那个时候做班主任更多的是摸着石头过河，边学习、边体验、边成长。在跌跌撞撞中我带了三届学生，当时对学生的管理指导思想是只要学生不出事，把我认为正确的理念传达给他们，学生执行即可，不太考虑学生的个体需求。后来在反思中，我写了第一篇班主任论文《我与学生共成长》，值得肯定的是那时的我还是比较善于学习的，我经常说的一句话是"看别人的故事想自己的人生"，经常将一些年长班主任的经验拿过来用在我的实践中。

2011年11月24日，我开始在北师大贵阳附中担任班主任，学生情况变了，我自认为也有了一点经验了，就开始思考三年后我要把学生送到哪里去，我怎么帮助学生实现他们的目标，在此基础上，我如何形成具有自己特色的带班理念。这个时候，我的班级管理理念开始有所转变：由以师为本转变为以生为本，开始更多地关注学生的需求，低下身子倾听学生的声音。我记得我有一篇德育论文《低下身子育人》。2014年我所带的高三（5）班在高考中取得了不错的成绩，我对自己的班级管理理念开始系统化，又经过2017届、2020届两届毕业生的不断实践完善，逐渐形成了自己的带班风格。班级理念：让优秀成为一种习惯。四大抓手：集体的力量——人人有事做，事事有人做；自主管理——明确目标，规划时间，自我约束；合作竞争——特色小组活动；人文情怀——以人为本，博古通今。

2017届（1）班是北师大贵阳附中建校以来组建的第一个文科实验班，我担任这个班的班主任不敢有丝毫懈怠，多年的班主任工作经历让我养成了随手记录的习惯，我指导学生做时间管理，自己也坚持积累总结，借着学校思教处每学期要交德育故事的契机，我开始记录、留存一些典型教育案例、活动记录、视频资料。在北师大贵阳附中做班主任的日子，每一届学生我都会带着他们留下班级的记忆：2014届（5）班，我们整理制作了2014届向日葵班文集《青春没有终点——向日葵在微笑》《2014届5班毕业纪念册》；2017届（2）班，我们完成了《独忆吾二——青春修炼手册》；2017届（1）班，我们制作了《自助管理团队协作人文情怀》的班级简介幻灯片，参加了观山湖区首届班级文化展示活动；2020届（12）班，我们制作了《常规养品性，活动育人文》的班级简介文集和幻灯片，参加了第三届观山湖区优秀班集体评选活动，2020届（12）班同学参加了《我和（12）班，我和薇姐的故事》的征文，2019年、2020年连续两年的元旦，班级同学都制作了祝福视频送给老师们，我也指导他们写了3年的班级总结。为了留下（12）班的点滴记忆，我从2018年开始连续3年记录和撰写班级的大事年表，从2019年进入高三开始，我坚持写高三纪事，记录高三一年的备考过程。2020年遇到了新冠疫情肆虐，本来应该在2月3日就开学的高三，只能延期了，每天把早读记录发到家长群并与家长分享成为我的必修课。高考延期一个月，我的记录也一直延续到8月25日大部分同学收到心仪高校的录取通知书为止。于是，就有了这本《匠者仁心——一位班主任的杏坛语录》。

"北附"是我的梦开始的地方，本书分为三辑：第一辑寻梦情怀，收录的是我做班主任以来，特别是自2011年开始在师大贵阳附中工作以来的工作随笔、德育案例、班主任心得及对班级管理的思考；第二辑追梦行路，我和我们2020届（12）班的学生从不同视角记录了高中三年学生最美好的岁月，这种属于（12）班的记忆是永远抹不掉、永远刻在我们的记忆中的；第三辑圆梦高考，既圆了学生的高考梦，也弥补了我2017届没有坚持记录高考日志的遗憾。

最后要说的当然是感谢。首先，我要感谢我的硕士论文指导老师东北师范大学的柳海民教授。10余年前，柳教授认真指导我修改毕业论文时对我提的要求首先是每一级标题的规范，直至今日我也一直在遵循。由于才疏学浅，本书好多记录就如流水账，但每一级标题我都是认真考量过的，柳老师的教诲我永远铭记。其次，三年间2020届（12）班和（13）班近80名学生奉献了110篇班级总结，在此一并表示感谢！学生们精彩、生动的总结成为每周日返校后新闻时间我最期待的节目，高中三年的生活也因此更有意味。最后，我还要感谢学校的全力支持，感谢北京言之凿文化发展有限公司，感谢三名书系的白雪琴编辑耐心细致的指导交流，感谢胡晓明校长于百忙之中为本书作序。一切尽在无数感谢中！最后的最后，我由衷地还想说的是在北师大贵阳附中这样的平台上，只要有梦想，愿努力，一切都会梦想成真！

后记